· 儒 学 学 科 丛 书 ·

朱汉民 舒大刚 主编

儒学学科论集

舒大刚 杜春雷 编

上海古籍出版社

国际儒学联合会委托项目“中国儒学试用教材”系列成果

尼山世界儒学中心（中国孔子基金会）《儒藏》系列成果

湖南大学岳麓书院国学研究院“岳麓书院国学文库”系列成果

四川大学创新2035计划“儒释道融合创新”系列成果

四川大学国际儒学研究院、古籍整理研究所规划项目

四川省哲学社会科学重点研究基地儒学研究中心规划项目

四川省哲学社会科学普及基地经学文化普及基地规划项目

海南省东坡文化研究与传播中心“文献整理”系列成果

编委会名单

出版说明

儒学(或经学)作为主流学术在中国流行了2 000余年,形成了系统的经典组合、历史传承、学术话语等体系,积累了丰富的学术思想、制度设施和教育成果,我们今天所说的"中华优秀传统文化",儒学无疑是其主体内容。

从《尚书》"敷五教",《周礼》"乡三物",到孔子"文、行、忠、信"四教,以及他所培养的"德行""政事""言语""文学"四科人才,儒学都以特色鲜明的学科体系、学术体系和话语体系,作育人才,淑世济人。可是,自从民国初年废除"经学"科以后,儒学学科便被肢解分散,甚至被贬低抛弃,儒学研究和人才培养顿时体系不再,学科不存,绕树三匝无枝可依。这极不利于民族文化自觉和当代学术振兴。

为寻回中华民族久违了的教育轨迹、古圣先贤的学术道路,重构当代中国特色、中国风格的学科体系,四川大学国际儒学研究院于2016年接受国际儒学联合会的委托,从事"中国儒学试用教材"编撰和儒学学科建设研究。嗣后邀请到北京大学(干春松)、清华大学(廖名春)、北京师范大学(李景林)、中国孔子基金会(王钧林)、山东大学(颜炳罡)、山东师范大学(程奇立)、中国孔子研究院(杨朝明)、湖南大学(朱汉民、肖永明)、西南政法大学(俞荣根)、陕西师范大学(刘学智)、四川师范大学(蔡方鹿)、四川大学(舒大刚、杨世文、彭华),以及韩国首尔大学(郭沂)等校专家,参加讨论并分工撰写,由舒大刚、朱汉民总其成。数年以来,逐渐形成"儒学通论""经典研读""专题研究"等三个系列,差可满足人们了解儒学,学习经典,深入研究的需要。现以收稿早晚为序,分批逐渐出版,以飨读者。其有未备,识者教焉。

四川大学国际儒学研究院

湖南大学岳麓书院国学研究院

2019年12月

目　　录

三、专题会讲

四、媒体报道

五、名贤榷论

一、学者倡议

在中国高等院校设立儒学一级学科倡议书

2016年6月11日,“中国儒学学科建设暨儒学教材编纂”座谈会在四川大学国际儒学研究院复性书院举行。来自陕西、湖南、山东、四川、重庆等地高校及科研院所的众多学者专家,围绕中国儒学学科的建设、儒学教材的编纂以及儒学人才的培养等问题进行研讨。刘学智、朱汉民、王钧林、舒大刚、颜炳罡等知名学者联合倡议在中国高等院校设立儒学一级学科,以下是倡议书内容。

儒学是中国文化的主体,经过两千多年的发展与演变,已经走出国门,成为与基督教文明、伊斯兰文明并立的三大文明形态之一。经过历代学者的努力,儒学已具有自足圆满的经典体系、悠久绵长的发展历史、内涵丰富的思想学术、数量庞大的文献积累、系统完整的信仰体系、日用常行的道德伦理、淑世济人的实践功能、成果丰硕的教育经验,等等,构建了儒学特有的学科体系和学术体系,成为塑造中华民族乃至东亚社会信仰价值、道德行为、知识技能、体用经世等文化性格的主要力量,是中国人乃至整个东亚文化认同、身份认同的突出标志和精神家园。为适应中国当代经济建设、文化建设和道德伦理建设的需要,我们建议国家教育部设立儒学一级学科,这不仅顺应了历史发展的大势,也是中华民族文化自信、文化自觉的表现。为此,我们特提倡议如下:

一、从国家层面、制度设计上,在高等院校设立儒学一级学科。

国学是中国传统学术之大全,儒学是中国传统学术之主干。设立儒学一级学科,可以极大地推动国学门类建设。国学内涵丰富,包罗广泛,涵盖诸科,体系复杂。作为国学主体,儒学在整个国学体系中具有标志性意义,儒学兴则国学兴,儒学衰则国学衰。在国学中设立儒学一级学科,无疑将有效地突出国学的核心价值和终极灵魂，为国学的成立与建设注入永续而持久的活力。

二、经济不兴则无以聚民心，文化不兴则无以定民志。

中华人民共和国成立后第一个30年阶级斗争巩固政权，第二个30年改革开放发展经济，现在应是进行文化强国建设的第三个阶段，中国人民将在物质财富和精神财富上达到和乐盛美的状态！近百年来，由于西方文化的强势地位，在学科建设中，西方有的我们必有，而西方没有的学科我们不敢有，导致中国传统学科在制度设计上几乎被西方学科体系所取代。进入21世纪，中国文化复兴已经成为不可阻挡的时代潮流，而建设具有中国特色、中国气派和中国风格的学科体系、学术体系和话语体系，已势在必行。开创儒学学科体系，研究儒学学术体系，重建儒学话语体系，编撰系列儒学教材，培养合格儒学人才，是促进传统文化"两创"更新，是迎接中华文化伟大复兴的制度保障和学术支撑，是文化自信、文化自觉的重要表现。

三、中国文化既要薪火相传、世代相守，又要与时俱进、推陈出新。

设置和建设儒学学科，应在旧有儒学体系的基础上，完善课程设置，编纂满足当今社会需要的儒学教材。构建完善的儒学学科，应编撰涵括儒学一级学科、二级学科（如经学、义理、考据、辞章、政事等）在内的系列教材，推动儒学教材、儒学知识早日系统地进入国民教育系统。从精神信仰、价值追求、社会风尚、治国安邦等方面着手，培养合格公民、塑造君子人格，是全面改善和提升社会公德、职业道德、家庭美德和个人品德的康庄大道。

四、恢复书院，保护和发挥现有文庙功能，重建民族精神家园。

为适应精神文明建设需要，配合国家"建设公共文化服务体系"的战略，应探索能够有效促进儒学学科建设和儒学文化普及提高的措施和途径，推动传统儒学的载体——书院及文庙（孔庙）的恢复、保护或重建，从制度建设、场所保障做起，以便充分发挥儒学的淑世济人功能。

总之，儒学是铸造古代中华文明的血脉灵根，重振现代民族精神的文化源泉。建设崭新的儒学学科，编撰内容系统、结构合理、适应不同层次的科学的儒学教材，恢复公共的儒学场所，重新发挥儒学教化功能，是温情地拥抱和弘扬中华优秀传统文化的需要，也是建设具有中国特色、中国风格和中国气派的哲学社会科学的需要，更是儒学实现创造性转化和创新性发展的需要。

儒学重光，文化复兴，其在兹乎，其在兹乎！凡我同仁，勖哉勉焉！

儒学“学科”的历史面貌及建设现代学科的必要性

刘学智

学科,顾名思义是学术的分类,某一科学领域可以有不同的分支,某一个分支可称为学科。从这个意义上说,学科有其客观性的一面,只是人们出于研究的方便或管理的需要而将其加以分别而已。其实中国古代已有学科的划分,孔子最早将其划为“四科”,即德行、言语、政事、文学四科。曾国藩又将此“四科”视为为学之术,说:“为学之术有四:曰义理,曰考据,曰辞章,曰经济。”(《劝学篇示直隶士子》,《杂著》卷四)这四科与孔子所说四科相衔接,与我们今天所说的哲学(伦理学)、历史学、辞章之学、政治或管理学等学业科目大体相对应,总之,学科划分,古已有之。汉代,“汉文帝以《论语》《孝经》《孟子》《尔雅》皆置博士,后罢传记博士,独立五经博士,列学科而已”(司马光《法言集注》,《纂图分门类题五臣注扬子法言》卷一),是说儒家的一些重要经典在汉初曾被立为学科。宋文帝元嘉十五年(438)京师开“四馆”,即儒学馆、玄学馆、史学馆和文学馆,这些虽主要是指不同的研究机构,同时也有学科划分的意义,此时儒学作为独立“学科”的趋势已非常明显。后来,随着隋唐科举制度的兴起,能进入科举考试的科目称为学科。宋孙光宪《北梦琐言》卷二言:咸通中进士皮日休曾“请以《孟子》为学科”,即是欲以《孟子》为科举考试的科目。当时进入科举考试的科目基本上属于儒家经学的范围,皮日休欲立《孟子》为学科,只是想把考试中儒学经典的范围扩大一些。可见,儒学在汉魏后的中国历史上一直是被作为学科看待的,同时该学科也总是与教育的科目联系着。明代,随着西学的传入,学术的科目逐渐增多。明方学渐《心学宗》续编卷四说:“顾取士之法有可推而广之者,专以科举取文学,而别开理学科、治学科、兵学科、历学科、律学科、算学科、医学科,各其通一科之学者,为一科之师,使之主其教而举之。盖天下士之聪明才智，一门深入则业专而易精，博览兼习则涉猎而多疏，无一事不为国家所需，斯无一人不为国家所用。”此时已提出设立一些具体的学科，涉及理学、政治学、军事学、天文学、音律学、医学、算学等自然科学和社会科学诸门类，传统的儒学学科已被淹没在众多的学科之中，但是科举则主要以儒学的内容为主。清代，科举考试仍是以儒学为主要内容。所以，历史的事实是，孔子创立儒学后，垂两千余年，尽管社会形态多次更迭，然而正是由于儒学作为传统学科的存在，而使其独特的精神价值长久地维系着中华文明的发展而不至于中断，使中华民族曾傲立于世界民族之林。虽然从现代的和辩证的目光来看，儒学的精华和糟粕曾同时在历史上发生作用，且在不同的时期各自作用的性质和程度也有不同，但在总体上没有影响到它在中华文明史上的地位。随着清末大的社会变革，儒学受到激烈冲击，特别是新文化运动时期西学的大规模传入，曾经是中国传统学术主流学科的儒学方逐渐退场，此后中国在由传统走向现代化的过程中，其学科设置经历了由中而西的演进过程，中国教育兴起了以西学为主的“新学”代替了旧的学科，这样在西方学科体系基础上建立起来的新的学科体系，在中国教育中逐渐占据了主导地位。客观地说，这个历史性变化也是中国社会特别是中国教育的一大进步，这一点不可否认，尽管后来一些坚守中国文化本位立场的学者，提出了“国学”的概念以抗御西学，但是时代的潮流已无法逆转，儒学已如大江东去，景况凄然。

近现代以来儒学作为学科体系在中国教育领域的退场所导致的弊端，以及其所造成的难以弥补的严重精神后果，人们很快意识到并深切地感受到了。民族文化的根脉几被斩断，人们失去了精神的家园，一直以来主导人们的“仁爱为本”“义以为上”“诚信修身”“为政以德”等道德价值体系塌陷了，由此导致的价值迷失、信仰危机以及其引起的诸种社会乱象，不能不引起人们的忧虑和深度反思。在步入 21 世纪的今天，在中西文化相互影响、相互激荡的新的社会背景下，“坚定道路自信、理论自信、制度自信、文化自信”（习近平总书记在庆祝中国共产党成立 95 周年大会上发表的重要讲话），成为我们今天需要正视的严肃话题。那么文化自信，应该建立在怎样的基础上？中华文化说到底是以儒家文化为主体的文化形态，儒学是历史上主导的学术思想，所以，在马克思主义指导之下，吸收西方优秀文化成果的同时，努力弘扬以儒学为主的中华优秀传统文化，重建既立足中华文化根基之上又富于现代性的价值系统，是我们今天应持的价值选择。

历史经验告诉我们，要弘扬以儒学为主的优秀传统文化，必须首先使儒学进入国民教育系统。而儒学进入国民教育系统的前提是儒学必须进入现代学科体系。近些年来,国内弘扬儒学的机构可谓不少,传播和弘扬国学的机构、书院、讲堂、学院亦如雨后春笋,层出不穷。这些多是民间的行为,且一盘散沙,既无系统权威的教材体系,也没有严格的管理和训练有素的师资队伍,其对于传扬国学和弘扬优秀的传统文化虽起过积极的作用,但总体上看其效果并不乐观。其中一个重要的原因,就是儒学没有进入国民教育系统。如果我们不否认儒学的历史地位和作用,不否认儒学有自己丰富的内容和系统的学说体系,那么儒学作为学科就是理所当然的,且势在必行。

有学者会说,当代的学科体系与传统的学科已有很大的不同,甚至可以说有质的不同。诚然,学科是分化的科学领域,它是与知识系统相联系的一个学术概念。受西方文化的影响,当代的学科都建立在分析的方法论基础上。所以儒学要作为学科,它应该有与当代知识体系相适应的方法论体系。这个说法是有道理的,如果从现代学科体系划分的意义上说,要将儒学建立在具有作为学科普适性的方法论基础上才有可能,如果儒学没有这样的方法论系统,其进入现代学科系统就有一定的障碍。愚以为,对于这个问题须从两方面来看。一方面,儒学在历史上确实是浑然一体的学说,哲学、伦理、历史、心理学、文学、宗教等都可以在儒学中找到它的踪迹。不过,由于受西方哲学方法的影响,近大半个世纪以来,人们已经在用分析的方法对儒学中的哲学、伦理学、政治学、心理学、文学、宗教进行分门别类的研究,这事实上已经接近现代学科的普适性方法了。另一方面,儒家哲学所突显的“天人合一”“知行合一”“心性合一”“体用合一”的特征以及其以道德理性为主导的思想体系和“主敬”“立诚”“涵养”等修行方式,本身也是难以进一步全面地采取分析的方法来进行。对于儒家哲学的研究,由于过去曾采取了现代的二元分析、主客分别乃至唯物、唯心的方法去研究,反而走向了误区,背离乃至扭曲了儒家哲学的本来面貌。所以,从建立文化自信的角度来说,要打造具有中国特色和普遍意义的学科体系,建设具有中国特色、中国风格和中国气派的哲学社会科学,就要通过重建儒学话语体系,来建立和研究中国自己的儒学学科体系,编撰出系列的有中国特色的儒学教材,以培养合格的儒学人才,并使之真正在社会生活中发挥作用。

事实上,儒学本身确实具备作为独立学科所应具有的完备的、严密的知识体系。作为中国传统思想主体内容的儒学,是一个以伦理道德为核心的有着多层面内容的观念体系。这一观念体系不是凭空创造的,而是在社会大动乱的情况下通过对三代以来流传下来的文化遗产进行反思、梳理并经过自己的创造性诠释而形成的,它有着深厚的思想文化渊源。儒学产生之后又经过各朝各代学人对其原典的保存、消化吸收并进行合于时代精神的转化,形成了一个有独特价值取向、理想目标、行为准则和思维方式的思想学说体系。这一体系有其经典的渊源——“六经”,有以孔子创立的以仁、礼、命相统一为核心的原始儒学体系,及其由儒家诸子如子夏、子思、孟子、荀子等建立的训解系统,从而奠定了儒学在此后发展的学术基础;此后,两汉儒学承继了孔子以来的经学传统,并以此为基础,基本完成了对先秦以来道、墨、法、名、阴阳诸家思想的综合吸收,并使之上升为社会思想宗主的地位。魏晋以迄隋唐,儒学又在与佛、道鼎立交融的过程中一面丰富和发展着自身,一面调整着自己以实现对佛、老的突围并进行自己的理论创新。在此基础上产生的宋明理学,则通过反思汉唐儒学之“蔽”,吸收佛、老精髓而更高层次地向孔孟回归,既堵塞了儒学的宗教化之路,又完成了自身的理论创新,形成了博大精深、体系严整的更具哲学色彩的宋明新儒学体系。在这一发展的过程中,虽然儒学形态几经变化,但是儒学的基本观念一以贯之,它通过一系列的概念,如“仁义礼智信”“温良恭俭让”“恭宽信敏惠”“孝悌忠恕”“礼义廉耻”“主敬立诚”“中庸”以及有关天道性命等,建立了有着内在逻辑联系、能展现其思想学说特征的概念系统。这一影响深远的概念系统,在中国古代思想学说体系中无有出其右者,这正是在历史上除佛教之外的诸多学术思想体系中,我们唯独提出建立儒学学科的必不可少的要素和重要的原因。

儒学通过自己的一套严整的概念系统,建立了自己既有源头又是活水、内容丰富又不断发展着的开放的思想体系。其以“天人合一”的宇宙观,“仁者爱人”“泛爱众”的仁爱说,中国一人、天下一家的社会观,“天下为公”“世界大同”的人生理想,道义为重、“义以为上”的义利观,“保民”“惠民”“民贵君轻”为轴心的民本观,“主敬”“涵养”“去私”为主的人生修养论,“自强不息”“厚德载物”为核心的人生观等,建立起一套以道德价值为中心的庞大思想体系。儒学的这一思想体系在其发展过程中,积累了无与伦比的丰富的经典文献和资料,这些丰富的文献资料承载着区别于其他学说的价值观念、学术体系、知识结构、道德规范、行为准则和思维方式。可以毫不夸张地说,以儒学为主导的中国思想文化,“体现着中华民族世世代代在生产生活中形成和传承的世界观、人生观、价值观、审美观等,其中最核心的内容已经成为中华民族最基本的文化基因”(习近平总书记在纪念孔子诞辰2 565周年大会上的讲话)。这不仅持久地在中华民族两千多年的历史发展中发生作用,而且溶入中华民族的血液之中,至今仍然发生着影响,其影响甚至延展至世界其他一些地区和民族,形成了独特的儒家文化圈。重要的是,今天的现实状况不容乐观,诚如习近平总书记所说,社会“贫富差距持续扩大,物欲追求奢华无度,个人主义恶性膨胀,社会诚信不断消减,伦理道德每况愈下,人与自然关系日趋紧张”等,但是他也自信地看到,“包括儒家思想在内的中国优秀传统文化中蕴藏着解决当代人类面临的难题的重要启示”(习近平总书记在纪念孔子诞辰2 565周年大会上的讲话),说明包括中央领导在内的诸多志士仁人,都看到了儒学在当代的价值和意义。如此有影响力、如此重要和有其丰富内涵、完整体系的儒学,若仍像过去那样,将其拆分并淹没到哲学、历史、伦理、文学等众多的学科中去,不仅研究不能集中和深入,而且其传承的广度、深度和力度都将受到极大的影响。只有以其作为学科,在学科的架构上对其进行完整的、系统的研究,并通过国家教育系统传播儒学、培养大量儒学人才,儒学在当代的“创造性转化,创新性发展”才能真正落到实处。

总之,儒学在历史上曾作为传统的学科一直存在并发生着作用,如果不否认儒学的当代价值,那么在现代学科体系和国民教育体系中给儒学以应有的学科地位,对于以儒学为主导的弘扬优秀传统文化,对于解决当代人类所面临的诸种困难,是非常富有建设性的。

(原载《孔子研究》2016年第4期,第5—8页)

儒学应该是国学门类下的一级学科

朱汉民

国学、儒学本来属于中国传统学术,在当代中国,这些传统科目的国学、儒学日益受到重视。无论是体制内,还是体制外,国学、儒学的学术研究和人才培养,已经成为人们普遍关注、积极实践的文化教育事业了。

但是,有一个问题一直困扰着这个领域的专业人员:尽管当代中国大学已经创办了越来越多的国学院、儒学院、书院,大家正在努力推动国学、儒学的学术研究和人才培养,而国学、儒学等中国传统学术在现有的学科体系中并没有一席之地。那么,现代大学是否应该将国学、儒学等中国传统学术纳入现代大学学科制度中来呢?

我认为将国学、儒学纳入现代学科制度既有必要,又有可能。具体方案是,将国学增设为一个独立的学科门类,儒学则是国学门类下的一级学科,将国学、儒学一道列入现代学科制度。笔者在几年前就曾经参与对这一件事情的思考与讨论,并且倡议将国学纳入现代学科制度。在今年的成都会议上,我亦支持儒学列为一级学科。因为成都会议时间短,我没有进一步就此议题展开论述。借此机会,我进一步谈谈自己的想法。

一、国学应该是一个独立的学科门类

当代中国的学科制度其实是晚清以来在西学东渐的大背景下,移植西学的基础上建立起来的。近代以来的中国学科制度建设,对中华文明的近代化转型和发展功不可没,对整个中国的知识界、教育界均产生了十分深刻的影响。所以,我一直认为,这一变革有其历史的合理性。

但是,中国近代的学科制度建设也有缺陷,其中比较显著的一点就是完全放弃了中国原来的知识体系和学科制度。中华文明是一个连续的文明体，几千年来形成了一套独立的知识体系和学科制度。中国传统学术是一个有着密切联系的有机整体，包含一套以中华文明为背景的知识体系和价值体系。但是，在近代学科制度下，中国传统的知识形态被西学的不同学科分解，这样，就使得拥有自己体系化的中国传统学科失去了其整体性、系统性，原来作为生命有机体的学科制度已经不复存在。当我们用各门现代学科把传统国学分割之后，就已经失去了原来知识体系的联系和特点。这一种学科制度的不合理，以及由此带来的中国传统学术的人才缺陷和知识断层，在急于推动富国强兵的近代中国，并没有被中国的知识界、教育界所重视。但是，这一文化教育状况，在历史上就不断地受到许多知识界、教育界人士的质疑。

这一情况，在今天进一步突出。大家注意到一个事实：当代中国正在全方位的崛起，中国的崛起是一种带着自身文明因素而进入现代化的过程和结果，所以，中国崛起不仅仅是21世纪一个重大的经济领域、政治领域的历史事件，而且还是世界文明史上的一个重大历史事件，它为人类的现代化文明发展模式提供了一种新的可能性。所以，当代中国出现了一股强大的中国文化热、国学热、儒学热，其实正和中华文明的崛起有密切关系。我认为，对现代中国和世界而言，国学至少有四个层面的重要意义：其一，国学能够为现代人的个体精神需求提供思想营养；其二，国学能够满足当代社会为建立和谐社会的需求提供重要的文化资源；其三，国学能够为当代中华文明的崛起提供重要的支撑力量；其四，国学能够为21世纪新的人类文明建构做出重要的贡献。国学包含着中国传统思想文化中所包含的许多核心价值观念，包括仁爱、中和、大同，不仅仅对中华民族具有重要的意义，同时能够成为具有全球性的、普遍意义的价值观念，能够弥补某种单一文明主导的价值观念的缺失。

国学如此重要，但是它在中国现代学科体制中，却没有一席之地。现在大学院系的分科，基本上是近代引进西学而建立起来的，现代学科分为理学、工学、医学、军事学、管理学、文学、历史学、哲学、艺术、法学、经济学、教育学等不同的学科门类。尽管近些年各个大学纷纷创建了国学院，但是国学在当代中国的学术体制内并无合法性的身份。所以，十多年来，许多学者、教育家均在不断呼吁将国学列为一个独立的学科，希望这样可以保存国学知识内在的完整性，避免国学成为其他不同学科的材料，分解到其他不同学科中去。

学术界、教育界在讨论如何将国学列为独立学科时，往往要面临两个问

题:“国学”这门学科是否成立?“国学”这门学科应该归于哪一个学科门类?我们的解答是:

其一,“国学”这门学科可以成立。关于这门学科是否成立的疑问,其实涉及“国学”是否具有学理的合法性。中国传统知识体系也有自己的长处,譬如中国的知识传统具有整体性、实践性、辩证性的特点,由此成就了中华文明的世界性贡献。正因为如此,研究中国传统学术,应该保持对其原文化生态的、有机整体的学问特点的思考。国学作为这样一种原文化生态的、有机整体的学问特点,要保存国学知识内在的完整性,这是国学有它存在的必要性和合理性的依据。我认为,我们在确立国学的学理依据时,还可以参考西方大学的“古典学”概念。在西方世界,许多著名大学都设立了古典学系。这个古典学最初是以古希腊、罗马的文献为依据,研究那个时期的历史、哲学、文学,等等。古典学的特点是注重将古希腊、罗马文明作为一个整体来研究,而不是分别研究古希腊、罗马时期的历史、哲学、文学。在西方大学,古典学一直是一门单独的学科。我们认为,“国学”其实也可以说是“中国古典学”。如果我们用“中国古典学”来理解“国学”,完全可以将“国学”作为一门独立学科来看。可见,“中国古典学”是“国学”作为独立学科的学理条件:一方面,在几千年的漫长历史中中国形成了建立了自己特有的具有典范意义的文明体系,建立“中国古典学”,也就是以中国古人留下的历史文献为依据,将中华文明作为一个整体来研究。由于“中国古典学”是以中国传统学术体系为学科基础,这是一门从学术范式到知识构架、学理依据均不同于现有的文学、历史、哲学学科的独立学科,这是“中国古典学”得以确立的内在条件。与此同时,“中国古典学”还可以与西方的“汉学”相对应。尽管“国学”概念仅仅能够为中国人自己使用,但是西方学界的“汉学”与此很接近。这样,“中国古典学”意义上的“国学”,其实可以与国际汉学作对等的学术交流,就能够满足知识共享、学术交流的现代学科的要求。“中国古典学”能相容国学、汉学,为中外学者所通用,这是国学能够具有现代学术视野并能开展国际学术交流的外在条件。

其二,“国学”这门学科应该是一个独立的学科门类。多年来学界在不断努力呼吁国学应该成为一个独立的学科,并且希望国学成为一个一级学科。但是,这个一级学科到底应该归于哪一个学科门类,则存在很大的分歧。各个大学的国学院、不同学科的学者,均有不同的看法,有的主张属于历史学,有的主张属于哲学,也有的主张属于文学。笔者曾经参加教育部历史教学指导委员会的学科会议,会上还讨论过将“中国古典学”即“国学”列为历史学一级学科的问题。如前所述,国学之所以要成为一个独立学科,就是希望要保存国学知识内在的完整性,使这一种原文化生态、有机整体的知识体系不被分解,如果将其归属于历史、哲学、文学的任何一个学科门类,都会有缺陷。解决的办法是将国学列为一个独立的学科门类。

二、儒学是国学门类下的一级学科

如果说国学应该成为一个学科门类,那么儒学则应该是国学中的一级学科,而且是国学系统中最为系统、最为成熟的一门学科,最应该也是最容易纳入国学门类中去的一级学科。

我们的主要理由如下:

其一,儒学是中国文化的主干,在中华传统学术中居于十分重要的地位。中华文明在国际学术界被称为儒教文明,如果说国学是中华文明的知识化、学术化形态,作为中华文明核心的儒学当然是国学中最重要的一级学科。事实上,在国学或者是"中国古典学"的知识体系中,儒学一直是其中最核心、最重要的组成部分。在经、史、子、集的国学典籍中,只有儒学是贯穿到其中每一个部类之中的学问。国学典籍中最重要的是"经部",而"经部"的著作全部是儒家经典。另外,儒家的价值观念、制度文化、学术典籍,在"史部""子部""集部"的国学典籍中所处的地位、所占的分量,均是最为重要的。

其二,儒学在中国传统学术中形成了最为系统的知识体系。儒学本来重视知识与教育,关注知识体系的建构。在孔子的原始儒学的知识体系、教学实践中,就将学习科目分为四门:德行、言语、政事、文学。正因为儒学在中国文化史、中国学术史、中国教育史上的重要地位,儒学在两千多年的演变中,不断衍生、开拓、发展出一系列知识学问,使儒学体系更为丰富、更为完备、更为系统。所以,经学时代的汉朝官方和学者将儒学分为《诗》《书》《礼》《易》《春秋》五经之学,设立博士专门研究。以后,作为中国传统学术正宗的儒学又分成经、史、子、集的"四部之学"。清代时期,儒学又分成义理之学、训诂之学、辞章之学、经济之学的"四门之学"。事实上,上述每一种科目又可以分成更多次一级的科目。这样,历史上的儒学,本来就是一门有内在联系的系统化知识体系。

其三,儒学是中国传统文化中影响最深,也是最有现代意义的价值体系。儒学不仅仅是一套知识体系,也是一套价值体系。儒学重视知识教育,但是其教书始终与育人是联系在一起的,知识教育的目的是做人(内圣)、做事(外王)。所以,指导人们如何做人(内圣)、做事(外王)的价值教育,就是儒学的根本。将价值教育融入知识教育,或者是通过知识教育实现价值教育,这向来是儒学的长处而不是其短处。将国学、儒学纳入现代学术制度、教育制度,当然也包括恢复儒学的价值教育,将这一种教书育人的传统引入现代教育中来,以弥补现代教育的教书不育人的缺陷与不足。

上述三个理由,我们认为儒学应该是国学中最重要的一级学科。当然,我们认为,除了儒学外,其他的国学内容,均可以根据其学科的重要程度和成熟程度,而逐渐进入国学学科的门类中来。

三、国学、儒学成为中国大学独立学科的合理性

就在我们提出将国学增设为一个独立的学科门类、儒学是国学门类下的一级学科时,当代学术界、教育界的许多人士仍然存在许多疑虑:如果将国学、儒学等列为独立学科,是否与现代的大学精神与大学制度兼容呢?我们认为,那种以为将国学、儒学列入现代知识、现代教育的独立学科,会与现代大学的精神与制度不相容的看法,是对国学、儒学与现代大学有双重的误解,既误解了进入学科制度后的国学、儒学,又误解了包容国学、儒学等传统学科的现代大学。为了说明这一点,我在这里不得不引入现代西方大学的例子,以说明将国学、儒学等列为独立学科,完全与现代大学精神与制度是兼容的。

首先,中国大学的国学儒学与西方大学的古典学。如前所述,中国大学增加国学、儒学的学科,与西方大学设置古典学专业、院系有相通的地方。在欧美一些著名大学设有古典学的院系。西方大学古典学院系的特点是注重将古希腊罗马文明作为一个整体来研究,包括全面研究、传授古希腊罗马时期的经典、考古以及历史、哲学、文学等学科的综合知识。其实,中国大学的国学就是"中国古典学",国学院应该全面研究古代中国文明的整体,传授中国古典的儒、道、释或经、史、子、集的综合知识,特别是传承许多已经成为"绝学"的学科知识,以培养传承中华传统文化、中国传统学术的综合型人才。就在我们经常讲复兴中华文化的同时,我们的先祖创造的许多知识学问已经成为无人传承的"绝学",我们的知识界、教育界必须有紧迫感,为什么现代中国大学不能够、不应该承担起"为往圣继绝学"的文化使命呢?

其次,中国大学的国学儒学与西方大学的神学。我们认为,中国大学增

加国学、儒学的学科、学院,与西方大学设的神学专业、学院也有相通的地方。欧美许多著名大学有神学院,主要是开展对神学、宗教学的学术研究、人才培养。西方的神学院分为大学体制内和大学体制外两种,它们的文化功能、学术研究、人才培养均有差别。相对而言,大学体制内的神学院与现代大学的精神和制度较为一致,不构成对大学的文化多元、自由思考、理性精神的对立。中国部分大学之所以应该设立国学院,包括相关的儒学的院系,设立相关的不同学科,同样可以满足、提升国家社会对国学以及儒学的学术研究和人才培养的需要。我们主张,中国大学体制内的国学院、儒学院与现代大学的精神和制度应该是一致的,完全不构成对大学的文化多元、自由思考、理性精神的对立。中国大学的国学院、儒学院等,应该是不同于民间书院、宗教团体的佛学院、道学院的研究教育机构,它们是一种与现代大学的文化精神、学术制度紧密联系的学科与学院。既然提倡上帝信仰的基督教神学院可以存在于现代西方大学,追求人间秩序、道德理性、人性天理合一的儒学院更加应该、更加可以存在于中国大学的学科体制中。

最后,我们还应该进一步看到,中国大学设立国学儒学具有中华文化的特点,并且特别能够表达中华文明的传承和复兴的需求。本来,中国大学增设国学、儒学的学科与院系,就有与西方大学的神学院不一样的地方。中国的国学与儒学包含的道德人文主义、实践理性精神、经世致用追求,更加与现代大学的精神、制度相一致。如西方大学的神学院,一方面可以培养基督教以及其他宗教的研究和教学人才,另一方面为教会培养神职人员,这是由西方基督教神学院的性质决定的。而儒学的价值教育是世俗的、理性的,可以设想未来中国大学的国学院、儒学系的毕业生,一方面可以成为国学、儒学专业的研究和教学人才,另一方面则可以成为学校德育教师、小区或乡镇的管理人员、民政事务管理人员、社会基层干部,等等,因为传统儒学天然地与道德教育、民间社会有着密切联系。另外,中国大学增设国学、儒学的学科与院系,还有一个与西方大学的古典学、神学的学科与院系不一样的地方。西方大学的古典学院、神学院必须是分列的,因为二者的学科背景、研究方法、人才去向完全不一样,而中国大学的国学院、儒学系则是相通的,包括学科背景、研究方法、人才去向可以一致。这恰恰是没有中断的中华文明的特点和长处,也是我们反复呼吁建立国学、儒学学科的最重要的意义,即中华文明的传承和复兴的意义。

总之,原来作为一个传统学科的国学、儒学,一旦进入现代的学科体系和大学体制中,一方面可以恢复中国传统学术知识体系的完整性、系统性,可以更加全面深入地呈现其潜在的文化价值和知识贡献,实现五千年中华文明的历史传承；另一方面，通过与现代学科体系对接，复活其具有现代性、普遍性的文化功能，实现中华文明的创新发展。可见，我们今天倡导国学、儒学学科时，并不希望将这些传统学科与现代大学的学科体制对立，而只是弥补其不足。今天我们讲中国大学的精神时，特别应该呼吁一种“为往圣继绝学”的文化情怀，我们只有在传承中华文化传统的知识体系和价值体系的基础上，才能够实现中华文明的创新发展。

（原载《孔子研究》2016 年第 4 期，第 8—12 页）

谈谈儒学学科建设的必要性和可能性

舒大刚　舒　星

儒学是中国传统学术中最有体系也最具影响力的学术。儒学自诞生以来，特别是经汉武帝的表彰后，逐渐成为中华传统文化的主干和灵魂，成为中国人身份认同、文化认同，维系祖国统一、文明繁盛的精神力量。在历史演进的长河中，儒学或西出流沙，或远渡重洋，影响了古代东方乃至西方世界的社会变革和学术创新。儒学作为具有系统理论、丰富内涵的经典之学、治平之学，是指导中国发展演进的正统思想和实践伦理，也是具有世界价值和当代意义的古典学说和东方智慧。我们无论是要研究既往的历史，或是要建设当代文化，儒学无疑都是极其重要的文化资源和学术成果。可是，自从民国初年儒家"经学"被废止以来，儒学学科被肢解、被分散，不仅体系不存、神圣不再，而且时时被歪曲、被丑化，直至被彻底地遗忘、被无情地抛弃，儒学的主体精神和核心价值被清除出主流意识，渐渐地被整个民族集体失忆，至今仍须唤醒。改革开放以来，虽然对于儒学的学术研究逐渐展开，儒学人才的培养也得到恢复，成果也日就月将，渐入佳境，并日积月累，蔚然可观。但是由于儒学长期没有自己完整的学科，也没有自己系统的教材，在目下的各类图书编目和项目分类中，也看不到"儒学"的名称和类目，致使儒学研究一直处于自发、偶然、单一、粗放的阶段，儒学人才的培养也处于随意、随缘、随便的状态，培养的人才虽然不乏行迈学高、聪明特达之士，但也不少知识偏颇、技能跛脚之人。这极不利于儒学的创造性转化和创新性发展，也不利于中国特色的哲学社会科学体系建设和中国气派的人才培养。"儒学学科建设"和"儒学教材编撰"，就成了当今提升儒学研究水平和儒学人才质量所不得不考虑的问题了。

自春秋时期孔子行教以来，儒学便逐渐积累了丰富的学术内涵、治世功能和学派特征，具备了系统的信仰系统、价值尺度、学术体系、知识结构、道德规范和行为守则。《汉书·艺文志》所谓:“儒家者流,盖出于司徒之官,助人君顺阴阳、明教化者也。游文于六经之中,留意于仁义之际,祖述尧、舜,宪章文、武,宗师仲尼,以重其言,于道最为高。”明确揭示出儒家继承了中华民族自古以来重视伦理教化(“司徒之官”)的传统,具有系统的经典构成(“六经”)、理论体系(“仁义”)、实践价值(“顺阴阳、明教化”)、道统传承(“祖述尧舜,宪章文武”)和学术传授(“宗师仲尼”),在历史、文化、文献、学术、功能、教育等方面,都自成体系、内涵丰富。

从文化传承和学术渊源上看,儒家来源于古代的“司徒之官”。司徒,金文又作“司土”,《尚书》《周礼》作“司徒”,是古代社会掌管土地、人民和教化的官职。《尚书·舜典》载舜帝曰:“契,百姓不亲,五品不逊。汝作司徒,敬敷五教,在宽。”此处的“五品”即父、母、兄、弟、子,“五教”即义、慈、友、恭、孝,后来扩大为“五伦”关系(君臣、父子、夫妇、长幼、朋友)和“五常”教化(父子有亲、君臣有义、夫妇有别、长幼有叙、朋友有信)。重视五伦之教是儒家一贯提倡的道德伦理,已经成为中华文化的基本特征。儒家创始人孔子即使不曾做过司徒之官(据《史记》,他只做过鲁国的司空、大司寇),但他作为二帝三王文化的“集大成者”,也一定是继承和弘扬了这一传统精神和核心价值。《庄子·渔父》就借子贡之口说:“孔氏者,性服忠信,身行仁义,饰礼乐,选(整齐)人伦,上以忠于世主,下以化于齐民,将以利天下。”称赞孔子有修养、有道德(“性服忠信”)、有行为风范(“身行仁义”)、有文化追求(“饰礼乐”)、有人文关怀(“选人伦”)、有特定社会功能(“上忠世主”“下化齐民”),还有明确的学术归趋:“将以利天下”。与《汉志》“助人君顺阴阳、明教化”正好前后回应。孔子也以自己的人格奠定了后世儒者的基本风范和道德趋向。后世儒者大多能以天下为己任,救斯民于水火,致明君于尧舜,成就了一个个“立德、立功、立言”的可歌可泣、可圈可点的不朽功勋,促进了国家的治理与天下的和平。浓浓的现实关怀,勇于担当的人文精神,正是儒学有别于宗教神学的根本所在,也是其影响中国历史文化,可望重塑当代伦理的魅力所在。

儒家具有自己取之不尽、用之不竭的理论源泉和智慧活水——“六经”。孔子继承、整理和传播了“二帝三王”的文化成果《诗》《书》《礼》《乐》《易》《春秋》(后世儒者又有“五经”“七经”“九经”“十三经”和“四书”等组合)。“六经”是上古历史的记录,也是儒家思想的集中体现。老子云:“‘六经’者,先王之陈迹也。”庄子也称之曰“旧法世传之史”(《庄子·天运篇》及《天下篇》)。“六经”上述二帝,下纪三王,是考述尧、舜、禹、汤、文、武、周公等圣道王功,传承上古文明的主要依据,从这个意义上说它是“史”。“六经”

经过孔子整理、阐释和传授后,又成为启迪智慧的历史教科书,从这个意义上说它是“经”。“经”与“史”的统一注定了“六经”内涵的丰富和博大。《庄子》说:“《诗》以道志,《书》以道事,《礼》以道行,《乐》以道和,《易》以道阴阳,《春秋》以道名分。”(《庄子·天下篇》)集中了文学、历史、伦理、美学、哲学、政治学诸领域的学术和智慧,形成了自足完善的经典体系和知识系统。汉代儒者传《易》《书》《诗》《礼》《春秋》“五经”,东汉传“七经”(五经加《论语》《孝经》),唐代传“九经”(《易》《书》《诗》加《春秋左传》《公羊传》《穀梁传》和《周易》《仪礼》《礼记》),五代后蜀始刻的“蜀石经”完成古代儒家经典的最后定型——“十三经”(“九经”加《论语》《孝经》《尔雅》《孟子》),宋儒又析《礼记》之《大学》《中庸》与《论语》《孟子》组合为“四书”,从而形成了儒家经典的多个传承模式与流通文本。中华5 000年文明史,恰以“六经”为标志形成了承上启下的轴心关系,前此2 500年的历史因之得以记载和传承,后此2 500年的智慧据此得以启迪和照明。如果我们不是完整地、系统地研究儒家经典,就不能全面地、真实地认识中华文明的传承序列和承载模式。

在思想学术方面,儒学更是具有丰富多彩的学术内涵,在今天分属于多个学科的诸多学术问题和成就(如哲学、宗教学、政治学、经济学、军事学、伦理学、社会学、教育学等),都在儒家经典以及儒学论著中,有较为丰富的特别反映和精辟阐述。如“太极生两仪,两仪生四象”“天人合一”的宇宙观和世界观、“天命(天道)”“鬼神(阴阳)”“礼乐(仁义)”的信仰体系、“过犹不及”“中正”“中庸”“中和”的辩证观、“仁智勇”“孝悌忠信、礼义廉耻”的伦理观、“民为邦本”“民贵君轻”的“民本”思想、“仁政德治”“博施济众”的治理模式、“尚和合”“求大同”“天下和平”“天下一家”的天下观、“士人、君子、圣人”和“内圣外王”的修身模式、“立己立人,达己达人”“己所不欲,勿施于人”的“忠恕”之道:这一切的一切,都经儒家的提倡、推广,触入中华民族精神之中,形成了积极向上、百折不挠的民族精神。尤其是儒家所提倡的“孝悌忠恕勤”“温良恭俭让”“恭宽信敏惠”“仁义礼智信”等观念,对涵养当今社会的“个人品德”“家庭美德”“职业道德”和“社会公德”仍然具有重要的参考价值。

历经2 500年的发展,儒家积淀了丰厚的文化成果,具有庞大的文献积累。儒家以经典教育为本位、以著书立说为特色,在历史上产生的学术文献数以万计。孔子修订、阐释“六经”,从而形成了首批儒学文献,再“以《诗》《书》《礼》《乐》教”,而后形成儒家知识群体“弟子三千”。在《左传》“立德、立功、立言”三不朽和孔子“君子疾没世而名不称焉”的人生观激励之下,后世儒者纷纷借“著书立说”“代圣人立言”来实现自我的人生价值，于是催生出许许多多解释儒家经典的文献（著录在“六艺略”或“经部”），阐发儒学理论的儒家诸子文献（著录在“诸子略”或“子部”），记载儒学发展演变的传记、碑志、学案、礼典、家乘等文献（著录在“史部”），展示儒者个人的文学、艺术以及思辨才情的诗文词赋（著录在“诗赋略”或“集部”），真可谓琳琅满目、汗牛充栋。放眼世界，传世的古典文献以中国为盛；而考诸中华，传世古文献中又以儒家居多。这些数量庞大、内涵丰富的儒学文献，遍布经、史、子、集四部，内容则包括经解、义理、考据、辞章。它们是历史文化的载体，是儒家智慧的记录，也是中华古典文明的核心骨干，自然是我们研究中华古典文明不可忽略的。加强对它们的整理和研究，既是当代及未来学人责无旁贷的神圣职责，也是一个十分漫长、十分艰辛的过程。

儒学在长期的传承师授过程中，创新体制，积累经验，具有举世无匹的教育成就和教学经验。孔子首开私人办学的历史先河，首创通过教育来传播文明、撒播理想、启迪智慧、点燃希望的康庄大道，他是中国乃至世界史上第一位职业教师。在长期的教育实践中，他形成了“建国君民，教学为先”“性近习远”“有教无类”“因材施教”“启发”“激励”等教学思想和教学方法，他有弟子三千，达徒七十二，形成了庞大的儒家学派。后经子夏、曾参、子思、孟子、荀子等人继承和发展，更加积累和丰富了儒家的教育经验。西汉文翁在成都设石室精舍传授儒家“七经”，首开郡国立学传播儒学的先例；汉武帝开太学，立“五经”博士，置弟子员，并在全国推广文翁经验，大兴郡国之学，还下令全国举明经秀才，开启了汉家文治之端。后之继起者，无论是后汉、三国，或是两晋、南北朝，或是唐、宋、元、明、清，都毫无例外，“教学为先”成为中国理想社会“建国君民”的优良传统。历代王朝继承和发展西汉以太学（或国学）、郡国府学传播儒学的教育设施，还创造和更新了以明经或科举选拔人才的选人制度，为中国古代社会培养和造就了众多的优秀人才，也启迪和影响了西方现代的文官制度。

综上所述，儒学的内涵是十分丰富的，其在历史上的影响也是巨大的和积极的。即使核以当下的学科设置标准，儒学独特的学科体系、学术体系和话语体系，也是十分显著的和成功的。如果从其学说成果、历史影响和文化积淀而言，儒学的丰富性、学科性较之目前所设一百余个“一级学科”中的个别学科，更是有过之而无不及！儒家经典是中华士人考古知新的源泉，儒家思想是中华民族安身立命的精神财富，儒家文献是中华文明丰富多彩的重要载体，儒家伦理是中华民族修齐治平的康庄大道，至于儒家的教育理论和实践，更是当代中国构建具有中国特色的学科体系、学术体系、话语体系的成功典范和学习榜样。在儒学的陶冶下,历史上曾经造就出大批哲学家、政治家、军事家、文学家、历史学家和科学家,为人类历史文化创造了辉煌灿烂的精神财富。如此丰功伟绩自然是从事中华学术研究不能忽视的,而如此丰富的内涵当然也不是目前效仿西方分类体系而形成的文、史、哲、经、法等学科所能涵盖的。

可是,由于儒学长期缺乏制度保障,缺乏学科建设和教材建设的自觉实践,各地区、各学校所进行的儒学研究、儒学普及和儒学人才培养,目前尚处于各自为政、各行其是的自发阶段,还未形成有组织、有计划、有阵地的儒学研究和儒学传播,也未形成有系统、有规模、有标准的儒学人才培养。就目前儒学人才培养的模式而论,大陆多在"中国哲学""中国历史"或"法学"等专业下进行,台湾多在"中国文学"专业下进行。由于专业背景不同,各校对儒学人才培养的理念和侧重也有所差别,教学内容和培养标准也随之有异。其中最根本的问题就是没有系统、全面的"儒学教材"和明确可行的培养目标!人才培养的散漫性,导致了知识传授的片面性、人才衡量的不规范性。这必然影响儒学传统的完整继承和儒学人才培养的质量问题,当然会影响儒学的当代复兴和未来发展!

近年来,独立的"儒学学科"建设的呼声越来越强烈,"儒学教材"编撰的需求也越来越紧迫。在"国学"的大门类之下,全面恢复儒学的完整的学科体系,建设独立完整的儒家学术体系,围绕"儒学原理""儒家经典""儒学历史""儒学思想""儒学文献""儒学文化"等方面,编撰出系统的儒学教材,构建起足以展示儒学在"经学""德行""政事""义理""考据""辞章"等领域真实面貌的话语体系,为培养儒学专业之基础扎实、知识全面的优秀人才,树之风声、蔚为典型,无疑是当代学人的学术使命和神圣追求。

(原载《孔子研究》2016 年第 4 期,第 12—15 页)

中国儒学作为一级学科何以可能？

颜炳罡

儒学顺应中华民族上古、三代文化的大流、主流发展而来，是中国文化上下五千年连续性与统一性的重要保证与凭借。刘勰《文心雕龙·原道》中指出："人文之元，肇自太极。""庖牺画其始，仲尼翼其终。""玄圣创典，素王述训。"刘勰的说法承汉人观点而来。《汉书·艺文志》认为，易为大道之源，而易道经过了"人更三圣，世历三古"的历史演进过程。三圣即伏羲画八卦、文王重卦、孔子作十翼，三古即上古、中古、近古。刘勰认为，易道是中国人文教化的开始，伏羲画卦是开始，孔子作"十翼"是终结与完成，孔子是中华文化的传人。我们认为，这一说法合乎历史事实。孔子只以中华文化的传人自居，主观上他并不想开创一个学派，即使客观上他开创了儒家学派，这个学派也是为了传承中华文化，所以，孔子"述而不作，信而好古"。

章学诚在《文史通义·原道》中继承了刘勰这一思想并作了进一步发挥。他重新诠释孔子"集大成"之意义，认为孔子是集伏羲、神农、黄帝、颛顼、尧、舜、三代之大成，而不是集伯夷、伊尹、柳下惠之大成，应该说章学诚在刘勰的基础上，进一步厘清了孔子与上古、三代之关系，强化了孔子在中华文化大统与大流中的地位与意义。无论是刘勰，还是章学诚，都认为以孔子为代表的儒学是根源于中华文化的文教传统，它本身就是中华文化的根干，而不是枝蔓。

诚然，韩愈道统说似乎比刘勰、章学诚的原道说影响更大，任何人都不能忽视。韩愈认为，道统的道就是仁义之道。这个道尧传舜，舜传禹，禹传汤，汤传文、武、周公，文、武、周公传孔子，孔子传孟轲，孟轲死后这个道就不得其传了。韩愈的道统始自尧、舜，与刘勰、章学诚的追至伏羲不同，韩愈的说法更多地强调"祖述尧舜，宪章文武，宗师仲尼"的人文谱系，将道浓缩为仁义之道，以仁义作为根脉接续中华道之传承。而仁义是孔孟学说的核心价值观,从价值观意义上讲,道统从尧、舜讲起自然有它的道理。韩愈的说法与刘勰、章学诚说法并不矛盾,而且可以相互印证。

仁义之道即人道,人之所以为人之道,是中国人的核心价值趋向,是中华文明的精神象征。作为中国文化的主体、代表着中国文化根本精神与价值观念的儒学,在现代体制化的大学中没有自己的一席之地,这不是儒学的悲哀,而是中国大学的缺憾。因而我们认为在现代教育体制内设立中国儒学一级学科对其进行专门的研究、传承与学习,这是文化自信、教育自信的重要表现。

作为中华文明主体的儒学既需要薪火相传、代代守护,又需要推陈出新、与时俱进,设立儒学一级学科是"传""守""进""新"的客观保证。习近平同志2016年5月17日在哲学社会科学座谈会上指出:"中华文明延续着我们国家和民族的精神血脉,既需要薪火相传、代代守护,也需要与时俱进、推陈出新。"中华文明说到底是以儒家文化为主体的文明样态,孝、悌、忠、信、礼、义、廉、耻等儒家核心价值是中华文明的DNA。在家尽孝,为国尽忠,是中华民族每一个分子所恪守的行为准则。眼下,中国佛教有几十家佛学院培养着佛教传人,中国佛学院既有本科生的培养,也有研究生的培养;中国道教在北京、上海、浙江、四川等地都建有道教学院,道教学院既培养大学本科生,也培养着硕士研究生;而百余家基督教神学院,更是从南到北,从东到西,从中心城市到乡村,遍布神州大地。佛学院还在培养佛教传人,道教学院还在培养着道教传人,神学院还在培养着基督教的神职人员,儒学传人培养的场所在哪里?近代中国,儒家的命运最为悲催,随着中国社会由传统向现代的转化,佛、道、耶、回等都还保留着自己的道场,还在培养着薪火相传、代代守护的人才,儒家在这场变革中却成了无所栖身的孤魂野鬼。我们认为,在中华民族重拾文化自信的今天,这种局面必须改变,否则文化自信就无从谈起。设儒学为一级学科,在有条件的高等院校进行儒学传人和研究人才的培养,不是十分必要的吗?!

学科设置自主权代表着中国人的文化自信与自觉,而儒学设立一级学科应是中国人在当代教育领域文化自觉与自信的见证。任何一个主权国家都有自己的教育自主权,而教育自主权必然包含着学科设置的自主权,那种跟在西洋学科设置后面亦步亦趋的时代应该结束了,中华民族在文化上自我主宰的时代应该到来了。中国由传统走向现代化过程中,在学科设置上经历了一个由中而西,进而全盘西化的过程。历史上,中国传统教育体系是儒家观念下的教学与学科设置体系,中国古典教育是儒学教育的一统天下,儒家经典教育不仅贯穿国子学、太学、四门学、乡校、书院、私塾等教育机构教学的始终,而且也是传统专科教育如律学、书学、算学、医学等学科的价值支撑与理论基础。清末,中国教育史第一次革命性变革即全国上下纷纷改书院为学堂,中国学科设置先是模仿日本,后是模仿欧美、苏俄,再模仿欧美的过程,这一过程恰恰与由儒家价值观念在教育领域的全覆盖到儒家的全面退场同步,也与整个中国社会的现代化过程相契合,不可否认,有其历史的必然性,也有其合理性。

然而,人类历史毕竟进入21世纪,在“地球村”时代里,每一个民族都会凸显“我”之所以为“我”的意义,中华民族已经参与全球化进程且成为“地球村”公民,同样需要以文化作为民族自我认同的标记。在学科设置领域,那种在西洋人后面亦步亦趋、生硬模仿的时代应该随着全球化的到来而被超越或扬弃,根据自身的文化特点、民族特性、精神气质、生活方式等建立起自己学科设置体系的时代应该到来。然而,中国高等教育的现状并不令人乐观,百余年来所形成的唯西人马首是瞻的历史惯性并没有从根本上改变,如在西方人评价体系与价值坐标体系里,中国不少高校制定了建设世界一流大学目标,为实现这一目标,竟然以外语讲《论语》《庄子》等作为国际化办学的标志,我们认为这是中国高等教育不长进、不受世人尊重的重要原因!而作为中华文明主体的儒学在现在高等教育的学科系统里竟然没有自己的立足之地,难道这种现状合理吗?

儒学在长期的历史发展过程中,形成了相对完善的学科系统,设儒学为一级学科不仅是必要的,而且是可行的。《后汉书·文苑传》:“安得孔仲尼,为世陈四科。”孔子所陈四科即德行、言语、政事、文学四科。韩愈、李翱认为四科是一个由低向高、由浅入深、逻辑严谨的学科系统。“凡学圣人之道始于文,文通而后正人事,人事明而后自得于言,言忘矣而后默识己之所行,是名德行,斯入圣人之奥也。”(韩愈《论语笔解》)孔门四科类似于儒学一级学科下的四个二级学科。曾国藩将孔子“四科”视为为学之术。他说:“为学之术有四:曰义理,曰考据,曰辞章,曰经济。义理者,在孔门为德行之科,今世目为宋学者也。考据者,在孔门为文学之科,今世目为汉学者也。辞章者,在孔门为言语之科,从古艺文及今世制义诗赋皆是也。经济者,在孔门为政事之科,前代典礼、政书及当世掌故皆是也。”(《劝学篇示直隶士子》,《杂著》卷四)“为学四术”其实就是四门学问系统,即“义理之学”“辞章之学”“经济之学”“政事之学”,这是前人经过多年的探索,概括、总结出来儒学的学科体系。

儒家非常重视文化传承,文化传承的手段是教与学,文化传承依赖的载体则是儒家的经典系统。孔子删《诗》《书》,定《礼》《乐》,赞《周易》,著《春秋》,有人认为孔子是经学之鼻祖,是经学的建立者与开创者,我们认为这个说法是有道理的。孔子开创经学旨在以经载道,继往圣,开来学,维系华夏斯文于不坠。经过孔子整理的“六经”,后来发展为六艺之教。《礼记·经解》指出:“入其国,其教可知也。其为人也,温柔敦厚,《诗》教也;疏通知远,《书》教也;广博易良,《乐》教也;絜静精微,《易》教也;恭俭庄敬,《礼》教也;属辞比事,《春秋》教也。”荀子在《劝学》篇中指出:“故《书》者,政事之纪也;《诗》者,中声之所止也;《礼》者,法之大分,类之纲纪也。”“《礼》之敬文也,《乐》之中和也,《诗》《书》之博也,《春秋》之微也,在天地之间者毕矣。”在先秦儒家那里,“六经”是个经典体系,也是教化体系。在后世历史演变中,从“五经”“七经”“九经”到“十一经”“十三经”,随着经典篇目的增多,儒家经学体系的内涵也在不断走向深化。经学是中国古已有之的传统,中国传统的读书人没有不接受经学教育的。民国建立,经学作为一个建制化的学科被强硬地肢解为三大块,《诗》归于文学,《易》归于哲学,《春秋》等归于史学,严重影响了经学学科的完整性、系统性。

根据儒学学科体系的特点,结合现代学科设置的有关经验,我们认为,儒学作为一级学科,下面可以设若干个二级学科,如经学、义理学、政事学、明伦学、六艺学,等等。

经学二级学科下设经学通论、中国经学史、尚书学、诗学、春秋学、易学、四书学等三级学科。

义理学二级学科下设义理学概论、中国义理学史、程朱理学、陆王心学、现代新儒学、儒释道三教比较研究、儒家义理学与西方哲学比较研究等三级学科。

政事学二级学科下设经世学、儒家家政学、儒家社区治理学、儒家治国方略、儒家天下学等三级学科。

明伦学二级学科下设修身学、孝道学、儒家伦理学、儒家生态学等三级学科。

六艺学二级学科下设中国武术、礼仪典章、琴棋书画等三级学科。

儒学学科本科学制四年,硕士研究生学制三年,博士研究生学制四年,完成学业,达到要求的学生分别授予儒学学士、儒学硕士、儒学博士学位。

有的学者指出,儒学不只是一种单纯的哲学或宗教,而是一套全面安排人间秩序的思想体系。仿此,我们也可以说,儒学即哲学即宗教,它不仅是全面安排人间秩序的一套思想体系,更是一套生活方式、一种文明样态。举凡中国传统学问如天文、历数、文学、史学、天文、教育、中医中药、建筑,等等,无不浸漫着儒学的因素,刻上儒家的印迹。可以说,在现代高等教育学科体系里没有一个一级学科能与儒学相对应或涵盖儒学，因而设立儒学为一级学科势在必行。

中华民族正走在伟大复兴的路上，中华民族的伟大复兴需要民族文化、民族精神的复兴作为支撑，而中华文化的复兴必然包含着作为中华文化的主体，作为中国人最基本的价值观、生活方式的儒家文化的复兴。中华文化的复兴急需一大批既能薪火相传、代代相护，又能与时俱进、推陈出新的儒学人才，需要一大批从事中国文化尤其是儒学研究、教学的高端人才，中国各地乃至世界各地的孔庙、古老书院（如白鹿洞书院、嵩阳书院、东林书院、泰山书院、尼山书院、洙泗书院，等等）需要一批管理者，民间社会急需一大批儒学的推广者、宣传者、践行者、示范者，而中华文化走向世界同样需要一大批文化使者，中国高校现行的文、史、哲等对儒学学科分块的、碎片化的人才培养模式已远远不能适应社会对儒学人才的需要，设立儒学一级学科不仅理论上可行，而且也是中华民族伟大复兴的客观要求，是中国梦实现的重要保证。

（原载《孔子研究》2016 年第 4 期，第 15—18 页）

二、学术研究

重建儒学学科　提高文化自觉

舒大刚　舒　星

自近代“西学东渐”以来,如今全球一体化进程日益加剧,我国思想文化一直都面临着来自外界及自身的不断冲击和挑战。在这对于整个人类历史而言并不算长的两个世纪里,伴随着国运的兴衰变革,国人在文化思想上亦先后经历了自我怀疑、自我否定,再到自我反思和自我觉醒的曲折路程。在这场思想文化的争鸣中,即便遭遇最低潮、最冰点的时期,依然有一个声音、一种主张不绝于耳——中华文化的自觉和自信决不能消亡!而今,这个声音、这个主张正逐渐壮大。尤其在中国经济和物质文明建设获得重大突破的当下,文化自觉和文化自信的重要性正日益成为国家文化建设的基本国策,成为每个文化工作者所强调和力倡的内容。然而,我们要说文化自觉和文化自信,关键在于什么?在经历了如此长时间的自我否认和自我遗忘之后,我们应当如何充实自觉与自信?

首先,我们必须要了解自身的文化类型和形态,确立自身文化的主体意识,加强中华文化的主干地位,在学理和学科上发展和巩固自身的文化学术。中国作为一个多民族、多宗教、有着五千余年文明史的文化古国,其包容的文化类型、文化形态可谓多种多样。如果要以简练的语言来描述真正具有全国意义的“中国文化”,当然是:以儒学和诸子百家(包括释、道)互补为结构,兼容各民族(甚至周边各国)文化的多元一体的庞大体系。这个海纳百川、兼容并包的庞大文化体系自来就是所有中国人所引以为傲的精神家园。然而,若一定要在这个庞大体系中确定一个核心主干,不容置疑,它就是儒学。以儒学为主导的中国传统文化,一直是中华文明的主干,中国历史及文化的方方面面无一不受到儒学的影响。而儒学本身也在这种影响中接受影响,不断地自我发展和自我完善,形成了具有自足的经典体系、博大的思想内涵、丰富的文献积淀和成熟的教育体制,以及实实在在的学科和思想文化体系。从而,研究和重构儒学影响中国的历史,就是提高文化自信的首要条件;重建儒学的现代学科地位,就是实现文化自觉的第一步。

从经典上看,儒家有所谓"六经""五经""七经""九经""十三经"和"四书"等组合提法。"六经"即《诗》《书》《礼》《乐》《易》《春秋》,是孔子继承中国上古以及夏、商、周三代历史典籍整理而成的经典教材,这些经典上记往古历史文化,下启后世思想智慧,它们既是此前历史的记录,也是此后新知的启蒙。老子云:"'六经'者,先王之陈迹也。"《庄子》也称之为"旧法世传之史"。"六经"记载了尧、舜、禹、汤、文、武、周公等二帝三王亦即唐、虞、夏、商、周等历史文化,是"六经"者述古之"史"也。"六经"经过孔子整理和阐释后,又成为历史教科书,《庄子》曰:"《诗》以道志,《书》以道事,《礼》以道行,《乐》以道和,《易》以道阴阳,《春秋》以道名分。"道志者,文学是也;道事者,历史是也;道行者,规范是也;道和者,美育是也;道阴阳者,哲学是也;道名分者,政治学是也——"六经"综合反映了上古哲学、史学、文学、伦理学、政治学、社会学等内容,是"六经"者,又训世之"经"也。汉代儒者只传《易》《书》《诗》《礼》《春秋》,谓之"五经"。东汉盛行"七经",在五经之外另加《论语》《孝经》。及至唐代,又将《易》《书》《诗》与《春秋左传》《公羊传》《穀梁传》和《周易》《仪礼》《礼记》合称"九经"。五代后蜀政权在成都刊刻"蜀石经",在"九经"之外再加《论语》《孝经》《尔雅》《孟子》,合称"十三经"。宋儒又将《礼记》中的《大学》《中庸》析出,与《论语》《孟子》一道并称"四书"。中华五千年文明史,以"六经"为主体的儒家经典恰恰成为一个承上启下的中介,中华前此 2 500 年历史因之以讲明,后此 2 500 年智慧得之以点燃。宋人说"天不生仲尼,万古如长夜"者,诚然。

从学术上看,儒学具有丰富多彩的学术思想,集哲学、政治、思想、伦理、社会、教育以及其他学术文化观念于一体,是中国文化精神的集中体现。其"太极生两仪,两仪生四象""天人合一"的命题,构成了中国人特有的宇宙模式和世界观。"过犹不及""中正""中庸"的辩证思维,形成了中国人高超的思维方式和处世哲学。"仁义礼智信"的五常之教,成了中国人作"新民"、立"新德"的指导思想。追求和平、讲究秩序的理论,成了中国人建立和谐社会、实现文明生活的理想模式。"载舟覆舟"的君民关系论和"民为邦本""民贵君轻"的"民本"思想,成了历代志士仁人反对专制集权、追求"仁政德治"的思想武器。"士人、君子、圣人"和"内圣外王"的修身模式,构成了中国人终身向往的理想人格和修身之道。"立己立人,达己达人""己所不欲,勿施于人"的"忠恕"之道,成了中国人建立和谐人际关系的无上法宝。这一切的一切,都经儒家的提倡、推广,逐渐融入中国的民族精神之中,支撑着这个民族生存、发展、繁衍,创造和丰富着自己灿烂的文化和文明,至今犹闪烁出熠熠光辉。

从实践上看,儒学具有孝悌忠信的道德伦理、恭宽信敏的处世哲学和仁政德治的政治理念。儒学尤其是一门修身之学、实践之学,伦理道德学说构成了儒家学说的核心和灵魂。儒家重视教化即思想教育,注重个性修养和道德情操培养,提倡"孝悌忠信""礼义廉耻""舍生取义""杀身成仁""以天下为己任",强调道德责任感和历史使命感。它虽然上究"天人"之际,下探"心性"之微,形上无象,玄之又玄,但在讲究"博学""慎思"的同时,又特别强调"笃行"。它的"仁"便是要"爱人","义"便是要行而得宜,"礼"本身就是行为规范,"智"便是要知晓"仁义"之道而慎守弗失(孟子),"信"便是要言而行之(孔子)。儒家成功地将个人的品德修养与国家的治理安定紧密地结合起来,把道德主体的能动作用与社会的道德感化力量有机地融为一体,从而使道德规范的约束功能与知耻自觉的自律机制更好地相辅相成。儒学以其理论与实践结合、个体修养与群体利益结合、道德修养与政治事业结合的学术思想,形成了中华民族"自强不息""厚德载物""仁义道德""民胞物与""孝亲敬老""崇德尊贤""诚实忠信""见义勇为""文明理性""公平正直"等优秀品德,这是她有别于宗教神学的根本之处,也是其影响中国历史文化,乃至今日仍有其旺盛生命的魅力所在。

从文化成果上看,儒学具有庞大丰富的文献载体。儒家是以经典教育为本位、文献创造为特色的学派,儒家在历史上产生的学术文献数以万计。自孔子修订"六经"而后有儒家文献;自孔子"以《诗》《书》《礼》《乐》教"而后有儒家知识群体"弟子三千";自《左传》提出"立德""立功""立言"三不朽的人生观后,形成了儒者以"著书立说"来实现自我价值的重要途径。放眼世界,传世的古典文献以中国为多;而考诸中华,传世古文献中又以儒家最盛。这些数量庞大的儒学文献,遍布经、史、子、集,内容包括儒家经典的注解和疏证,儒家诸子智慧的发挥和更新,儒学历史的记录和考订,以及儒家文化的推广和弘扬。它们是文化的载体,是智慧的记录,是中华文明的核心骨干。加强对它们的整理和研究,是认识中华古老文化的主要途径。

从信仰上看,儒学具有多元一体的信仰体系。班固说:"儒家者流……助人君顺阴阳、明教化者也;游文于六经之中,留意于仁义之际,祖述尧、舜,宪章文、武,宗师仲尼。"(《汉书·艺文志》)"助人君"是其政治功能,"顺阴阳"是其宇宙功能,"明教化"是其社会功能,"六经"是其经典体系,"仁义"是其理论核心,而尧、舜、文、武、仲尼的圣贤信仰,亦是其立教的道统体系。儒家正是以本民族的圣君贤士作为楷模,以尊天命、顺阴阳为其哲学依据和宗教情怀,以“六经”为之教典依据,以“仁义”为其理论基础的学术流派,这一整套理论体系和价值体系,是指导和引领中华民族数千年发展和生生不息的思想源泉,也是中华学人慧命永存、日新其德的精神家园。

从教育上看,儒学具有成功的教育经验。孔子是中华民族的“至圣先师”,开创了私人办学的先河,他是中国乃至世界上第一位职业教师,具有“性近习远”“有教无类”“因材施教”“启发”“激励”等教学思想和教学方法,他有弟子三千,达徒七十二,形成了庞大的儒家学派。后世儒者如子夏、子思、孟子、荀子之徒,读其书,继其志,游说四方,传道授业,继承和弘扬了儒家学说,也积累和丰富了儒家教育经验。西汉景帝末文翁在成都设石室传授儒家“七经”,首开郡国立学传播儒学先例;汉武帝开太学,立五经博士,置弟子员,并在全国推广文翁经验,大兴郡国之学,还在全国举明经秀才,儒学于是成为全国教育的主体内容,也成为量士衡才的终极指标。后之继起者,无论是后汉三国,或是两晋南北朝,或是唐宋元明清,都毫无例外。历代王朝,继承和发展西汉以太学(或国学)、郡国府学传播儒学的教育设施,还创造和更新了以明经或科举选拔人才的选人制度,积累了丰富的教育、考试和选材经验。为中国古代社会培养和造就了众多的优秀人才,也启迪和影响了西方文官制度的产生。

儒学的这些丰富内涵,在中国历史上曾经产生过重要和积极影响。儒家经典是中华学人述古知新的知识源泉,儒家思想是中华学人的精神家园,儒家文献是中华文明的重要载体,儒家伦理是中华志士修身齐家的理想模式,儒家教育理论和实践也是中国人造就人才和选拔人才的成功经验。儒学在历史上作为天字第一号的学术,是维系“大一统”局面的重要精神力量,是实现中华民族广泛的文化认同的重要理论基础。在它的陶冶下,大批哲学家、政治家、军事家、文学家、历史学家和科学家不断涌现,为人类历史文化创造了辉煌灿烂的精神财富。在儒学指导下的中国社会,也曾出现过“大汉文明”“大唐文明”“大宋文化”等一个又一个太平盛世和文化高峰,在历史上多次担当起世界文化中心的作用。① 这些成就的取得,因素当然是多方面的,但是其中具有主导作用的儒家学说自然功不可没。

---

① 据专家统计,中世纪时期,中国的经济和科技也是相当发达的,相当一段时间占世界经济总量20%—30%,处于领先地位;宋代铁的产量已达125 000吨,相当于400年后17世纪整个欧洲的产量;中国科技在15世纪前一直领先于世人,有人统计自公元前6世纪至公元15世纪的世界重大科技成果,中国约占1/2。从经济形势看,中国在南宋时期、明中叶以后,私人资本主义经济都曾有较大发展,出现向产业资本发展的倾向,两次出现了资本主义萌芽。只是由于北方游牧民族入主中原,受文化背景、价值观念和政策导向等非经济因素的影响,才中断了这一进程。

历史降至19世纪末,中国儒学一枝独秀的历史瞬间成为明日黄花,孔庙被拆、书院转型,尤其是民国初年全盘吸收西方学制,将儒家经学从教学计划中取消,从此在中国教育界再没有儒家的地位。中国儒学被虚化、被肢解,甚至被遗忘,“中国儒学”在自己的国度顿时成为游魂孤鬼,无处庇身、寄托!现行的所有学科设置、图书分类和项目管理体系,均不见中国儒学的身影!

自兹往后,百余年间,在普遍的疑古批儒风潮之下,曾经是考古知新的儒家经典被疑为非伪即残的零篇断简;曾经是精神家园的儒家思想被批驳成腐朽落后的罪因祸源;曾经是修身齐家良言的儒家伦理被诬蔑为愚忠愚孝的害瘤毒草;曾经记载了中华数千年思想文化成果的儒家文献也被斥为封建落后的故纸残书;曾经是淑世济人的儒家教育经验也被不加判断的盲目抛弃和清除!在文化教育领域,甚至发展到唯西是信、唯西是崇的地步,对西方舶来品,曾经几乎不加辨别地模仿吸纳。一时间,消极与积极、宗教与迷信,沉渣泛起、谬种流传,各种稀奇古怪的理论和价值观充斥神州大地;重功利而轻操守,重技术而轻文化,更是泛滥教育领域。这样做的结果,虽对中国人接受“西”事物、传播“西”思想开辟了道路,但同时也导致中华民族信守了二千余年的核心价值观念大厦顷刻隳堕,中华民族固有精神家园随之破裂失守。连续近百余年历史里,中华传统遭到亘古未有的破坏,儒家学说也遭到史无前例的打击。此乃思想学术的剧变,也属儒家文化的浩劫。在儒学诞生、流传并主导了两千余年的国度里,诸如“儒学在哪里”“儒学为何物”“儒学到底有何价值”“儒学研究从何着手”“儒学人才如何培养”之类本不应该存在的问题,此时却竟也成了十分棘手、不得不加紧研究和探讨的“问题”。实际上,这不仅是文化遗忘、传统失落的后遗症,更是精神空虚、思想混乱的恶果。

可喜的是,当一些短视之人尚迷失于一味追求国内生产总值(GDP)简单拉升的歧途之中时,党和政府已清楚认识并指出:“一些地方和单位对文化建设重要性、必要性、紧迫性认识不够;一些领域道德失范、诚信缺失,一些社会成员人生观、价值观扭曲。”这种“富而不知礼,贵而不幸福”的现实,再次提醒全国人民:“物质贫乏不是社会主义,精神空虚也不是社会主义。”已经清醒地意识到:“文化是民族的血脉,是人民的精神家园。在我国五千多年文明发展历程中,各族人民紧密团结、自强不息,共同创造出源远流长、博大精深的中华文化,为中华民族发展壮大提供了强大精神力量,为人类文明进步做出了不可磨灭的重大贡献。”(《中共中央关于深化文化体制改革的决定》)中国终于梦醒,国人终于自觉,这是好事,也是大事!

在物质文明建设获得初步成功，而民族文化的建设、民族自信的树立仍然任重而道远的当下，党和国家适时提出了“加强文化自觉，提高文化自信”的号召，这无疑是斯民之幸，斯文之幸！

然而自觉从何始，自信从何来？鄙意以为，自觉应从认识自己的悠久的历史文化开始，自信当从继承和弘扬优秀的传统文化中来。我们中国具有悠久的历史，曾经创造了以儒家学说为主导的辉煌文化，研究好中国的历史文化，提炼其优秀的合理内核，就是增强文化自觉、提高文化自信的首要条件。如果说“学在学府，用在官府，行在士民，化成天下”的话，作为在高等学校执行教书育人功能的我等学者文人，正应当将影响中国文化至深的儒家学说加以深入研究和总结，加强儒学的学科建设、学术弘扬和人才培养，使儒学重回淑世济人的领域。而要达到此目的，必须重建儒家经典的阐释体系、重构儒家的精神家园、重倡儒家的实践伦理、精研儒家的文献典籍、重温儒家的教化理论，使当代中国大学生在经典上、思想上、伦理上、文献上、教育上，重新得到儒家的关怀和陶冶，同时也促进儒学的现代更新和转化，以适应变化发展了的当代社会。

以上浅见，定有不妥之处，希请达人批评指正。

（本文系2010年国家社科基金重大项目“儒学学科建设研究”申请书的论证部分，后来切出修改，发表于《国际儒学研究》2013年总第21辑，第7—13页）

儒学学科·儒学课程·儒学教材

王钧林

当今的儒学发展,已经走到了这样一个关节点:将儒学的教学与研究纳入我国高等教育体系之中,设立儒学学科,安排儒学课程,编纂儒学教材,也就是精心筹划、合理设计,建立儒学的学科体系、课程体系和教材体系;一旦顺利地通过这个关节点,儒学将迎来一个扎实的、平稳的、持续的、可预期的发展时期。

儒学从属于中华文化这个大范畴,然而,儒学又是中华文化的主体、主干、主流。最近,推进中华优秀传统文化的传承发展,已经提升到了国家工程的层面,可以预见,中华优秀文化的传承发展将很快纳入国民教育体系之中。2016 年 9 月,山东先行一步,发布了《中小学中华优秀传统文化课程指导纲要》,面向全国出版界、教育界、学术界征集小学、初中、高中三个学段的中华优秀传统文化教材,目前进展顺利,第一轮已经遴选出了三个学段 15 种教材,再经修订和评审通过,将很快形成几套适用的教材。在初等教育阶段,进行中华优秀文化的教育,十分必要,切实可行,上下有共识;在高等教育阶段,进行儒学的教学与研究,也应该是顺理成章的事情。

一、儒学学科体系

儒学的教学与研究纳入高等教育体系,首先要有一个学科"户口",这是基本的前提。2016 年 4 月,刘学智、朱汉民、舒大刚、颜炳罡几位学者,还有我忝列其中,发出在高等学校设立儒学一级学科的倡议。将儒学设立为一级学科,一旦成功,首先就会遇到一个学科体系的问题,而儒学课程的设置、儒学教材的编写,都与这个儒学学科体系相对应。儒学教材是供儒学课程使用的,儒学课程是根据儒学学科设置的,这其间的逻辑关系是明确的、清晰的。

儒学学科体系必须准确反映儒学的庞大的知识体系,不能有重要的遗漏。儒学历经2 500多年的发展,积累的知识广博而深厚,涉及的方面繁多而复杂。如何建立一个合理、适用、切合儒学实际的儒学学科体系,并不是简单的事情。儒学学科的划分不宜过细,设一、二、三级学科即可。初步设想如下:

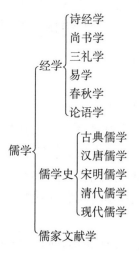

- 儒学
  - 经学
    - 诗经学
    - 尚书学
    - 三礼学
    - 易学
    - 春秋学
    - 论语学
  - 儒学史
    - 古典儒学
    - 汉唐儒学
    - 宋明儒学
    - 清代儒学
    - 现代儒学
  - 儒家文献学

这个设想并不周全,有一些非常重要的内容没有纳入。比如,考据学,其中包括训诂学、音韵学、古文字学,等等,就完全可以成为一门独立的三级学科;但是,考虑到考据学是"汉学"治经的基本手段与方法,属于"汉学"范畴,设考据学为三级学科,那么"宋学"也应该设相应的学科,因为"宋学"也有其区别于"汉学"的治经的手段与方法,并且"宋学"的历史、成就丝毫不亚于"汉学"。如果将"汉学""宋学"治经的手段与方法合而为一,设立一门儒家经典诠释学,应该是最好的安排。可是,儒家经典诠释学,迄今没有系统深入的研究,距离成为一门成熟的学科还有不少的距离,现在设立为三级学科,不易为学人所接受。另外一种情况是,如果在学科分类上再细一点的话,春秋公羊学,无论从内容上看,还是从研究的深度与广度上看,作为一门独立的学科已是相当的成熟,完全可以列为三级学科春秋学之下的四级学科,然而,这又不合乎宜粗不宜细的初衷。还有一点不周全的地方,是没有把儒学分门别类的内容纳入进来,如:儒家哲学、儒家伦理学、儒家政治学、儒家历史学、儒家社会学、儒家文艺学,等等,这些都是基于现代学科分类而划分出的专门之学,自然有其成为学科的价值和意义。但是,现代学科和传统学科是两个不兼容的体系,硬要将两者揉和在一起,显得不伦不类,所以两者宜取其一,取其一则还是按照传统学科划分儒学学科体系较为适当。

按照传统学科划分儒学学科体系，有其长也有其短，其长在于合乎儒学实际，其短在于不能按照现代知识体系分析、归纳、整理儒学知识体系，倘若有人请教儒家哲学，立即坠入五里雾中，茫然不知如何应对。对此，应该设法补救，补救之道在下面将要论及的课程体系中。

指出这个设想的不周全，是想说明：有一些不周全之处，不是没有想到，而是想到了却没有更好的办法予以解决，无奈只好做些妥协。大致说来，这个设想基本上涵盖了儒学作为一级学科的基本内容，如果说有不周全、需要补充的话，则在学科之外的课程体系中再想办法。

二、儒学课程体系

有了儒学学科体系，接下来就是设计儒学课程体系。学科体系与课程体系不完全一致。有一些学科体系涵盖不了的重要内容，可以专题研究的形式设立相应的课程。在教学中，与学科对应的课程应该作为必修课，与学科不是严格对应，亦即学科涵盖不了的重要内容，以及其他具有专题研究性质的课程，都可以作为选修课。必修课与选修课都是儒学课程体系必不可少的内容。在儒学课程体系中，必修课既然与学科相对应，那么，就应该设置以下 15 门儒学课程：

（一）儒学一级学科的基础课：儒学通论或儒学概论。

（二）儒学二级学科的基础课：1. 经学通论或经学概论；2. 中国儒学史；3. 儒家文献学。

（三）儒学三级学科的基础课：1. 论语学；2. 诗经学；3. 尚书学；4. 易学；5. 春秋学；6. 三礼学；7. 古典儒学；8. 汉唐儒学；9. 宋明儒学；10. 清代儒学；11. 现代儒学。

这 15 门课都是儒学基础课，基础课即是必修课。然而，仅仅设置这 15 门儒学必修课还远远不够，所以还要补充若干儒学选修课。设置儒学选修课的原则有二：一是要与儒学学科体系密切相关，不相关不予设置；二是儒学选修课的讲授者必须对课程内容有专门的、系统的、精深的研究，使其授课的内容能够自成体系，成为一门学问；如果做不到这一点，借用学术界已有的研究成果加以认真地学习消化，整理出一门自成系统的学问，作为选修课，也未尝不可。按照这两个原则来衡量，儒学选修课择善而从的遴选范围还是比较宽泛的。

在儒学一级学科的层面上，应有而未有、已有而成熟的专题研究，可以设置为选修课的,至少有以下几门:1. 儒家文化通论或儒家文明通论;2. 东亚儒学研究;3. 儒学域外传播与影响;4. 儒释道关系研究;5. 儒学与当代社会。

在儒学二级学科层面上,经学学科可以设置为选修课的有:1. 儒家经典诠释学;2. 考据学;3. 经学与中国社会;4. 汉代经学;5. 魏晋南北朝经学;6. 隋唐经学;7. 宋元经学;8. 明清经学;9. 近代经学。中国儒学史学科可以设置为选修课的,可多可少。就其多而言,历史上圣贤级别的大儒、著名的学派,都可以做专门的研究,形成专门之学,如:1. 孔子;2. 思孟学派;3. 濂学;4. 关学;5. 洛学;6. 朱子学;7. 阳明学;8. 现代新儒学;等等,依此设置相应的课程,应该没有异议。就其少而言,将这些单独抽出来的专门之学,再送回原位,放在中国儒学史这门课程里讲授,也未尝不可。儒家文献学可以设置为选修课的只有一门:出土儒家文献研究。

在儒学三级学科层面上,可以设置为选修课的比较多,按学科分类看,从三礼学中可以析出:1. 仪礼学;2. 周礼学;3. 大戴礼记学;4. 小戴礼记学。从易学中可以析出:1. 周易哲学;2. 周易象数学。从春秋学中可以析出春秋公羊学。此外,还可以增设:1. 四书学;2. 孝经学。四书学、孝经学与儒学三级学科在同一层次上。

设置儒学选修课的第一个原则,必须与儒学学科密切相关。如何理解这个密切相关?以上所说显然是一望而知的浅层次的密切相关,除此以外,还有深层次的密切相关,即包含在儒学之中、与现代学科分类相对应的若干专门之学,比如:1. 儒家哲学;2. 儒家伦理学;3. 儒家政治学;4. 儒家社会学;5. 儒家美学;6. 儒家经济学;7. 儒家管理学;8. 儒家生态学;等等。这些专门之学无一不是儒学题中应有之学,而且与现代学科体系相吻合,容易引发现代社会各界人士的关注和兴趣,儒学的教学与研究者自然应该了解与掌握,在学生有选修需求的情况下,应该开设这类课程。

总而言之,儒学课程体系分必修课和选修课两大部分。儒学必修课是基础课,与儒学学科相对应;儒学选修课是必修课的辅助与补充,不必与儒学学科严格对应,可以灵活掌握与设置。

三、儒学教材体系

梳理清楚了儒学课程体系,再来审视儒学教材体系。

一般来说,课程与教材是对应的。设立什么课程,就必须有什么教材。

但是,必修课与选修课的情况不一,二者的因果关系不一。必修课的因果关系,是先有课程的设置,再根据课程来编写教材,是课程在先、教材在后的因果关系。选修课的因果关系,有时与必修课一致,有时不一致;在不一致的情况下,往往是授课的教授对某一专题有深入系统的研究,写成了书稿,出版了专著,于是想开这么一门相应的课程。这显然是先有了教材(书稿或专著),尔后根据教材设置课程的情况。这种情况在本科生教学中并不常见,而在硕士生、博士生的教学中则较为普遍。

鉴于必修课与选修课遵循不同的因果逻辑,我们在构建儒学教材体系中,应该注意到两者的不同,具体情况具体对待。必修课教材的编写,自然应与必修课的设置保持对应、一致。如上所述,儒学一、二、三级学科总共应该设置15门基础课,即15门必修课,与此相应,就应该编写15种儒学必修课教材,即:1.《儒学通论》(或《儒学概论》);2.《经学通论》(或《经学概论》);3.《中国儒学史》;4.《儒家文献学》;5.《论语学》;6.《诗经学》;7.《尚书学》;8.《易学》;9.《春秋学》;10.《三礼学》;11.《古典儒学》;12.《汉唐儒学》;13.《宋明儒学》;14.《清代儒学》;15.《现代儒学》。

比较而言,儒学选修课教材有一定的灵活性,不必与儒学课程体系一一严格对应。凡是前面已经提及的儒学选修课程,都应该有相应的教材,这是不言而喻的,如:1.《儒家文化通论》(或《儒家文明通论》);2.《东亚儒学研究》;3.《儒学域外传播与影响》;4.《儒释道三教关系研究》;5.《儒学与当代社会》;6.《儒家经典诠释学》;7.《儒家经典考据学》;8.《经学与中国社会》;9.《汉代经学》;10.《魏晋南北朝经学》;11.《隋唐经学》;12.《宋元经学》;13.《明清经学》;14.《近代经学》;15.《孔子思想研究》;16.《思孟学派研究》;17.《濂学研究》;18.《关学研究》;19.《洛学研究》;20.《朱子学研究》;21.《阳明学研究》;22.《现代新儒学研究》;23.《出土儒家文献研究》;24.《仪礼学》;25.《周礼学》;26.《大戴礼记学》;27.《小戴礼记学》;28.《周易哲学》;29.《周易象数学》;30.《春秋公羊学》;31.《四书学》;32.《孝经学》;33.《儒家哲学》;34.《儒家伦理学》;35.《儒家政治学》;36.《儒家社会学》;37.《儒家管理学》;38.《儒家美学》;39.《儒家文艺学》;40.《儒家生态学》。

前面没有提及,却同样具有相当重要性的,如:1.《儒家宗教性研究》(或《儒家宗教化研究》,与此同类的,还有《儒教研究》或《孔教研究》);2.《儒学现代转型研究》;3.《儒学与马克思主义》;4.《儒耶关系研究》;5.《儒家经典传播与翻译研究》;等等。如果有专家学者对其中某一课题有浓厚兴趣和长期研究,已经写成书稿,不妨开设相应的课程,并将此书稿稍加调整，改造成教材。

这样看来，儒学必修课 15 门课程有 15 种教材，选修课至少可以开设 40—45 门课程。其实，根据不同授课者的“术业有专攻”，还可以开设多种课程，即使仅仅按照前面已经列出的 40—45 门课程计，就应该编写 40—45 种儒学教材。合计起来，可以有 60 门课程、60 种教材，这就将儒学一级学科完完全全支撑起来了。

以上所述，仅是个人陋见，挂一漏万，不足为训。如果能够提供一个讨论的基础、批评的靶子，则应该是“幸甚至哉”的事情了。

“中国儒学”学科的客观存在与学科特征：一项历史研究

彭　华

一、引子:“学科”正名

孔子云:“必也正名乎！……名不正,则言不顺;言不顺,则事不成。”(《论语·子路》)因此,在正式进入本论题的讨论之前,必须对“学科”加以“正名”。

按照《汉语大词典》的收集与梳理,古人和今人所说的“学科”,大致有以下四种:一是指唐宋时期科举考试的学业科目。宋人孙光宪《北梦琐言》卷二:“咸通中,进士皮日休进书两通:其一,请以《孟子》为学科。”二是指按照学问的性质而划分的门类。如自然科学中的物理学、化学,社会科学中的历史学、经济学等。三是指学校教学的科目。如语文、数学、地理、生物等。四是指军事训练或体育训练中的各种知识性的科目(区别于“术科”)。对于以上四种类型的“学科”,必须说明者有以下三点。

第一,第二种和第三种“学科”,实际上是互通的、重合的(或者说大致互通、基本重合),即均按照所研究的领域或所学习(或教授)的对象来加以划分;并且,它们设立的时代背景也是基本相同的,即均借鉴自“西学”,均属“西学东渐”的产物,它们所对应的英语单词是“discipline”。所不同者仅仅在于,前者是基于研究的方便而加以划分,后者是基于学习(或教授)的需要而加以划分。因此,第三种“学科”,有时又叫作“科目”(subject),在综合性大学(university)中尤其如此。

第二,区别“术科”与“学科”(第四种),实际上极其合乎古中国的传统。众所周知,《庄子·天下》篇曾经颇为严格地区分过“道术”与“方术”,并且推崇的是“道术”而非“方术”；但事与愿违的是，世俗之人注重的是“方术”而非“道术”，“天下之治方术者多矣，皆以其有为不可加矣”。按照庄子的这一思路，今人所习称的“学科”，实际上仅属“方术”而已。按照近人严复、章太炎、梁启超、刘师培、黄侃等人的理解，“学”所指的是事物之原理，“术”指的是原理之使用；易言之，“学”与“术”或“学科”与“术科”，约略近于今人所言“基础学科”与“应用学科”。

第三，在以上四种“学科”中，第一种“学科”争议最大、歧义最多。在古人看来，“以《孟子》为学科”是顺理成章的，也是天经地义的。简言之，在漫长的封建时代（包括科举考试时代），儒家经典“五经”和“四书”等完全是名副其实的学业科目（相关论述，详见本文第二、三部分）。但在今人看来，皮日休咸通年间（860—874）进书“请以《孟子》为学科”，几乎就是一派胡言，让人匪夷所思。但是，如此而视、如此而言，似乎又“持之有故”“言之有理”（借用《荀子·非十二子》语）。因为，按照时下的学科分类体系，“以《孟子》为学科”是全然站不住脚的（相关论述，详见本文第四部分）。

关于“中国儒学”是否为“学科”的讨论，在当下一度成为热门话题，同时也是一个严肃的话题。笔者才疏学浅，今不揣浅陋与固蔽，略陈管见一二，权作抛砖引玉耳！

二、“中国儒学”学科的客观存在

本部分侧重于“纵向的研究”，即以时间为序，简要梳理“中国儒学”学科的发展与演变，从而说明“中国儒学”学科的存在是客观事实。历史长河中的“中国儒学”，大致可以分为以下五个阶段：

（一）“中国儒学”的形成期（春秋）

在本阶段，由孔子创立了“儒家”，形成了“儒家学派”，“中国儒学”正式问世。与“中国儒学”相辅相成的，是“六艺”的经典化（教科书），是儒学教育的成功实践，等等。

根据章太炎的研究，“儒”渊源于“需”，“儒之名盖出于需。需者，云上于天，而儒亦知天文、识旱潦”（《原儒》）；根据徐中舒的考察，甲骨文之“需”即原始的“儒”（《甲骨文中所见的儒》）。但是，甲骨文中已有“需”字和殷商已有“儒”家，这是两个性质不同的问题。如果由前者而推导出后者，中间尚有太大的逻辑缺环。因此，我们可以说，殷商时代尚无“儒家”；充其量，当时仅有章太炎《原儒》所说的作为“术士”的“儒”,“达名为儒。儒者,术士也”。后来,“儒”缩小为类名之“儒”,成为以“六艺”(礼、乐、射、御、书、数)教民的“儒”,“类名为儒。儒者,知礼乐射御书数”。再后来,“儒”缩小为私名之“儒”,即刘歆《七略》所云“游文于六经之中,留意于仁义之际,祖述尧舜,宪章文武,宗师仲尼,以重其言”的“儒”。换句话说,在孔子之前已经存在“儒”者,已经有了“儒”名之称,但还没有作为学派的“儒家”。从“儒”到“儒家”学派,这个历史性的伟大转变是由孔子完成的,是孔子创立了儒家学派。

孔子之时,“学在官府”的局面被打破,私学相继兴起,迎来中国教育史上的“平民教育”时代(相对于“贵族教育”而言)。诚如古书所云:“天子失官,学在四夷。”(《左传》昭公十七年)孔子开馆授徒,在教育对象上实行“有教无类”(《论语·卫灵公》),“自行束脩以上,吾未尝无诲焉”(《论语·述而》)。在教学思想和教学方法上,孔子所倡导和所实践的是“因材施教”“启发诱导”“学思结合”“习行并重”“温故知新”“循序渐进”等,至今仍然沿用不绝,并且被奉为教学的“金科玉律”。客观而言,孔子的教育实践是极其成功的。《史记·孔子世家》说:“孔子以诗、书、礼、乐教,弟子盖三千焉,身通六艺者七十有二人。”当时儒家学派所传授的经典(教科书),也就是后来被列入经部的“六经”(又称“六艺”),即《诗》《书》《礼》《乐》《易》《春秋》。① 后世以儒家经典作为学习教材或考试科目,可谓“渊源有自”也!

其时与儒家唱反调的有墨家,也同样拥有其社会影响,故韩非有“世之显学,儒墨也”之谓(《韩非子·显学》)。张岱年对《韩非子》此语的论断是,“其所谓‘学’,可以说即大致相当于今日所谓哲学”;但他又特别提醒,“中国古来并无与今所谓哲学意义完全相同的名称。先秦时所谓‘学’,其意义可以说与希腊所谓哲学约略相当”(《中国哲学大纲》)。

(二)“中国儒学”的发展期(战国)

在本阶段,儒学虽然有所分化、有所演变,但总体上都具有“原始儒学”的共同特征。

孔子去世后,作为孔门弟子的七十子散在四方,但他们多有弘扬儒学的举动。如子夏为魏文侯师而教于西河,使儒学赓续传承(《史记·仲尼弟子列传》)。到战国时期,形成了所谓的儒家“八派”(《韩非子·显学》)。其中对后世最有影响的是以下两派:一是子思、孟子一系(思孟学派),重传

① 以《诗》《书》《礼》《乐》《易》《春秋》为“六艺”或“六经”,见于传世文献《庄子·天运》《史记·滑稽列传》和出土文献郭店楚简《六德》《语丛一》等。

“道”；二是子夏、荀子一系，重传“经”。这两派虽然互有争论，但都具有“原始儒学”的共同特征：以孔子为自己的宗师，以《诗》《书》《礼》《乐》《易》《春秋》“六经”为经典，主张礼乐、仁义和中庸之道，重视道德教育和心性修养，提倡以“德治”和“仁政”为基础的“王道”政治，维护君臣、父子、夫妇等社会伦理关系。这些内容，成为后来儒家所尊奉的最根本的主张，也是后世“中国儒学”学科的指导原则和根本宗旨。

以上所云春秋、战国时期，正处于雅斯贝尔斯所说的“轴心期”(Axial Period)。雅斯贝尔斯指出，“这个时代产生了直至今天仍是我们思考范围的基本范畴，创立了人类赖以存活的世界宗教之源端。无论在何种意义上，人类都已迈出了走向普遍性的步伐”，“直至今日，人类一直靠轴心期所产生、思考和创造的一切而生存。每一次新的飞跃都回顾这一时期，并被它重燃火焰。自那以后，情况就是这样。轴心期潜力的苏醒和对轴心期潜力的回忆，或曰复兴，总是提供了精神动力”(《历史的起源与目标》)。

(三)“中国儒学”的兴盛期(上)(两汉魏晋南北朝)

随着儒学的日益制度化、宗教化、意识形态化，“中国儒学”迎来了她的第一个兴盛期，同时也加强了“中国儒学”的学科化特色。

秦朝以法治国、“以吏为师”，推行“焚书坑儒”政策(《史记·秦始皇本纪》)，使儒学几近灭绝，但儒学终究不绝如缕。汉兴，废除“挟书令”，儒家故书屡屡复出。汉武帝时，确立儒学的独尊地位(“罢黜百家，独尊儒术”①)；建元五年(前136)，立“五经博士”，弟子50人，是为西汉置太学之始。其后，太学在西汉继续发展。昭、宣、元三朝，太学生人数由100人而200人而1 000人；汉成帝时，“增弟子员三千人”(《汉书·儒林传》)。东汉之时，太学大为发展，汉顺帝时有240房、1 850室。汉质帝时，太学生达三万人(《后汉书·儒林列传》)。

不管是汉文帝时设置的“一经博士”，还是汉武帝时设置的“五经博士”，抑或是汉平帝时设置的“六经博士”、汉宣帝时设置的“十二博士”，或者说东汉初设置的“十四博士”，中央官学无一不以儒家经典为始基和皈依。至于地方官学，亦归本于儒学。比如说，西汉初期(汉景帝末年)文翁在四川设立的郡国学(“文翁石室”)，不仅是四川地区，也是当时由地方政府最早建立传播儒学的地方。

① 后世习称为“罢黜百家，独尊儒术”，颇具政治意义与思想意义；揆诸史实，当称作“罢黜百家，表章六经”(《汉书·武帝纪赞》)。

魏晋南北朝时期,学校废置无常,官学数量大大减少,学校总的趋势是衰落了,但也出现了一些具有重大历史意义的变化。比如,北魏政局比较稳定,因此学校比较发达,在中央设有国子学和太学,教学中很重视经学。史称,“于是人多砥尚,儒术转兴”,“于是斯文郁然,比隆周汉”(《北史·儒林传》)。再如,南朝四朝,唯有宋梁比较重视教育。宋文帝元嘉十五年(438),京师开儒学馆;次年(439),又设玄学馆、史学馆和文学馆。其时设立的专门研究儒经的“儒学”,与研究佛老的“玄学”、研究历史的“史学”、研究词章的“文学”等并驾齐驱(《南史·王俭传》),其“学科”的独立性非常明显;今人云,“玄、儒、文、史诸科,近似综合性的大学和研究机构”(李定开、谭佛佑主编《中国教育史》)。史称“江左风俗,于斯为美,后言政化,称元嘉焉”(《南史·文帝纪》)。同时值得注意的是,“五经”《论语》和《千字文》等传到了日本和朝鲜。

(四)“中国儒学”的兴盛期(下)(隋唐—晚清)

在本阶段,儒学仍然是中央学校(太学或国学)和地方学校(郡学以及书院等)的特别重要的教学科目,并且成为科举制度下的必考科目。

隋朝置国子寺为专门的教育行政机关(开皇十三年改国子寺为国子学,大业三年又改为国子监),下辖五学,即国子学、太学、四门学、书学、算学。此外,大理寺还设有律学(参看《隋书·高帝纪》《礼仪志》《儒林传》等)。史称,“中州儒雅之盛,自汉魏以来,一时而已”(《隋书·儒林传》)。

唐朝继承这一制度,只是改国子寺为国子监,以“(国子监)掌儒学训导之政,总国子、太学、广文、四门、律、书、算,凡七学”(《新唐书·百官志三》)。国子学、太学、四门学,主要学习儒家经典(“九经”)及《国语》《尔雅》《说文解字》等。至于其他的教育机构,如门下省的弘文馆、东宫的崇文馆,以及在京师的专门学校广文馆、京师学等,均为“五经”研习之地,教学内容以经学为主。(另有崇玄学,专攻道教经典《老子》《庄子》《文子》《列子》等。)而地方州(府)学的一部分以及县学都以经学为主,私学的内容也主要是经学。唐朝太学所规定学习的“九经”,分为大、中、小三类。大经即《礼记》《左传》,中经为《毛诗》《周礼》《仪礼》,小经为《周易》《尚书》《公羊传》《穀梁传》;大经为分科必修科,小经为选修科。

宋朝实行“右文”政策,其教育分官办和民办两大类。官办教育沿袭唐朝,在国子监下设国子学、太学、四门学、宗学、武学、书学、算学、医学等十类,国子学、太学、四门学等也主要是学习儒家经典。地方行政分路、州(府、军、监)及县三级,州以下设置教授儒经的学校。宋朝的民办学校,以书院为特色。书院兼有藏书、祭祀、教学三大功能,教学内容以儒学为主,兼及文史,尤其偏重义理之学和实践精神的培育。“至此,尊孔崇儒达到高潮。儒家经典、十三经正义成为官定教材。”(《中国教育史》)

就地方民族政权而言,辽和金的教育多仿效宋朝,在京师设有国子监和太学,在地方设有府学、州学、县学和书院。各类学校的教学内容,包括经、史、子及本民族语言文字等。西夏立国后,在文化上番、汉相容,以贯彻民族传统的“番学”为其底蕴,以儒学和佛学为王朝的两大思想支柱,实行“以儒治国”“以佛统民”。可以说,西夏文化的每一个发展阶段,都受到儒学的深刻影响;儒学的文化思想,已较全面地渗透到西夏文化之中;儒学的文化结构,也大都被移植到西夏文化之中。西夏之时,除“番学”外,还建有“国学”(“汉学”),专门学习儒学。

元地方行政分路、府、州、县四级,各级均设置教授“四书”“五经”的儒学,内附设小学。中央所设立的国子学,其教学内容是先学《孝经》《论语》《孟子》《大学》《中庸》,其次学《诗经》《尚书》《礼记》《周礼》《春秋》《周易》,以周敦颐、程颐、朱熹说为准。

明朝和清朝前期的学校教育大致沿袭了唐、宋旧制,但比前代更完备。国子监(又叫国子学)仅是中央学校的名称,而不再有教育行政管理的职责。国子监的教学内容,主要是“四书”“五经”、《性理大全》《通鉴》等。在地方教育机构中,也洋溢着浓郁的儒学色彩。其时,以程朱理学为主的崇儒尊经思想成为文教的指导方针。又,明清两朝实行八股取士,由此所带来的弊端与危害,亦属不可否认之列。《续文献通考》卷五〇《学校四》云:“学者屏‘六经’、《左》《国》《史》《汉》于不顾,而惟程文是习。毋怪乎仿刻盛行,而学术日就于荒陋,人才日即消耗也。”

(五)“中国儒学”的衰落期(晚清以来)

在本阶段,由于西学的涌入及教育的改革,使“中国儒学”无所归依,但学脉尚存,学统可续。

晚清以来,随着“西化”潮流的盛行(向西方学习),科举被废除、读经被废止,使得“中国儒学”无所归依、无所依托。新文化运动前后,自西方舶来的“民主”(“德先生”,democracy)和“科学”(“赛先生”,science)成为时代的主旋律,“反传统”(主要是反传统儒学)成为时代的主流。在一片“打倒孔家店”的呐喊声中,作为中华民族两千多年文化主流的儒学被否定了。至此,严格意义上的“儒家学派”已经不复存在,但就作为中国传统文化的最重要的核心内容而言,儒学并没有也不可能因此而消失。矫枉过正、否泰往复,“现代新儒学”又应运而生,并且成为20世纪中国的三大重要思潮之一(另外两大思潮是“马克思主义派”“自由主义的西化派”)。就教学而言,虽然还有部分院校、部分教师讲授与儒学有关的课程,但“中国儒学”已经若存若亡。故唐君毅有中华文化“花果飘零”之叹,余英时有中国儒学“游魂”之说。

反观历史,古有“贞下起元,往而必复”之说(清陈廷焯《白雨斋词话》卷八)。陈寅恪亦云:“华夏民族之文化,历数千载之演进……譬诸冬季之树木,虽已凋落,而木根未死,阳春气暖,萌芽日长,及至盛夏,枝叶扶疏,亭亭如车盖。”(《邓广铭〈宋史职官志考证〉序》)未来的“中国儒学”,亦复如是乎?

于此,谨以四川大学为例。从1999年开始,四川大学在“历史文献学”下设立“儒学文献研究”三级学科,招收硕士研究生;从2000年开始,面向全校本科生开设“周易讲座”“孔子研究”两门选修课;从2003年开始,又在“专门史”下增设“中国经学史”和“儒学文献研究”博士研究生招生目录。为促进《儒藏》编纂与儒学研究的顺利进行,加强儒学研究专门人才的培养,四川大学于2005年申请“中国儒学”二级学科博士授权点(专业代码060123),已经获得国家教育部批准。

三、“中国儒学”学科的学科特征

本部分侧重于“横向的研究”,即以专题形式,探索“中国儒学”的学科特征及其价值与功能等。删繁就简,谨述以下五点。

(一)研究对象与教学内容的相对稳定

大致而言,“中国儒学”在知识、思想和文化上是博大而精深的,其培育目标是切实而高远的。

佛法初渐中华之时,有所谓“格义”之说,但“先旧格义,于理多违”(《高僧传》卷五)。参照“西学”以剖解“国学”,实则不无“格义”之嫌。依照“西方哲学”的分析路数,“中国儒学”亦有其独到的本体论、认识论、方法论、价值论等,实可谓博大而精深。因兹事体大,不便在此详述,故一笔带过。

就培养目标而言,“中国儒学”的理想人格是“君子”(与“小人”相对)。于此,《论语》所论甚多,如“君子周而不比,小人比而不周”(《为政》)、“君子怀德,小人怀土;君子怀刑,小人怀惠”(《里仁》)、“君子喻于义,小人喻于利”(《里仁》)、“文质彬彬,然后君子”(《雍也》)、“君子不忧不惧”(《颜渊》)、“君子和而不同,小人同而不和”(《子路》)、“君子耻其言而过其行”

(《宪问》)、"君子学以致其道"(《子张》)等。

(二) 教材的结集与完善

随着儒家典籍的文本化、经典化、集大成,儒学文献在古代目录学中占有重要位置,并且在国家政治和国民生活中发挥着特别重要的作用。

兹事体大,笔者拟另文申述。于此,谨介绍王国维和谢维扬的看法,《诗》《书》《礼》《乐》是"古代之公学,亦儒家之外学",而《易》《春秋》是"儒家之专学,亦其内学"。这六部典籍之所以被尊之为"经",是因为"皆孔子手定"。其后,由六经而演变为七经、九经、十二经,最终定型为十三经;又由经而传而注疏,最终形成《十三经注疏》。《十三经注疏》,便是历史上"中国儒学"最标准的教科书(经文)和教辅材料(注疏)。清人所编《皇清经解》及《续编》,以及近年四川大学和北京大学陆续推出的《儒藏》,更是蔚为大观。在中国古代的目录学中,儒家经典一直被列为第一类;从《汉书·艺文志》的"六艺略"到《四库全书总目提要》的"经部",莫不如是。

谢维扬先生指出,文献在中国古代生活中发挥着特别重要的作用,形成中国古代的文献传统。在这一过程中,儒学对中国早期重要的文献文本的形成做出过重要贡献,并表现出儒学的"文献主义"特征。其最高表现是特定文献的组合即儒家经典,不仅是人们行为目标和规范的最高说明,而且是表明国家活动合理性和国家权力合法性来源的终极依据,使儒家经典组合最终具备指导国家政治和国民生活的至高质量。

(三) "中国儒学"在古代教育体系中极其重要

就教学实践与教育地位而言,"中国儒学"在古代教育体系中的地位是极其重要的。

通观自汉至清的教育,中央官学的教学内容均以儒家经籍为主(一般以"五经""四书"为主要教材),地方学校亦大致如此。中央官学的学校制度比较完备,形式多样、名目繁多,但以太学、国子监以及其他高等学府、各种专科学校为封建国家培养人才的主要场所。他们在培育各种优秀人才、承继中国古代文化遗产、繁荣科学及学术事业等方面,曾经起过十分重要的作用。他们在促进中国与亚欧诸国文化交流、加强古代中国与各国人民友谊方面,也曾起了积极的作用。

(四) "中国儒学"对中国文化及社会的影响超过佛、道

就"中国儒学"在中国之历史影响而言,毋庸置疑,"中国儒学"对中国

文化、中国社会有着重大影响,并且在“中国佛教”和“中国道教”之上。

陈寅恪尝云:“自晋至今,言中国之思想,可以儒释道三教代表之。此虽通俗之谈,然稽之旧史之事实,验以今世之人情,则三教之说,要为不易之论。”(《冯友兰〈中国哲学史〉下册审查报告》)就三教之影响而言,儒尚在释老之上。于此,仅举二例为证。《北史·周本纪下》:“十二月癸巳,集群官及沙门道士等,帝升高座,辨释三教先后。以儒教为先,道教次之,佛教为后。”明陶宗仪《辍耕录·三教》:“上问曰:‘三教何者为贵?’对曰:‘释如黄金,道如白璧,儒如五谷。’上曰:‘若然,则儒贱邪?’对曰:‘黄金白璧,无亦何妨;五谷于世,岂可一日阙哉!’”李学勤说,“实际上,整个中国学术的核心都是经学”,“从实际情况来看,中国学术的核心不是佛道,应该是儒学。儒学的中心就是经学”(《清代学术的几个问题》)。就个人或学派而言,谨以“三苏”(苏洵、苏轼、苏辙)及其“蜀学”为例。三苏蜀学虽然貌似“驳杂”,实则又有宗旨存焉。所谓“宗旨”者,即道也,即儒门道德性命、经世济民之道也。所谓佛老之学,所谓纵横之学,所谓文章辞赋,实则为之辅翼耳。一言以蔽之,“三苏”之于儒释道三教,自有其思想抱负和理论野心,即力求以儒为宗,会通三教。

(五)“中国儒学”对世界的影响不可忽视

就“中国儒学”之世界影响而言,“中国儒学”在东方儒教文化圈各国乃至西方主要国家的地位和影响,确实是不可忽视的。

“中国儒学”在东方儒教文化圈的影响,早已是不证自明的事实(至少在古代是如此),只要对日本、韩国、马来西亚、新加坡等国的历史略加浏览,便会油然而生这一感受。1947 年,方豪发表《论中西文化传统》。他在文中批判了只看到儒家学说民族性的片面说法,认为儒学本身也具有世界性。当今的世界,是一个日益国际化、日渐全球化的世界。在此时代大背景下,许多有识之士认为,儒学是普适性与特殊性的统一,儒学是中国切入全球化浪潮的重要文化资源。

四、可悲的现实与尴尬的现状

审视当前的“学科分类”,“中国儒学”所直面的现实是非常可悲的;按照公布的“国家标准”,“中国儒学”所正视的现状是非常尴尬的。直面现实、正视现状,于此谨以二者为例,略作分疏。

国家标准 GB/T 13735 - 92 依据学科研究对象、研究特征、研究方法、学科的派生来源、研究目的及目标等五个方面对学科进行分类，分成自然科学、农业科学、医药科学、工程与技术科学、人文与社会科学五个门类，下设一、二、三级学科，共有 58 个一级学科。据统计，当今自然科学学科种类总计约近万种。另一种统计（到 20 世纪 80 年代），在中观层次上已发展出约 5 500 门学科，其中非交叉学科为 2 969 门，交叉科学学科总量达 2 581 门，占全部学科总数的 46.58%。

中国高校的学科分类有多种。目前，普通高校的研究生教育和本科教育的学科划分均为 13 大门类（哲学、经济学、法学、教育学、文学、历史学、理学、工学、农学、医学、军事学、管理学、艺术学）。近年来，主要的学科分类有以下变化：

1997 年，教育部颁布《授予博士、硕士学位和培养研究生的学科、专业目录》。我国高校一级学科由原来的 72 个增加到 88 个，二级学科（学科、专业）由原来的 654 种减少到 381 种。

1998 年，国家教育部颁布了《普通高等学校本科专业目录》。高校本科教育学科专业包括哲学、经济学、法学、教育学、文学、历史学、理学、工学、农学、医学、军事学、管理学 12 大学科门类、72 个二级学科、249 个专业。

2011 年，国务院学位委员会、教育部颁布了新的《学位授予和人才培养学科目录（2011 年）》。这是我国 27 年来第四次更新学科专业目录。原属文学门类的"艺术学科"，从"文学"所属的"中国语言文学"（0501）、"外国语言文学"（0502）、"新闻传播学"（0503）、"艺术学"（0504）4 个并列一级学科中独立出来，成为新的第 13 个学科门类，即"艺术学门类"。艺术学门类下设 5 个一级学科，即"艺术学理论"（0301）、"音乐与舞蹈学"（1302）、"戏剧与影视学"（1303）、"美术学"（1304）和"设计学"（1305，可授艺术学、工学学位）。此外，《学位授予和人才培养学科目录（2011 年）》中将一级学科由 89 个增加到 110 个。比如说，"历史学"（0601）门类即"一分为三"，下设 3 个一级学科，即"考古学""中国历史""世界历史"。哲学门类下的一级学科是"哲学"（0101），二级学科有"中国哲学"（010102）、"宗教学"（010107）等。

不管是 1997 年颁布的《授予博士、硕士学位和培养研究生的学科、专业目录》，还是 1998 年颁布的《普通高等学校本科专业目录》，抑或是 2011 年颁布的《学位授予和人才培养学科目录（2011 年）》，"中国儒学"均榜上无名。

在《国家社科基金项目申报数据代码表》《国家哲学社会科学成果文库申报资料代码表（2011）》中，"宗教学"（学科分类）下有"佛教"（代码 ZJE）、"道教"（代码 ZJH）、"基督教"（代码 ZJF）、"伊斯兰教"（代码 ZJG）

等,“哲学”(学科分类)下有“中国哲学史”(代码 ZXC)、“东方哲学史”(代码 ZXD)、“西方哲学史”(代码 ZXE)等,完全没有“中国儒学”的身影,甚至连带“儒”“儒家”“儒学”“儒教”字样的学科都没有,而“经学”则更是踪影全无。于此,或可套用古语,“皮之不存,毛将安傅?”(《左传·僖公十四年》)

但让人不可思议的是:

(1) 古中国向有儒、释、道“三教”之说,何以在学科分类体系中有“佛教”“道教”而无“儒教”? 就“三教”对中国文化、中国社会之历史影响而言,“中国儒学”尚在“中国佛教”和“中国道教”之上,其地位最为尊贵,其范围最为广泛,其影响最为深入(详见本文第三部分)。学科分类体系中有“佛教”“道教”而无“儒教”,于情于理、于史于实,这都是无法解释的,也是难以接受的。

或曰:“儒教”(或“儒家”)非宗教也。首先,关于儒家究竟是否为宗教,在学术界争议甚大,至今仍然没有形成统一看法。有的学者(如康有为、蔡元培、陈汉章、贺麟、张岱年、任继愈、李申等)认为,儒家虽非严格意义上的宗教,但却具有宗教的功能与作用,故可称之为“儒教”。其次,不管“儒教”(或“儒家”)是否为宗教,都不应该成为学科分类的根本依据或至上理据。于此,谨以佛教为例。众所周知,佛教、基督教、伊斯兰教是名副其实的三大“世界宗教”。但在部分中国佛教学者看来,佛法非宗教、非哲学、非科学;持此说者,以欧阳竟无、王恩洋为典型。末次,佛教、道教在中国的发展,后来都不约而同地走上了“儒学化”的道路,其中尤以道德伦理的“儒学化”最为典型。

(2) “儒学”在古代中国一直绵延不绝,“经学”直至晚清一直传承有序,这是客观存在的不容抹杀的历史事实(详见上文)。揆理度情,“儒学”和“经学”,既是哲学亦非哲学。退一步而言,既然在“哲学”门类下设有“中国哲学史”,何以不能设立“中国儒学史”或“中国经学史”?

其实,如果抽去了“中国儒学”或“中国经学”(一种假设),“中国哲学史”便无由作为“学科”之一而存在。于此,谨以民国时期“中国哲学史”的教材建设和学科建设为例,对此略做说明。20 世纪 30 年代初,冯友兰以其上下册《中国哲学史》而享誉学林(陈寅恪、金岳霖的三份审查报告便是最好的说明)。《中国哲学史》分为上下二册,但实际上就是二编:上册为第一编,名之曰“子学时代”,共计 15 章,上起先秦(实自孔子始),下迄《淮南子》。下册为第二编,名之曰“经学时代”,共计 16 章,上起董仲舒,下迄廖平。冯友兰明言,“在中国哲学史中,孔子实占开山之地位。……以此之故,此哲学史自孔子讲起”,“古代哲学,大部即在旧所谓诸子之学之内。故在中国哲学史中,上古时代可谓为子学时代";"在经学时代中,诸哲学家无论有无新见,皆须依傍古代即子学时代哲学家之名","中古近古时代之哲学,大部分须于其时之经学及佛学中求之"(《中国哲学史》)。

或曰:可以"中国哲学史"包之,不必单独设立"中国儒学史"或"中国经学史"。答曰:非也,不可也。诚如前文所言,"佛教""道教"业已自"中国哲学"中抽出而单独列入"宗教学","儒学""经学"何以不能单独列入"中国儒学"?

(3)追根溯源,中国时下之学科建设,当上溯至晚清时期。光绪二十八年(1902),《钦定学堂章程》正式出炉,"它可视为近代中国第一份有关全国学制规范的计划书"(刘龙心《学术与制度:学科体制与现代中国史学的建立》),是为"壬寅学制"。诚如张百熙所说,这份章程是他参照欧美、日本分科、选科之说而制定的,同时也没有忘记中国之传统。遗憾的是,这份章程在颁布之后实际上并没有施行。一年后,张百熙奉慈禧之命会同荣庆、张之洞修改前议(张之洞居于关键性的主导位置),重新拟就《奏定学堂章程》,正式颁行全国,成为1912年以前兴办学堂的根本大法,是为"癸卯学制"。该章程除将"大学院"改名为"通儒院"外,另将大学改立为八科;其中最值得注意的是,它把原来附入"文学科"的"经学门"独立出来,成为第一科"经学科大学",下设十一门:周易学、尚书学、毛诗学、春秋左传、春秋三传、周礼、仪礼、礼记、论语、孟子、理学,"其尊经的用意至为明显"。该章程却遭到王国维的激烈非议。可是,王国维毕竟人微言轻。刘龙心说,"(该章程)至少在学科建置上已粗具近代学科体制的模型,即使是民国以后大学的分科形态亦不出此一规则之外,传统四部分类的概念,至此亦逐渐消融于西方学术分类体系之中"。

但不可忽视的是,在晚清民国时期的教育机构中,不时可见"儒学""经学"科目的开设。其典型者,有梁启超、王国维、陈寅恪、赵元任"四大导师"领衔的清华国学研究院,有唐文治领导的无锡国学专修馆,有章太炎主讲的章氏国学讲习会(苏州),有马一浮苦苦支撑的复性书院,等等。再以鄙人所供职的四川大学为例,作为其前身的锦江书院、尊经书院、存古学堂、四川国学院、四川公立国学专门学校、公立四川大学等,在晚清民国时期便开设了经学、儒学、理学等课程(科目);直至20世纪50年代初高校改革、院系调整以后,这些课程(科目)才被取消。

或曰:那早已是"老黄历"了,如何翻得?答曰:非也。举例来说,"社会学""人类学"曾经在中华人民共和国一度被取消,但现在不也照样恢复了吗?在"法学"门类下,赫然就有一级学科"社会学"(0303);在一级学科

“社会学”之下,赫然就有二级学科“社会学”(030301)、“人类学”(030303)。试问:何以厚此而薄彼耶?

五、简短的结语与殷切的期望

总之,纵观“中国儒学”的发展历程,自从孔子创立儒家学派,直至晚清废除科举、取消读经,直至中华人民共和国高校改革取缔儒学、废弃经学,直至目前旧话重提、学科再建,历史的书页已然翻过了二千五百余年。自晚清以来,“中国儒学”和“中国经学”虽然曾经一度若存若亡、黯然沉晦,但尚可谓绵绵缗缗、不绝如缕①。

不管是就教学之内容而言,还是就教材之编写而言,抑或是就教学实践以及社会影响(中国与世界)等而言,作为学科之一的“中国儒学”,毫无疑问都是自成系统的独立存在的客观事实,并且有其鲜明的学科特色。换言之,将“中国儒学”作为一门“学科”,不但有其历史依据,也有其学理依据,并且有其现实需要。

因此,我们殷切地期望,在未来的某一天,“中国儒学”能“名正言顺”地进入国务院学位委员会、教育部新颁的《学位授予和人才培养学科目录》。如此,则愿望足矣,心愿了矣! 此乃“中国儒学”之大幸,亦“中华文化”之大幸!

(原载《社会科学研究》2012 年第 5 期,第 152—159 页)

---

① 四川大学蒙默教授在重新编辑蒙文通《经学抉原》时,于此深有感触:“经之为学,与世相忘久也。自清末以来,经学已渐若存若亡,迄于今日,近百年矣。”

把“儒学”从学科体制的束缚中解放出来

舒大刚　吴龙灿

一

儒学是中国传统文化的主干和中国传统学术中最重要、最有影响力的学术，历代儒学大师针对中国国情都提出了修身养性、治国安邦、社会和谐的系列解决办法，也产生了系统的思想和学说，在两千多年的历史长河中儒学承担了“国魂”的责任——既是中国传统文化的核心价值，也是中国人文化认同、身份认同的精神根本。作为历经两千五百余年发展的系统学术，儒学已成为中华民族共有的精神家园和血脉灵根，也成了人类文化的共同遗产和财富。今天儒学更是民族精神振兴和社会主义核心价值观重建的固有传统源泉，也是实现“国家富强，民族振兴，人民幸福”的“中国梦”的重要软实力。

目前大家在欣赏中华国力大幅度提升的同时，也在感慨社会道德失范、人心不古。这表面上是缘于技术发展和经济竞争的功利性带来工具理性过分膨胀，以及价值理性的极大萎缩，根源上却是我们几代人缺失儒学传统精神护佑滋养而造成的后果。儒学传统在百余年的西学东渐大潮和中西古今之争中蒙受了历史上最严重的质疑和劫难，要结束这种传统文化“花果飘零”和儒家精神“游魂无归”的状态，真正使中国走向文化复兴，必须从国家的文化教育体制、社会的观念意识以及学人的学术良知等方面的全面改善入手，在儒学学科建设、儒学教育考试、儒学研究和普及等方面进行重塑，让儒学的复兴获得制度保障、资源保障和观念保障。

在建设文化强国和小康社会的当代中国，儒学作为中国文化软实力的灵魂怎么强调都不为过。《论语・先进》中载孔子与子路、冉求、公西华、曾点四大弟子言志时,就说明一个政权要想长治久安,文化建设一定是必需的功课,都将经历“强兵以巩固政权”(子路之志)、“富民以安百姓”(冉求之志)、“礼乐(或文化)以定民志”(公西华之志)三个阶段,然后才能实现孔子所赞赏、曾点所向往的“悠然与天地同乐”的幸福境界。同时,《论语·子路》中表达的孔子“庶”“富”“教”三步走的治国方略,以及中外大国崛起的历史实践,也从正反两面证实“富国强兵”与“文化建设”并重的必要性。

二

如何发挥儒学淑世济人的功能呢?这是历史形成的百年难题。解铃还须系铃人,复兴儒学的首要之举,还在于从政策上尽快恢复儒学的学科地位。晚清民国初期,中国积弱积贫,面临亡国亡种的危险。内忧外患的形势逼迫志士仁人反思自身传统、学习西方长处,矫枉过正,一度误将中国的落后归因于中国固有传统文化的拖累,民国伊始便将“经学”学科废除了。一时间改书院建学堂、拆孔庙建学校成为潮流,儒学因而失去制度依托和信仰空间而流离失所、孤魂游荡。后来的“反传统”“打倒孔家店”思潮,更使儒学成为没落王朝的“替罪羊”。

改革开放时期“拨乱反正”,儒学虽然重新得到研究和肯定,有了正常的学术研究和教学活动,但至今在教育和科研体制中仍无恰当的名分。特别是改革开放之后急于富起来、强起来的中国社会和中国学术界,对西方的教育体系和学术思想不免存在良莠不辨、片面接受的现象,一些半生不熟、囫囵吞枣的西方理论,适用主义、工具至上的教育体制,以及人文学科自然科学化管理的学术体制,至今仍然充斥教育领域和学术领域。人们常说的“以知识教育取代人格教育,用政治教育代替品德教育”等现象,更是当下各级教育的基本特征。于是就出现了中国学生可以在各种国际性知识竞赛中屡拔头筹、获得大奖,但是在最基本的道德规范和公共礼仪中,却常常交了白卷。“官员不廉,士人无耻,下民无赖”,甚至“十三亿中国人扶不起一位摔倒的老人”等丑恶现象,也就自然会层出不穷了。

儒学至今仍然只在学术研究领域热闹,除了研究著作层见叠出、学者自说自话外,儒学普及和社会公众参与还基本没有推行。究其根源是自从民国初年取消儒家“经学”学科之后,在现有以西学体系为主的所有学科体制和学术分类中,都没有“儒学”对应的学科和名目,而有的只是被割裂到各分科之学中的支离偏颇的知识化儒学,真正自得体系的儒学研究与知识普及基本还没有得到来自公众的、政府的资源扶持，儒学研究或普及难以获得体制性的资源保障，许多学者投入儒学的研究与普及、继承与发展等工作纯属自发性质，不足以形成有组织、有计划、有阶段、有规模的系统化、持久化的理论研究和创造性应用转化，儒学传统资源的发展和利用远远跟不上现实需求。

我们认为，儒学无体制保障这一境况的形成，既有历史观念解放和转变滞后的思想原因，也有体制改革不到位的现实原因。前者症结在于，没有用辩证的、发展的眼光看待历史特殊时期对"儒学"的特殊态度，不能与时俱进地用正确的态度面对传统；后者症结在于，拘泥于从西方引进的学科体制及其管理模式，不能正确贯彻"古为今用，洋为中用"的内核，即以我为主的中国主体性原则和中外传统皆须"去其糟粕、取其精华"的原则。甚而一方面迷信西方学科体系，食洋不化，作茧自缚；另一方面无视中国优良传统和文化软实力，邯郸学步，自废武功。

要想改变儒学在社会公德、职业道德、家庭美德和个人品德建设中失位的现象，必须恢复儒学固有的学科地位，发挥其应有的致君尧舜、淑世济人的社会功能。当务之急，是要敢于突破西学体系中不适合中国国情的樊篱，大胆而合理地予以相关学科体制改革，赋予"儒学"或"经学"独立的一级学科地位，保证儒学能够堂堂正正地进学校、进课堂、进头脑，以便于整体地、全面地学习、研究，使以儒学为核心的中国优秀文化传统，在当代得到全面的继承和弘扬，通过创造性的诠释和转化更好地为中国特色社会主义建设服务。

三

从历史的经验来看，"儒学"学科的恢复和发展，国家倡导和政府推行是先导。我们认为应当在国家体制法规和教育行政两个层面双管齐下，在义务教育内容和学术科研保障两方面支持儒学教育和研究，使儒学的思想体系和道德伦理通过人才培养、民间教化、社会推广、应用普及，来培育儒学全面发展的土壤，社会美俗全面改善的气候，公民道德素质全面提升的气氛。《孝经》说："教民亲爱，莫善于孝；教民礼顺，莫善于悌；移风易俗，莫善于乐；安上治民，莫善于礼。"通过儒学教化走向政通人和、礼善俗美的太平治世，仍然是今天值得借鉴的历史通途。

儒学是具有丰富经典、系统理论、完整学说、成功经验和具有实践价值的学术体系，在历史上一直是启迪民智、塑造君子的首要学科，它的许多理论和学说至今仍然具有指导意义。我们应当在教育系统中全面保障儒学的教学和科研活动。根据中央要将中华传统优秀文化“进教材、进课堂、进头脑”的号召，教育部应当将儒学及其经典的学习与考核纳入中小学教学计划，将儒学内容纳入高考和其他各级各类考试之中，将儒学或经学列入大学本、硕、博的学科建设规划。同时国家社科基金、国家出版基金应设立更多的儒学招标课题和资助项目。当然，如果由权威机构做好儒学研究、振兴与普及的系统规划，国家再给予专项资金支持，在全国招标完成，那就更好了。为了使儒学研究与普及建立起长效机制，还可以参照教育部“人文社会科学研究重点基地”的办法，由国家有关部门牵头，在全国建立多个儒学研究、教学与普及机构，来具体组织实施。

班固在《汉书》中说儒家是“助人君顺阴阳、明教化”，“游文于六经之中，留意于仁义之际”，具有学术的经典性和救世的普适性。当代儒学的复兴，也应当在学术研究的同时，立体地构建起儒学民间教育、社会推广和应用普及体系。首先，在国家层面制定儒学普及推广指导意见，使儒学普及的应用性、针对性、操作性成为各级政府机构和推广工作人员的相关工作导向，支持鼓励优秀儒学普及读物的出版。国家和地方还可在电视广播中增加儒学普及之类的频道和栏目，利用民众喜闻乐见的形式来宣传儒家的思想、礼仪和文化。大学、文化宫、博物馆、图书馆及其他文化机构专门设立儒家“礼、乐、射、御、书、数”等六艺体验区和定期举办“《孝经》《大学》《中庸》《论语》《孟子》《诗》《书》《礼》《乐》《易》《春秋》”等儒家经典诵读活动。其次，汲取世界各地建立“孔子学院”的经验，应鼓励各级政府在政策和资金上支持各地恢复和兴建孔庙、书院和其他机构，以便儒学的推广和教学的开展。同时鼓励有志青年专业从事儒学的学习和推广普及，对于以儒学教育为主要内容、以儒家伦理践行为职志的机构和个人，国家应给予一定的资源、奖励和就业机会，以便造就一支知识丰富、品行高尚，同时又具有儒家理论、礼仪践行和推广能力的儒学专业人才队伍，既为国内各地民众宣讲和普及儒学，还可以为世界各地孔子学院输送合格师资。最后，为了促进地方的儒学普及，可借鉴汉代以来的经验，将儒学推广业绩纳入地方官员政绩考核体系。建议在教育科目、公务员考试和各种职业培训中，把儒学及其经典作为必须学习和必须考核的重要内容。

四

“儒学”学科发展最主要的推动者和实施者应当是这样一批学人：他们

认同并实践以儒学为主流的中国传统文化精神，充满忠诚的爱国精神和强烈的历史使命感，具备忧患意识和文化自觉，勇于担当中国文化复兴和儒学服务现实的文化使命，不仅用心于书斋中的精深学问（或可称之为“经典儒学”），而且还要把儒学的学术研究与社会服务、民间日用结合起来，为社会服务，为中国社会和人类文明的健康发展服务（或可称之为“民间儒学”）。这样的学人，是儒学学科发展的主体，也是推动儒学应用普及和社会伦理改善的脊梁。当然，他们至少要解决以下几个问题。

作为“经典儒学”和“民间儒学”的自觉担当者，他们首先要全面系统地研究、阐释、振兴和普及儒学。他们要做好一套计划，包括如何落实“全面地认识历史”“四个讲清楚”“儒学精华”“文化软实力”“如何走出去”“中国特色”“核心价值”“基本道德”“礼仪重构”等问题。可以从两个层面配合呼应，“经典儒学”主要是从经典阐释、学术研究层面切入，注重学术性、传世性、总结性、创新性。“民间儒学”主要是从应用实行、推广普及层面切入，注重应用性、针对性、操作性。

其次，要梳理和阐发儒学完整的学术体系，在我们看来这至少有三个方面：一是讲清楚儒家信仰体系和价值系统：儒家建立了怎样的精神信仰和精神家园？有什么样的价值体系？有什么样的人生追求？二是讲清楚儒家的道德体系与行为准则：儒家构建了怎样的供人们信守的道德观念和行为守则。如“孝悌忠信礼义廉耻”“诚正格致修齐治平”等，以及“五常”“十义”等具体守则。三是讲清儒家的知识体系和技能系统：如“礼乐射御书数”的艺能和“《诗》《书》《礼》《乐》《易》《春秋》”等经典，对于这些东西要做知识性介绍和经典性阐释。

再次，为了适应儒学为当代服务的问题，要做好“儒学”学科五大课题。一是全面地研究中国历史和儒学史，包括在中国社会怎样产生了儒家，儒家有怎样的理论，历史如何选择儒学，儒学如何适应历史发展、如何影响中国文化、如何规范中国社会、如何影响古代东方和近代西方等问题，要在这样的构思中和框架下来写《中国历史》和《中国文化史》，那才是真正的、完全的中国史。同时要加强儒学自身发展演变史的系统研究，包括儒家经典、儒学大师、儒学流变、儒学与社会、儒学与异教、儒学与政治、儒学与教育、儒学与选举、儒学与家庭等专题的个案研究，最终写出一部既尊重历史又全面系统的多卷本《儒学通史》。二是编撰一套全新的《儒家经典》读物，包括“十三经”以及其他先秦两汉的儒家重要文献的解读，可以分普及与提高两个系统，分别适应研究和普及之用。三是编纂一本分门别类、包罗万象的《儒家格言》，包括儒家理论、修身、齐家、治国、平天下、礼仪、操守、文明、精神等各个方面，使人有一书在手，便具万象毕见、一检即得、方便适用的感觉。四是针对目前礼仪混乱、公德缺失和社会失序等现象，应当加强儒学文化与礼仪研究和宣传，编纂出适用于各个人群的《儒学通礼》，包括国家礼仪、民间礼仪、婚丧嫁娶、集会集社、朋友往来等方面，供现代人学习和应用。五是加强"大众儒学"宣传与普及，专门丛书或专题影视等形式，当年艾思奇的《大众哲学》及中国孔子基金会"儒家文化大众读本"就是很好的尝试，可在此基础上，组织更系统的儒学专题读物加以普及，或与电视台、广播电台合作，联合拍孔子或儒学作品，向大众普及儒学知识，传输优秀伦理和优雅礼仪。

总之，儒学只有在国家保障、体系重建、全面研究和系统普及的基础上，才可望实现其浴火重生、淑世济人的当代价值。

（原载《光明日报》2014 年 3 月 25 日，第 16 版）

经典儒学与大众儒学

——儒学当代复兴之路

舒大刚　吴龙灿

一、儒学复兴：必要性和迫切性

儒学是自古以来圣贤体用不二、道器不离、彻上彻下的政治社会、历史文化智慧的结晶，中国传统文化的主干和中国传统学术中最重要、最有影响力的学术。历代儒学大师针对中国国情提出了修心养性、治国安邦、社会和谐的系列解决办法，也产生出了系统的思想和学说，在两千多年的历史长河中儒学承担了"国魂"的责任——既是中国传统政治的指导思想和中国人的核心价值，也是中国人文化认同、身份认同、广土众民人心凝聚的精神根本。作为历经两千五百余年发展的系统学术，儒学已成为中华民族共有的精神家园和血脉灵根，也成了人类文化的共同遗产和财富。我们无论是要认识中国，还是要研究世界；无论是要研究历史，还是要服务现实；无论是要探讨理论，还是要躬行实践，在古今学术中，儒学都位居首选。今天儒学更是民族精神振兴和社会主义核心价值观重建的固有传统源泉，也是实现"国家富强，民族振兴，人民幸福"的"中国梦"的重要软实力。

目前大家在欣赏中华国力大幅度提升的同时，也在感慨社会道德失范、人心不古。究其原因，表面上是技术发展和经济竞争的功利性带来了工具理性过分膨胀、价值理性极大萎缩造成的，根源上却是我们几代人缺失儒学传统精神护佑滋养而造成的后果。儒学传统在百余年的西风东渐大潮和中西古今之争中蒙受了历史上最严重的质疑和劫难，要结束这种传统文化"花果飘零"和儒家精神"游魂无归"的状态，真正使中国从"文化大革命"走向"文化大复兴"，必须从国家的文化教育体制、社会的观念意识，以及学人的学术良知等方面的全面改善入手，在儒学学科建设、儒学教育考试、儒学研究和普及等方面进行重塑，让儒学的复兴获得制度保障、资源保障和观念保障。

在建设文化强国和小康社会的当代中国，儒学作为中国文化软实力的灵魂怎么强调都不为过。《论语·先进》中载孔子与子路、冉求、公西华、曾点四大弟子言志时，就说明一个政权要想长治久安，文化建设一定是必需的功课，都将经历“强兵以巩固政权”（子路之志）、“富民以安百姓”（冉求之志）、“礼乐（或文化）以定民志”（公西华之志）三个阶段，然后才能实现孔子所赞赏、曾点所向往的“悠然与天地同乐”的幸福境界。同时，《论语·子路》中表达的孔子“庶”“富”“教”三步走的治国方略，以及中外大国崛起的历史实践，也从正反两面证实“富国强兵”与“文化建设”同时并重的必要性。近代英国的“国教”振兴运动和德国的德意志精神建设，当代法国的法语纯洁性保护运动，日本的国学提升和韩国的儒学普及教育等做法，都是重视“教化”和“文化建设”的成功典范。孔子曾说：“如有王者，必世而后仁。”（《论语·子路》）如果按“三十年为一世”的中国传统观念，现在中华人民共和国已经经历了“两世”的探索，我们用了 30 年“以阶级斗争为纲”来巩固政权，又经过了 30 年“以经济建设为纲”来富国裕民，目前我们已经实现“军事强国”和“经济大国”之梦，当下逻辑地应当进入建设“文化强国”和“幸福家园”的阶段，儒学应该在这个阶段发挥自己的作用了。可以预期，如果再用 30 年“以文化建设为纲”的话，党中央提出的“国家富强、民族振兴、人民幸福”的理想和目标必定能够实现。党的十八大三中全会决议和习总书记的多次重要讲话，都体现了这一重大战略构想和历史转折的必然趋势。

如何发挥儒学淑世济人的功能呢？这是历史形成而遗留至今的百年难题。解铃还须系铃人，历史实践昭告我们，复兴儒学的首要之举，还在于从政策上尽快恢复儒学的独立学科地位！

晚清民国初期，中国积弱积贫，面临亡国亡种的危险，内忧外患的形势逼迫志士仁人反思自身传统、学习西方长处，矫枉过正，一度误将中国一时落后于科技革命后繁荣起来的西方社会归因于中国固有传统文化的拖累，民国伊始便将“经学”学科废除了，一时间改书院建学堂、拆孔庙建学校成为一时潮流，儒学因而失去制度依托和信仰空间而流离失所、孤魂游荡。后来又在“五四”新文化运动中大兴“反传统”“打倒孔家店”思潮，儒学成为没落王朝的“替罪羊”。这一历史公案，在以阶级斗争为纲的中华人民共和国成立的第一个 30 年中越演越烈，儒学被当作“封建糟粕”遭到严厉批判，“破四旧”“文化大革命”时达到高峰，以儒学为代表的数千年中国优良文化传统被截流断裂,不绝若线。

改革开放时期“拨乱反正”,儒学虽然重新得到研究和肯定,有了正常的学术研究和教学活动,但至今在教育和科研体制中仍无恰当的名分。特别是开放之后急于富起来、强起来的中国社会和中国学术界,对西方的教育体系和学术思想不免存在良莠不辨、片面接受的现象,一些半生不熟、囫囵吞枣的西方理论,适用主义、工具至上的教育体制,以及人文学科自然科学化管理的学术体制,至今仍然充斥教育领域和学术领域。人们常说的“以知识教育取代人格教育,用政治教育代替品德教育”等现象,更是当下各级教育的基本特征。于是就出现了中国学生可以在各种国际性知识竞赛中屡拔头筹、获得大奖,但是在最基本的道德规范和公共礼仪中,却常常交了白卷!社会出现“官员不廉,士人无耻,下民无赖”,甚至“十三亿中国人扶不起一位摔倒的老人”等丑恶现象,自然就会层出不穷了!

近年来,尽管中央精神、领导讲话屡屡强调马克思主义要中国化、中国传统文化应成为中国特色社会主义核心价值体系建设的基石,但是至今在社会公德和个人品德的改良方面却收效甚微,其原因就是儒学至今仍然只在学术研究领域热闹,除了研究著作层见叠出、学者自说自话外,儒学普及和社会公众参与还基本没有推行。究其根源,是自从民国初年取消儒家“经学”学科之后,在现有以西学体系为主的所有学科体制和学术分类中,都没有“儒学”对应的学科和名目,有的只是被割裂到各分科之学中的支离偏颇的知识化儒学,真正自成体系的儒学研究与知识普及基本还没有得到来自公众的、政府的资源扶持,儒学研究或普及难以获得体制性的资源保障,许多学者投入儒学的研究与普及、继承与发展等工作纯属自发性质,不足以形成有组织、有计划、有阶段、有规模的系统化、持久化的理论研究和创造性应用转化,儒学传统资源的发展和利用远远跟不上现实需求。

儒学无体制保障这一境况的形成,既有历史观念解放和转变滞后的思想原因,也有体制改革不到位的现实原因。前者症结在于,没有用全面的、辩证的、历史的、发展的眼光看待历史特殊时期对“儒学”的特殊态度,不能与时俱进地用正确的态度面对传统;后者症结在于,拘泥于从西方引进的学科体制及其管理模式,不能正确贯彻“古为今用,洋为中用”的内核,即以我为主的中国主体性原则和中外传统皆须“去其糟粕、取其精华”的扬弃的灵活性原则,甚而一方面迷信西方学科体系,食洋不化,作茧自缚,另一方面无视中国优良传统和文化软实力,邯郸学步,自废武功。

要想改变儒学在社会公德、职业道德、家庭美德和个人品德建设中缺位的现象,必须恢复儒学固有的学科地位,发挥其应有的致君尧舜、淑世济人的社会功能。当务之急的解决方案,在于适当突破西学体系中不适合中国国情的樊篱,大胆而合理地予以相关学科体制改革,赋予"儒学"或"经学"以独立的一级学科地位,保证儒学能够堂堂正正地进学校、进课堂、进头脑,以便于整体地、全面地学习、研究和发展以儒学为核心的中国优秀文化传统,使儒学在当代得到全面的继承和弘扬,通过创造性的诠释和转化更好地为伟大的中国特色社会主义建设服务。

二、复兴之路:经典儒学和大众儒学

毋庸置疑,儒学经过百余年坎坷和劫难,其复兴已刻不容缓,以免久假不归、元气不复而永远成为"不归的游魂""博物馆中的展品"。然而如何复兴儒学,在百年之间志士仁人探索了许多途径,这些摸索是否找到了合适的道路,值得我们回顾、反思和借鉴。

在晚清民初,随着科举废除、经科取消和"五四"新文化运动"反传统"思潮兴起,失去制度依托和文化信仰的儒学流离失所成为百年中国文化危机的核心内涵,各种民族文化重振运动纷纷奋起自救。廖平发起的尊孔尊经运动、康有为发起的孔教运动肇其始,梁启超、章太炎、胡适、学衡派等发起的传统国学、整理国故、国粹振兴等中国文化现代转化论随其后,王国维、蔡元培以哲学代经学的经学哲学化思潮,钱玄同、顾颉刚发起儒学去魅的疑古思潮,傅斯年、郭沫若的儒家经典史料化研究等,在中西古今之争中逐渐支离作为整体道德学问的儒学。现代新儒家作为文化守成主义的主力登上现当代儒学保存运动的舞台,他们把中国儒学精神与西方哲学理论结合起来,使儒学能够在以全盘西化为主流的现代、激进主义为主流的当代仍然保持其理论活力,又在儒学不绝若线的20世纪下半叶流落海外,不遗余力发明和宣传儒学,成为保存儒学的历史功臣。

"改革开放"之后,在中国本土复兴儒学提上了中华民族伟大复兴事业的议事日程。经过西方文化热、国学热、复古风等洗礼,中国文化复兴的主调逐渐确立,那就是通过儒学复兴作为原动力促成中国传统文化主体性实现和中国文化伟大复兴。当代儒学复兴的各种标志性事件纷至沓来:各类儒学学术会议连绵不断、儒学会等学术组织遍布全国、儒学论坛等讲堂风起云涌、孔子学院遍布全球、民间的祭孔活动蔚然成风、孔子铜像在各地的出现、儿童读经班纷纷开张、大量儒学研究书籍的出版、政府对儒学的重视以及主流意识形态中儒学因素的日益增多。于是各种以发明儒学之某种特性、功能、侧面的儒学复兴理论纷纷出台。以牟宗三为代表的后期现代新儒家的"心性儒学"和对峙而兴的以蒋庆为代表的"政治儒学",是最有影响而又有互补性的两种儒学复兴思潮。此外,黄玉顺的"生活儒学"、林安梧的"君子儒学"、姚中秋的"圣贤儒学"、干春松的"制度儒学",以及蒋庆、陈明等提倡的"当代儒教建设"等提法影响广泛。但如吴光先生所言,熊十力、牟宗三先生的新心学,冯友兰先生的新理学以及马一浮先生的新经学虽然分别阐发了传统儒学的不同方面,但他们都是精英儒学,是"书斋中的学问"。而当代学者提倡"政治儒学",事实上并不符合多元、民主的现代社会,是一种乌托邦的设想。在儒学的当代复兴中,这些学说都存在不同程度的局限。

真正的儒学复兴,应该是在理论上阐明宇宙人生大义、在实践中切合人生社会日用的儒学整合复兴。董仲舒说:"道之大原出于天,天不变,道亦不变。"(《汉书·董仲舒传》)儒学传统有其一贯的精神实质,不会因为时代变迁而失去其本具的普世价值。张之洞有言:"切于治身心、治天下者,谓之大义。凡大义必明白平易,若荒唐险怪者乃异端,非大义也。"(《劝学篇·守约第八》)此"治身心治天下"之"大义",通过形式上的创造性转化应用,在当代仍然得到发扬光大。吴光先生认为,在文化多元、价值观念趋同的当代社会,面向生活实践的生活儒学与重视道德人文精神、兼融中西价值观的民主仁学应该成为儒学发展的方向。民主仁学是吴先生结合儒学精髓与当代文化提出的思想体系,它以东方道德人文主义为儒学定位,主张"一元主导、多元辅补,会通古今、兼融中西"的文化观。民主仁学的要旨是仁爱民主为体、礼法科技为用,它以"一道五德"作为核心价值观,具有现代性与普世性的特点,儒学只有深入生活才能教化民众,只有弘扬民主才能立足现代化。他认为推动"儒学复兴"主要有四条:一是体制内教育,在高校设立儒学专业,建立儒学院、国学院、国学系、儒学研究中心等教育机构,将儒学课程引入大中小学课程系统,开展系统性儒学教育;二是体制外教育,建立儒学会、国学院、孔子讲堂,开办社会性讲座、大讲堂,举办专题研讨会、读书会;三是尽可能恢复各地的孔庙、书院,通过学礼祭礼加深普通民众的信仰,通过书院教育使受教育者系统了解儒学知识及其道德人文精神;四是写书、编书、出版儒学丛书如《儒藏》《儒典》等,并通过影视媒体广泛开展儒学教育。

近十多年以来,中国大陆各地自发形成了草根民间社会与民间儒学的再生运动。近期郭齐勇先生对"民间儒学"做了学理上的梳理和总结,并寄予厚望。他认为民间儒学是儒学灵根自植、重返社会人间的文化思想形态,使仁义礼智信、忠孝、廉耻等核心价值进入寻常百姓之家,成为老百姓的生活指南与安身立命之道,安立世道人心。民间儒学,也可以理解为在民间、在日常生活世界里的儒学，或民间办儒学，即民间组织推动的儒学。现代儒学既包括乡村儒学的重振，又包括城市儒学的建设，即是使中国文化的基本做人做事之正道，即儒家仁义之道，透过广大城乡的家庭、学校、社区、企业、机关等现代公民社会的组织形式，通过冠婚丧祭之家礼等宗教性的仪式，在每个国民的心中扎根。民间儒学是多样的，它与各宗教的活动，包括外来宗教的传教活动形成健康的互动，保持文化的主体性与生态平衡。儒家学者要眼中有民，努力到民间去，弘扬儒学，把会议儒学、书本儒学转化为民间儒学、生命儒学。

2014 年 3 月 7 日下午，郭齐勇先生在四川大学国际儒学研究院、古籍整理研究所讲学，即以《民间儒学的新开展》为题，古籍所所长舒大刚先生主持，吴光先生在场并补充点评。舒大刚先生高度评价了郭先生总结研究和普及推广“民间儒学”，认为这是当代儒学复兴的重要途径，也为当代学人开出了儒学致用的新方向。此后，舒先生在与笔者探讨儒学复兴话题时，对应郭先生“民间儒学”思想阐发，结合《儒藏》编纂和多年思考，提出“经典儒学”与“大众儒学”并重以整体振兴儒学的构想。认为“经典儒学”可以概括传统儒学以至当下学人以经典阐释、学术创新为目的，著书立说、藏诸名山为手段的儒学的历史和现实；“民间儒学”则以儒学应世、日用常行为主旨，很好地体现了儒学“助人君顺阴阳、明教化”（《汉书·艺文志》）的真精神和真价值，也反映了当代社会亟须道德规范和精神信仰的现实性。但无论是学理儒学或是致用儒学，目前都迫切需要在坚持学术研究、经典阐释的同时，如何将发展了的儒学和致用性的儒学普及于民，公之于众的问题。因此，结合儒学的历史使命和当下任务，我们建议采用“经典儒学”和“大众儒学”的结构，借以凸显儒学的当代使命和新生价值。

“经典儒学”与“大众儒学”两者是当代儒学振兴的一体两面。这一体，指的是儒学的经典、理论和实践的一体性，是一个不可分割的整体和修己治人的依据。这一体，也指学理上的体系性和儒学复兴主体的整体努力。儒学体系重建主要解决儒学理论架构、经典诠释和应用救世的基本学理问题。“儒学”学科发展最主要的推动者和实施者应当是这样一批学人：他们认同并实践以儒学为主流的中国传统文化精神，充满忠诚的爱国精神和强烈的历史使命感，具备忧患意识和文化自觉，勇于担当中国文化复兴和儒学服务现实的文化使命，不仅用心于书斋中的精深学问（或可称之为“经典儒学”），而且还要把儒学的学术研究与社会服务、民间日用结合起来，为社会服务，为中国社会和人类文明的健康发展服务（或可称之为“民间儒学”“大众儒学”）。在一次对话中，杜维明先生认为，按中国传统，“士”必定是要关切政治的,一定要参与社会并注重文化。现在一个民族的进步和发展以及新的文化认同,需要有独立人格的公共知识分子,要靠在政府、企业、学术界、媒体、各种不同的职业团体和社会组织的公共知识分子,进行横向的沟通,来塑造“文化中国”的认同,而这个认同应是开放而多元的,是有强烈反思能力的。在此氛围下,大家对经典、对传统本身的深刻价值,就不会在教育上不闻不问。吴光先生则认为,所谓儒家知识分子就是信仰儒学、实践儒学、按照儒家理想“修己安人”“经世致用”的“儒士”,其主要品格是确立道德良知、关心人类发展、坚持知行合一。要做儒家,就得实践儒道,这就是所谓“君子”人格。我们认为,这样的学人,是儒学学科发展的主体,也是推动儒学应用普及和社会伦理改善的脊梁。“经典儒学”主要是从经典阐释、学术研究层面切入,注重学术性、传世性、总结性、创新性。“大众儒学”主要是从礼仪重建、应用实行、推广普及层面切入,注重应用性、针对性、操作性、普适性。以学科重建、经典新释、文献整理、学理转化和更新为内容的“经典儒学”,和以庙学重建、礼义重兴、道德重振、民间日用为儒学创造性实践应用内容的“大众儒学”,一学一术、一体一用,是为当代儒学复兴的一体两面的现实途径。国家提倡和政府主导是儒学复兴的先导;作为儒学体系重建的主体,具有文化自觉的学人要全面系统地研究、阐释、振兴和普及儒学;而民间儒学是儒学复兴的基础和土壤,“礼失求诸野”,儒学在民间的实践活力,在实践者及周围直接受益之外,一方面给予政府和社会以文化复兴的信心和推行儒学的勇气,另一方面使学人的儒学复兴努力具备实践经验和现实依据。只有通过“经典儒学”和“大众儒学”相偕而行,在国家保障、体系重建、全面研究和系统普及的基础上,形成政府为主导、学人为主体、民间为基础的儒学复兴格局,儒学才可望实现浴火重生、淑世济人的当代价值。

我们认为,儒学复兴必须造就实现儒学研究和传播普及的现代“儒士”。研究和汲取传统儒学的教育内容、科举考试的方法和及第后的称号和表彰方式,制定当代儒学教育系统方案,可通过专门培育,使儒士职业化、专业化,有效推进儒学普及推广,也附带为国家增加就业机会。现代“儒士”群体是儒言儒行、希贤企圣、礼乐复兴等儒学传统的实践群体,既是儒学学科发展的主体,也是推动儒学应用普及和社会伦理改善的脊梁,是儒学转化应用于淑世济人的中坚。应当汲取世界各地建立“孔子学院”的经验,探讨各级政府在政策和资金上支持各地恢复和兴建孔庙、书院和其他机构,为儒学推广和教学提供场地的可行性。研究培养和造就现代儒士的途径和标准,制订建立和装备当代书院、文庙的形制和舆服、礼仪等。招收本科和优秀高中毕业生,进行儒学和国学知识与技能培训,根据他们所掌的经典儒学知识、大众儒学实践水平和古典文化技能娴熟程度,通过严格考核和大众品评,分别授予"秀才、举人、进士"等称号,条件成熟时还可接受全国性知识竞赛,优胜者授予"状元、榜眼、探花"称号。设立儒学研习和普及推广奖励基金,奖励品学皆优的现代儒士培训优秀学员,表彰身体力行普及推广儒学、有较高经学或儒学成就的政府官员和高水平儒学专业专家,授予"循吏、经学博士(分经称,如易学博士、诗学博士、孝经学博士、论语学博士等)、翰林学士、庶吉士"等荣誉名号。

目前,十八大以来中央精神和习近平主席关于中国传统文化系列讲话已经揭示,儒学复兴是中华民族伟大复兴的必要根基,而如何复兴的重任则首先落到有文化自觉的儒者。我们应当更加系统和深入地总结百年来有关儒学复兴的思想阐述和有益尝试,通过对传统儒学的适当回归、综合创新和转化应用,逐渐摸索出最合时宜的儒学复兴理论,加以进一步深入、系统地阐发和建构,成为政府、学人和民间社会可以遵照实行的儒学复兴计划纲要。

三、使命担当:政府、学人和民间社会

从历史的经验来看,"儒学"学科的恢复和发展,国家倡导和政府推行是先导。我们认为应当在国家体制法规和教育行政两个层面双管齐下,在义务教育内容和学术科研保障两方面支持儒学教育和研究,使儒学的思想体系和道德伦理通过人才培养、民间教化、社会推广、应用普及,来培育儒学全面发展的土壤,社会风俗全面改善的气候,公民道德素质全面提升的气氛。《孝经》说:"教民亲爱,莫善于孝;教民礼顺,莫善于悌;移风易俗,莫善于乐;安上治民,莫善于礼。"通过儒学教化走向政通人和、讲信修睦的太平治世,仍然是今天值得借鉴的历史通途。

在历史上,儒学曾经是中华文化的主干和灵魂,中国历史文化的方方面面都深受儒学影响。可是20世纪以来,人们由于反传统的缘故,在写中国历史和文化史时,往往不写儒学,更不写儒学对中国历史的正面影响,罔顾儒学主体地位的历史实际。这不是历史的观点,也不是正确审视和反思历史的做法,不利于当今国人正确地认识历史,客观地汲取历史经验。现在应当改变这一做法,在政策法规中,明确肯定儒学作为中国文化主体的核心地位。应当尽快消除百年来对儒学传统歪曲和妖魔化造成的民族文化失落感,培育国人自信而忧患的文化自觉和自豪而忠诚的民族精神,在国家法规层面肯定儒学是中国历史、传统文化的灵魂,承认孔子和儒学在中国社会发

展和中国文化建设中所起的积极意义和指导作用,将孔子和儒学作为构建社会主义核心价值观、实现“国家富强、民族振兴、人民幸福”伟大中国梦的文化软实力。儒家思想和儒家伦理应当成为当代中国人最基本的文化素养和道德修养,建议在教育科目、公务员考试和各种职业培训中,把儒学及其经典作为必须学习和必须考核的重要内容。

儒学是具有丰富经典、系统理论、完整学说、成功经验和具有实践价值的学术体系,在历史上一直是启迪民智、塑造君子的首要学科,它的许多理论和学说至今仍然具有指导意义。我们应当在教育系统中全面保障儒学的教学和科研活动。根据中央要将中华传统优秀文化“进教材、进课堂、进头脑”的号召,教育部应当将儒学及其经典的学习与考核纳入中小学教学计划,将儒学内容纳入高考和其他各级各类考试之中,将儒学或经学列入大学本、硕、博的学科建设规划。同时国家社科基金、国家出版基金应设立更多的儒学招标课题和资助项目。当然,如果由权威机构做好儒学研究、振兴与普及的系统规划,国家再给予专项资金支持,在全国招标完成,那就更好了。为了使儒学研究与普及建立起长效机制,还可以参照教育部“人文社会科学研究重点基地”的办法,由国家有关部门牵头,在全国建立多个儒学研究、教学与普及机构,来具体组织实施。对儒学方面的学术科研活动的正常开展,政府宣传和科研管理部门应给予充分的思想话语空间,不可横加干涉,强硬按照意识形态要求予以规制。相反地,正如钱穆先生所总结的“学术指导政治”的中国优良传统,我们不仅要保证学术和思想的独立性,还要适当体现儒学经典和优秀儒学研究成果对现实政治的指导性。

班固在《汉书》中说儒家是“助人君顺阴阳、明教化”,“游文于六经之中,留意于仁义之际”,具有学术的经典性和救世的普适性。当代儒学的复兴,也应当在学术研究的同时,立体地构建起儒学民间教育、社会推广和应用普及体系。首先,在国家层面制定儒学普及推广指导意见,使儒学普及的应用性、针对性、操作性成为各级政府机构和推广工作人员的相关工作导向,支持鼓励优秀儒学普及读物的出版。其次,应鼓励各级政府在政策和资金上支持各地恢复和兴建孔庙、书院和其他机构,以便儒学的推广和教学的开展。同时鼓励有志青年专业从事儒学的学习和推广普及,对于以儒学教育为主要内容、以儒家伦理践行为职志的机构和个人,国家应给予一定的资源、奖励和就业机会,以便造就一支知识丰富、品行高尚,同时又具有儒家理论、礼仪践行和推广能力的当代儒士,既为国内各地民众宣讲和普及儒学,还可以为世界各地孔子学院输送合格师资。再次,为了促进地方的儒学普及,可借鉴汉代以来的经验,取消单纯的 GDP 考核办法,而将儒学推广业绩纳入地方官员政绩考核体系。国家和地方还可在电视广播中增加儒学普及类频道和栏目,利用民众喜闻乐见的形式来宣传儒家的思想、礼仪和文化。大学、文化宫、博物馆、图书馆及其他文化机构专门设立儒家“礼、乐、射、御、书、数”等六艺体验区和定期举办“《孝经》《大学》《中庸》《论语》《孟子》《诗》《书》《礼》《乐》《易》《春秋》”等儒家经典讲解和诵读活动。最后,中央和地方政府长官率先垂范,身体力行,定期举行尊师重道、尊贤敬老示范活动。谨备尊师礼仪,恭行筵席听讲,敬“三老”、举“孝廉”,表彰孝悌贤德,树立师道尊严,敦厚政风民俗。

作为“经典儒学”和“民间儒学”的自觉担当者,学人首先要全面系统地研究、阐释、振兴和普及儒学。他们要做好一套计划,包括如何落实“全面地认识历史”“四个讲清楚”“儒学精华”“文化软实力”“如何走出去”“中国特色”“核心价值”“基本道德”“礼仪重构”等问题。要梳理和阐发儒学完整的学术体系,在我们看来这至少有三个方面:一是儒家信仰体系和价值系统:说清楚儒家建立了怎样的精神信仰和精神家园?有什么样的价值体系?有什么样的人生追求?中国是一个缺乏全民宗教的国度,我们不可能再去引进一个宗教来强迫全民信仰,但是儒学建立的这个“天命”“鬼神”“礼乐”体系,在历史上实际起到了精神家园和价值信仰的作用,今天也还具有某种适应性。二是讲清楚儒家的道德体系与行为准则:说明儒家构建了怎样的供人们信守的道德观念和行为守则。如“孝悌忠信礼义廉耻”“格致诚正修齐治平”等,以及“五常”“十义”等具体守则。三是讲清儒家的知识体系和技能系统:如“礼乐射御书数”的艺能和“《诗》《书》《礼》《乐》《易》《春秋》”等经典,对于这些东西要做知识性介绍和经典性阐释。

为了适应儒学为当代服务的问题,要做好“儒学”五大课题。一是全面地研究中国历史和儒学史,包括在中国社会怎样产生了儒家,儒家有怎样的理论,历史如何选择儒学,儒学如何适应历史发展、如何影响中国文化、如何规范中国社会、如何影响古代东方和近代西方等问题,要在这样的构思中和框架下来写《中国历史》和《中国文化史》,那才是真正的、完全的中国史。同时要加强儒学自身发展演变史的系统研究,包括儒家经典、儒学大师、儒学流变、儒学与社会、儒学与异教、儒学与政治、儒学与教育、儒学与选举、儒学与家庭等专题的个案研究,最终写出一部既尊重历史又全面系统的多卷本《儒学通史》。二是编撰一套全新的《儒家经典》读物,包括“十三经”以及其他先秦两汉的儒家重要文献的解读,可以分普及与提高两个系统,分别适应研究和普及之用。三是编纂一本分门别类、包罗万象的《儒家格言》,包括儒家理论、修身、齐家、治国、平天下、礼仪、操守、文明、精神等各个方面,使人有一书在手,便具万象毕见、一检即得、方便适用的感觉。四是针对目前礼仪混乱、公德缺失和社会失序等现象,应当加强儒学文化与礼仪研究和宣传,编纂出适用于各个人群的《儒学通礼》,包括国家礼仪、民间礼仪、婚丧嫁娶、集会集社、朋友往来等方面,供现代人学习和应用。五是加强“大众儒学”宣传与普及,当年艾思奇《大众哲学》及中国孔子基金会“儒家文化大众读本”就是很好的尝试,可在此基础上,组织更系统的儒学专题读物加以普及,或与电视台、广播电台合作,联合拍摄孔子或儒学影视作品,向大众普及儒学知识,传输优秀伦理内涵和展示优雅礼仪魅力。

其中制定和实践儒学通礼,是“民间儒学”“大众儒学”普及推广实践的当务之急和可行捷径。孔子说:“道之以政,齐之以刑,民免而无耻;道之以德,齐之以礼,有耻且格。”(《论语·为政》)礼防于未然之前,法禁于已然之后,古今中外成功的政治治理,都是在法治社会建设过程中礼治优先推行,德为主,刑为辅,建设小政府大社会,极大减少社会治理和社会生活的交易成本。孔子思想和儒学的基本精神是“孝悌”为本、“仁”内“礼”外,通过儒家经典教化和政治社会生活中礼义贯彻,培养君子人格,规范道德行为。大众儒学的普及教育和应用推广,也应在从小开始以孝悌为本的“小学”功夫(如《弟子规》所言)和六艺练习的基础上,通过修身为本的经典儒学研习(如《大学》所言),成为有德君子,从事修齐治平、明明德于天下的社会事业,儒学通礼正是贯穿这一君子成人成物的全过程,故在传统断层的当代是社会各阶层都非常需要的,尤其是家庭、乡村、企业、学校、医院等社会基层单元之文化建设,应该成为重中之重。比如,乡村文明是中华文明史的主体,村庄是这种文明的载体,耕读文明是我们的软实力。农村是我国传统文明的发源地,最具儒家礼俗社会特征的乡土文化的根不能断,农村不能成为荒芜的农村、留守的农村、记忆中的故园。为此我们要学习总结历史传统和当代乡村儒学推广经验,做好大众儒学普及教育、应用推广和乡村自治的历史考述和国内外现状调查研究,以儒学经典传习和儒学通礼实践作为乡村文化建设内容。司马光、吕祖谦、朱熹的家礼、乡约实践和梁漱溟乡村建设运动等历史实践,都是这方面的先进典范,故要对儒家礼义传统作翔实的历史考述,并编纂儒家礼义传统的经典集成,使今天的礼仪损益因革皆有义理和器物之依据,在此基础上根据当代中国实际情况,对儒家礼义传统进行合理的创造性应用转化,通过礼学专门家的编排设计和系列礼仪演示活动的改善确认,逐步重建当代儒学通礼。通过各阶层和各层级儒家传统礼仪的创造性转化重建、示范演习和试点推广,逐渐形成当代中国儒学通礼范本,与经典儒学和大众儒学之复兴大势相匹配,重塑中华民族自古以来的礼义之邦的文明形象。

总之,儒学复兴是中华民族伟大复兴的根基,在传统断裂百年的今天,不仅其必要性不言而喻,其紧迫性也不允许我们再有丝毫犹疑。在文化多元、价值观念趋同的当代社会,以学科重建、经典新释、文献整理、学理转化和更新为内容的"经典儒学",和以庙学重建、礼义重兴、道德重振、民间日用为儒学创造性实践应用内容的"大众儒学",是当代儒学复兴的一体两面的现实途径。只要形成政府为主导、学人为主体、民间为基础的儒学复兴健康格局,中国文化复兴和当代儒学繁荣将指日可待。

(原载《中国文化》2014 年春之卷,第 50—56 页)

国学经典价值与高校通识教育

舒大刚　朱汉民　颜炳罡　于建福

编者按：为贯彻落实习近平总书记有关弘扬中华优秀传统文化系列论述和教育部《完善中华优秀传统文化教育指导纲要》精神，教育部规划的首期高等院校“坚持立德树人弘扬中华优秀传统文化”专题研讨班在国家教育行政学院和尼山国学研修基地举办，来自全国86所高校主管人文社科工作的校级领导参加了学习。期间，以“国学经典价值与高校通识教育”为主题举行了别开生面的尼山会讲活动。兹辑要刊载，以飨读者。

主讲人：舒大刚教授（四川大学国际儒学研究院院长兼历史文化学院副院长、国际儒学联合会学术委员会副主任、中国孔子基金会学术委员会副主任、中华孔子学会副会长）；朱汉民教授（湖南大学岳麓书院国学研究院院长、湖南省社会科学界联合会副主席、国际儒学联合会副理事长）；颜炳罡教授（山东大学儒学高等研究院副院长、国际儒学联合会学术委员会委员）

主持人：于建福教授（国家教育行政学院国学教育研究中心主任、国际儒学联合会宣传出版委员会主任、中国孔子研究院尼山学者）

于建福教授：中国古代有一种哲学论辩的形式称作“会讲”。开书院会讲先河者是南宋大儒朱熹和陆九龄、陆九渊及吕祖谦，淳熙二年（1175）在信州（今江西上饶）有过“鹅湖之会”。这次在圣地尼山大致模拟会讲形式请来了多位地域文化著名专家：朱汉民教授代表湖湘文化，舒大刚教授代表巴蜀文化，颜炳罡教授代表齐鲁文化。中华文化极其博大，在座的各位院校领导无疑是所在地域文化著名的代表。我们每个人都有责任来共同探讨一个时代性难题：“国学经典价值与高校通识教育”。

会讲大致顺着如下脉络展开：首先解读国学经典价值，这会涉及国学、经典、国学经典、国学经典价值或经典价值诸概念。随后进入通识教育专题。通识教育是不是外国人独有的？中国自古以来是不是也有类似于通识教育的理念或传统？当前通识教育要解决的关键问题在哪里？对于中国大学的通识教育，似应更多聚焦于中华经典。中华经典博大精深，我们可以结合大学核心课程所要培养的大学生核心素养，适度地将经典纳入通识课程。习近平总书记强调："读优秀传统文化书籍，是一种以一当十、含金量高的文化阅读"；"应该把这些经典嵌在学生脑子里，成为中华民族文化的基因"。教育部《完善中华优秀传统文化教育指导纲要》里面也要求"深入学习中国古代思想文化的重要典籍，理解中华优秀传统文化的精髓"。大家都是高校负责人文社科的领导，有责任深入思考和探讨高校国学经典教育这一时代难题。

一、国学经典价值问题

舒大刚教授：我们中国高校，就应像习近平总书记所要求的那样"扎根中国大地办大学"，应该首先向大学生传授中国的学术文化，然后才是传授其他专业知识和技能，这样才是中国人，才是中国学者。

所谓国学，实际上是中国固有的学术，代表着中国传统文化中具有信仰、价值观、道德伦理、行为规范、知识体系、操作技能等特殊内涵的学术。无论是国家政府办学，还是个人或合资办学，在中国历史上都早于西方很多国家和民族。国学可谓源远流长、内涵丰富。具体来讲，国学是民族文化，关系国家的文化基因；是国家学术，关系国人的知识结构；是国家信仰，关系国民的精神家园；是国家道德，关系国民的基本素质；是国家价值，关系国人的处事态度；是国家礼仪，关系国民的行为举止；是国家艺术，关系国民特有的技能。这些蕴涵在中国传统的儒学、经学、史学、文学等领域里。

自近代以来，我们引进西学，国学受到了肢解，甚至排挤、边缘化，尤其是它的信仰、价值观、道德伦理、系统的知识体系，被西化的学科分类所肢解，其自身的整体性不能呈现出来。西化的教育使我们收获了科技成果，取得了有目共睹的物质成就，但也付出了精神和文化的代价，我们对自己历史文化的真相和精神已不够清楚，我们优秀的价值观、伦理观有所丢弃，这不利于我国的长治久安。这也就是我们要重提国学的原因。今天重提国学与现代教育的结合，尤其是与通识教育结合，正当其时，而且必须形成长效机制。

朱汉民教授：简言之，国学就是中国的传统学术。中华文明是唯一没有中断的文明。一直保留在中国人思想观念、价值体系、行为方式中的中华文化传统没有中断，由一代代中国人积淀下来，成为数千年延续的文化传统;数千年延续并一直保留在国学典籍中的传统文化,一直影响我们的价值观念、思维方式、行为方式。我们为什么强调国学经典?中国保留下来的各类典籍,有一些是核心价值载体的经典。中华文化的最核心的价值观念,正好就完整地体现在中华经典内。历史上这些经典承担着塑造中国人的心灵世界、建立我们的国家制度、形成我们的行为方式的重要使命。每一个人可以根据自己的个人爱好、专业需要选读不同典籍,但是经典却是每一个文化人必须研读的,通常要熟读,要让经典思想融入我们的精神世界。经典如此重要,所以我们会聚这里探讨国学经典教育问题。当代中国的崛起,习近平总书记倡导的"中国梦"的实现,不仅是经济、军事、政治上的强大,更应是文明的崛起。作为一个延续了5 000年的文明的崛起,必须首先要有一套支撑自己文明的精神,这一套精神就深藏在中华民族经典中,今天呼唤重读中华经典,意义非凡。

颜炳罡教授:中华文明是唯一没有中断的文明体系,这是世所公认的。中华文明最大的优势是"可大"而"可久"。为什么中华文明生生不息,得以延续,至今依然可大可久?其中必有中华文明可久可大之道。美国可大之道无人可以挑战,美国是否可久呢?两百多年不能证明它可久。作为中华文明,我们历史上积淀了5 000年的可大可久的智慧,这种智慧在哪里?就在我们的国学当中。中国古代国家办的学校叫国学。今天所言国学,确实是相对于西学而言的。我们把西学看作新学,把中国固有的学问看作旧学。无论是"中学为体、西学为用",还是"全盘西化",或是中西"互为体用",都是在探究中学和西学的关系,中学或国学这样的知识体系,需要应对西方知识体系的挑战。我们这个民族未来发展历程中,国学最大的价值和它扮演的角色就是中华文明的DNA的传递,是中华民族自我身份和角色的认同。我们国学可久可大的智慧,能否引导我们民族在这样一个时代,乃至于在星球大战时代,能够继续生存繁衍下去?我们这个民族能够不断走向强大的内在智慧和动力是什么?我想这就是习近平总书记强调文化自信是最根本的自信的原因。

于建福教授:感谢三位教授。第一板块的问题是国学经典价值。现在还是有点疑惑,关于国学这个概念,在中央政府的文本当中几乎没有出现。尽管如此,国务院参事室就在北京奥林匹克公园中心区文化综合区落成了"中国国学研究与交流中心",这里用了"国学"二字。毛泽东1915年9月6日《致萧子升信》中多次用"国学"这个概念,主张精通国学常识,即"四部精要"。"国学"这个提法,在当代能不能普遍地为大家所接受?如果我们要接受这个"国学",它跟"中华文化""中华传统文化""中华优秀传统文化”之间是什么关系？至于国学经典，其价值到底是什么？请教授们在刚才阐释的基础上再作些解读。

舒大刚教授：这里涉及国学的归属问题。西方学科不是根据全人类知识，更不是根据中国学术文化来分类的，全面引进西方学科后，我们废弃了自己的学科，尤其是民国初年废掉经学之后，就把我们的国学肢解了：属于文学的内容归于文学，属于历史学的内容归于历史学，属于哲学的内容归于哲学。其实，中国的国学甚至经学远非文史哲所能概括。国学代表我们国家庞大的学术体系，包括知识结构、信仰和价值观、行为举止和礼仪风范、做人做事的基本规范。可是这些内容都被西化的学科冲击得支离破碎。至于“国学”一词之用，也是此一时彼一时。早先国学代表国家办的学校，所教的学术、思想、理念全是本民族的。近代西学东渐，强势文化进入，传统学术受到冲击，中国整个思想学术领域被鹊巢鸠占了，故须重谈国学话题，以捍卫本国学术的神圣性，或与西学相协调。如今，经历百年，我们对西方的思想、文化、学术、方法多有引进，而且出现了越来越多的中西合璧或中西融通。现在提“国学”不再是跟“西学”相抗衡，而是借鉴西方优秀内容和方法来发展中华优秀文化，并确立中国人自己的信仰与道德。现在我们到底是提国学好呢还是传统文化、优秀传统文化好呢？由于“文化大革命”，大家视传统为垃圾，加以抛弃、丑化、矮化、妖魔化。如今看来，传统里面也有很多好的，之所以提“优秀传统文化”，在于告诉民众，不是不加区别地去全盘继承，是要从传统当中继承优秀的内容，正是中华文化优秀的部分支撑了中华民族长盛不衰。可以预期，国学这个概念会逐渐进入正规的文件，进入正规的学科分类。国学经典弥足珍贵。经典是知识的源头，智慧的源头活水，不会随着时间的推移而失去价值，只会让我们带着不同的方法，从不同的角度和观念来解读来认识。没有圣贤的民族是落后的，没有经典的民族不可持久，可大可久的民族一定有自己长盛不衰的经典。中国人的经典就是《诗》《书》《礼》《乐》《易》《春秋》“六经”，就是大家诵读的“入其国，其教可知也”那里面的“六经”。尽管“六经”一度被怀疑，受到批判，但这才是中华民族智慧的源头活水，也是中华文明传递的桥梁。这几部经典由孔子整理下来，传播开来，孔子之前 2 500 年的历史和文明靠经典传下来，之后 2 500 年的历史和文明靠经典来启迪。

朱汉民教授：舒教授已经把于教授提出的问题向纵深发展了。现在国学尚未正式进入体制之内。尽管各大高校成立了国学院、儒学院等国学研究机构和教学机构，但国学在我国正式教育体制内还没有明确的身份。国学进入教育体制的问题，曾经国务院学位委员会讨论和投票，最终没有列为独立的一级学科。这确实与大家对国学的认识有关。国学的存在是一个客观事实，它是传统中国数千年逐渐形成和发展起来的，国学就存在于中国的历史文献典籍里面，由古代的学校、书院一代代传播下来。近代中国的教育体制、知识体系全面学习、引入西学，同时放弃了我们延续了几千年的教育体制、知识体系。近代许多学者把固有的经史子集体系统称为国学，用国学来代表自身的知识文化传统，也是我们教育的传统。国学和文化是一个什么关系呢？文化是一个更广泛的概念，中华文化既体现为我们的国学典籍，又有很多体现在我们的观念、行为举止里，还体现在文学艺术作品、各种博物馆、文物古迹里。国学是通过知识化的形态、典籍化的形态，通过文字化表述出来，记录在典籍里面才称之为学。所以，国学就是经史子集的学问。

交流探讨

学员（中国矿业大学党委副书记张志坤）提问：鲁国保存周礼最完善，是礼仪之邦，而楚国文明程度较低，鲁国为什么亡于楚？六国亡于秦，礼仪之邦为什么亡于秦？宋朝是中华文明发展的高峰时期，为什么宋朝却积贫积弱？儒学究竟是治国术，还是强国策？如果儒学不能富国强兵利民的话，那儒学的功能和价值意义在哪里？儒学在强国策的优势在哪里？

舒大刚教授：刚才张书记说的都是历史事实，但历史都有两面性，学术也有两面性。如果我们单从儒家学术来看，实际上它攻守、文武都很完备。至于后人怎样去领会，怎样去执行，取得怎样的效果，则是另外一回事。自己能否获得成功，与所处的国际大环境或者小环境都有关系，这与儒学本身的内容和价值应相区别。儒家到底有没有治国强国的价值和意义？我讲个《论语》中的故事：

有一天，孔子与四个弟子一起讨论各自志向和治国方略。坦率而尚武的子路说，治理一个小国，周围都是大国相逼，我就是要强兵，要让全民英勇善战。接着是冉求，他说兵强了国防就有了保障，我就要发展经济，让百姓丰衣足食。接下来是公西华，你们强兵富国，那我就来抓礼乐文化，提高人们的精神境界。最后一位弟子是曾点。他说只希望“莫春者，春服既成，冠者五六人，童子六七人，浴乎沂，风乎舞雩，咏而归”。孔子听了高兴地说：“吾与点也！”非常赞成曾点的境界。儒家既重视军事——强兵，又重视经济——富国，还重视文化——礼乐，然后才能达到曾点那种与自然、天地融为一体，与朋友同乐的境界。孔子所谓“富之，教之”“足食足兵”，都表明儒家不反对强兵也不反对富国。而且这四个弟子所言，恰恰代表一个政权必须经历的几个阶段：以军事巩固政权；以富民安定民心；以礼乐化人提升境界;让人民幸福,天下大同。这是儒家完整的治国理念。习近平总书记提出的“中国梦”有这样三句话:国家富强、民族振兴、人民幸福。我们共产党走过的路,先是经历28年武装斗争,夺取政权;后经30年巩固政权;再经三十多年改革开放,发展经济;现在注重发展文化,增强民族文化自信,提高文化自觉,实现文化强国,民族复兴,人民幸福。

朱汉民教授:儒学是国学最核心的学术。法家追求富国强兵的硬实力。儒家追求以德服人、施仁政的软实力,代表一种久远的文明力量。从短期看,文明未必总能战胜野蛮,或者说软实力不一定能战胜硬实力,这是一种普遍现象。中国历史上秦之所以能在与六国争霸中脱颖而出,当然与其追求强兵富国的硬实力有关。秦始皇不用儒学,也看不起儒家,但是秦朝短命足以证明一个民族国家单靠富国强兵是不行的,需有可大可久之道。国学可大可久之道,恰恰是在儒家经典中。儒家或许不能带来短期功效,但拥有可大可久之道。汉武帝采纳儒学,不是完全出于个人意志,主要是顺应了可大可久的文明之道。由此不难看出国学的价值和意义。

学员(中国科技大学党委副书记蒋一教授)提问:古希腊罗马文明作为欧洲文明的源头,欧洲至今在不断继承和发展。我们在强调自己没有中断的时候,别的文明也没有中断;我们在强调自己复兴的时候,别的文明在保持着强势发展,而且今天还达到了发达的程度。这作何解释?

颜炳罡教授:我们所说的中华文明没有中断,指文明谱系的发明者、发源者以及主体的承载者是统一的。今天的希腊,还是柏拉图、亚里士多德的子孙吗?今天的主体是斯拉夫人,原来斯拉夫人生活在中亚地区。今天的埃及人是阿拉伯人,埃及文明被阿拉伯文明所取代。基督教有《旧约》和《新约》,这是欧洲文明的主体,其实属于犹太文明。作为日耳曼民族的蛮族,入侵了古罗马,然后逐步确立了今天的欧洲主要版图。他们接受了基督教,基督教不是日耳曼民族发明的。中华民族的“六经”,是炎黄子孙创造的经典体系,直到今天,使用这套体系的仍然是炎黄子孙,我们是从这个意义上来说统一性和延续性。

二、基于国学经典的高校通识教育

朱汉民教授:当下,通识教育确实应当受到每位老师的关注。通识教育是20世纪美国教育家们主要针对现代化的专业教育或职业教育的缺陷而明确提出的。专业教育主要是对学生的谋生技能、专业知识的培养,以便让学生尽快融入分工细密的现代化社会,胜任某一份职业。然而教育不仅是职业培训,更应该是培养人的全面发展。教育的功能就是文化传承,大学教育就是把文化传播给下一代,让其由自然人变成文明人。针对现代大学专业教育的缺陷,所以提出了 Liberal Education 或 General Education,20 世纪八九十年代,台湾教育界将其翻译为“通识教育”或者“博雅教育”,翻译本身就把中国文化的通识、通才、通人、博通古今包含其中。博就是博学,雅就是儒雅、雅正,就是培养一个很有德行而儒雅的人。博雅教育、通识教育已成为世界诸多大学的共识,都在不断推动通识教育的进步。中国的大学是从素质教育的角度来展开,以弥补专业教育的缺陷。

中国传统教育中,儒教的“教”就是教化、教育。儒家兴庙学制,学校和孔庙联在一起,岳麓书院边上就有孔庙,所有师生都要去祭拜孔庙。中国传统教育强调人的教育。孔子重成人之教,心中最完整的人叫“成人”,成人之学要智、仁、勇兼修,还要博学于文,还要有礼乐文明的熏陶,这样才成为博雅、完整的人。古希腊也有较早的博雅教育,那时没有专业分工,培养的是完整的人。博雅教育、通识教育在中国有非常丰富的文化资源,这也与我们今天探讨的话题密切相关。中国传统国学经典本身就是为了培养君子或圣贤,就是培养完整的人,培养有德、有智、有勇,有外在的文化熏陶、礼乐文明的人。这样的教育是被摆在首位的,当然,治理国家、法律、军事等都要学,但是学习这些之前,成人教育是作为士大夫的精英必须要完成的,后来“五经”“四书”就成了博雅教育的基本教材。我们今天需要从中汲取智慧,而国学经典教育是博雅教育的核心。

舒大刚教授:通识教育是“成人”的教育,也是针对专业分科教育而设置的。早期为了建设的需要,开展了很多专业教育,培养了许多专家、工程师、院士,这都是需要的。但问题是,我们的科学家,我们的院士,我们的“状元”出去交流的时候,对自己国家的历史文化不甚了解,留下了不少缺憾。即使是著名的科学家、院士,若是缺了本民族文化涵养,缺了通识教育的话,终究不完美。

通识教育应该让国民掌握国史,作为民族一分子,了解自己的民族文化;作为公民,对社会公德、公共秩序应该熟悉并遵守;作为成人,对道德、心性有必要的修养;作为君子,对优雅的学术、思想、技能要掌握;作为社会精英,对整个民族文化要自觉领悟和展示。通识教育不是简单地学一点古文,背几首古诗,需要将之化为自己的技能和修养。国学要完成的,通识教育要完成的,就是在技能上、修身上有一种浸润,做到内化于心、外显于行。国学教育在国家层面应该完成国民国家认同、文化认同、价值观认同、信仰认同,还有自己优雅的人生、幸福的体验。通识教育就应该完成完整的人格培养，具有承受能力。顺风顺水，不要骄傲；失落受挫，也不要颓废。

颜炳罡教授：现在我们的专业教育，给以技能知识，教学生如何做工，但是背后的工匠精神，不是专业技能所能解决的。即使有了工匠精神，如何与人与社会打交道？如何处理个人身心关系乃至复杂的社会关系？这些都不是专业技能所能赋予的。所以今天特别需要通识教育、博雅教育、人文素养教育。何谓儒家之“儒”？“通天地人曰儒，通天地不通人曰技。”不知道人，不了解社会，就只能是个技匠，就不能成为儒者。传统的儒者应该是通才，耻一物而不知。今天的通识教育功能有三：志向的笃定、情操的陶冶、人格的养成。孔子说：“士志于道，而耻恶衣恶食者，未足与议也。”大学生应该有超越于物质生活之上的追求，有对理想、对道的追求。有这样的理想，就不至于进入经济领域则两眼发绿地对着钱了，就不至于进入工匠领域则把机器完全当成谋生工具了。儒家要求士大夫“穷不失义，达不离道”；“穷则独善其身，达则兼济天下”。培养学生士的操守非常重要。“士不可以不弘毅，任重而道远。仁以为己任，不亦重乎？死而后已，不亦远乎？”这是儒家追求的精神境界。应该弘扬中国传统士大夫精神，要有坚忍不拔的意志和宏大的心胸，知道以仁道、以天下为终生使命。孔子说：“兴于《诗》，立于礼，成于乐。”通识教育应该落实到人格的养成，养成博雅人格、君子人格。君子的标准是什么呢？“君子坦荡荡，小人长戚戚”；“君子周而不比，小人比而不周”。受此熏染，合作意识、善与人相处的性格就会凸显。

于建福教授：刚才三位教授阐述了通识教育的提出、发展、内涵与意义。通识教育是中国教育的古老传统。孔子强调：“博学于文，约之以礼。”《易经》提到：“君子多识前言往行。”《论衡》称“博览古今者为通人”，“通人胸中怀百家之言”。在梅贻琦看来：通识之用，润身而自通于人，通识为本，而专识为末，“社会所需要者，通才为大，而专家次之，以无通才为基础之专家临民，其结果不为新民，而为扰民”。钱穆指出：“经学之可贵，不为它是最古的，而为它是会通子、史、集三部的。”《中庸》提出的“博学、审问、慎思、明辨、笃行”作为中山大学校训仍在沿用。如此看来，当代专业教育的背景下强调通识教育，意义重大，而且通识教育或“博雅教育”，想必已为大家所接受。既然如此，我们共同思考一个实际问题。国外不少高校特别强调在通识教育中研读名著。芝加哥大学赫钦斯主张学习人类“伟大的著作”，大力推进“名著课程计划”，将经典融入核心课程。耶鲁大学设有人文艺术课程；哈佛大学设有通识核心课程。他们倡导阅读的经典是多元的，涉及多民族的经典。国外有些高校也读中国的经典，有的重视《论语》，有的注重《孟子》,有的关注《老子》,有的涉及《庄子》,或兼而有之。美国更重欧洲名著,有的大学涉及《古兰经》。成功的通识教育必然要重视经典。我们接下来把议题转到通识教育如何充分体现经典。作为中国的大学,结合习近平总书记在北大的讲话,强调高校要“扎根中国办大学”。这也意味着,中国大学的通识教育必须高度重视中华经典的呈现,中华文化基本的价值蕴涵在经典当中,这里面有中华民族的根与魂,我们要通过研读、感悟经典来传承价值。请专家们继续就此作深入解读。

舒大刚教授:通识教育,首先要确立目标。中外历史上成功的教育,都要有人格培养的目标,而且要有非常明确的人格形态。古希腊培养的是智者,要能说会道、善于辩论,博古通今。他们主张的“七艺”,就重视修辞、语法、辩论技巧。到欧洲中世纪培养的骑士人格,有正义感、崇敬女性、保护弱者、爱惜名誉、不惜以鲜血和生命捍卫荣誉。这对中世纪的文化起到了重要作用,尤其是产生了一大批骑士文学,甚至影响到现在大家津津乐道的英国绅士教育。英国绅士人格是紧接着骑士人格的。绅士人格教育的目标,在于培养绅士风度、举止文雅、打扮庄重、对女性很尊重、对老弱比较爱护。日本武士道人格教育,讲究忠义、武义、正义,对主人的忠诚,为了主人的利益赴汤蹈火。英国的绅士人格、日本的武士人格对中国君子人格都有所吸收。

君子人格是中国传统教育的成功形象。“文质彬彬,然后君子。”文是外在优雅的表现,质是自己内在的修养,文和武、礼和义结合得非常好,知识全面,礼乐射御书数都会,兼通《诗》《书》《礼》《乐》《易》《春秋》,有坚定的意志,明确的方向,最后还尊崇天道,通天地人。中国历史上的读书人,首要的是做“内圣外王”的君子,要修养自己丰富的知识、优雅的外在表现、坚强的毅力、崇高的信仰,这是内在的修养;然后进入社会修齐治平,修己安人,修己安百姓,这是外王。成就君子人格,需要学习经典。孔子早期推行的是《诗》《书》《礼》《乐》,晚期加上《易》《春秋》形成“六经”。这“六经”略显古老难懂,而且历代注疏汗牛充栋。推荐大家研读“四书”和《孝经》。《孝经》不是简单讲怎样尽孝或恭顺,主要讲怎样立身行道,讲由君子而贤人而圣人的全过程。《孝经》开篇就讲“始于事亲,中于事君,终于立身”,“立身行道,扬名于后世,以显父母”,有始有终;对天子、诸侯、卿、大夫、士、庶民都有规定。这也是讲一个人如何做君子,如何修齐治平。现在大学开展经典教育与通识教育,“四书”和《孝经》最为重要。自汉以降,《论语》和《孝经》就是读书人的必修经典。

朱汉民教授:作为现代教育熏陶下的中国人接受通识教育、经典教育,无疑是现代教育最重要的组成部分,目的是要学习专业之外的多种知识,形成人与人相通的价值观念。强化中国传统文化与国学教育,并不会影响现代中国人参与世界性的沟通与相处。中国经典谈的虽然是中华民族文化之道,同时也是全人类共同相处之道。在儒家经典里面包含了人与人之间、国家与国家之间、民族与民族之间的相处之道。中国经典中"协和万邦"的理念,就有益于现代民族国家之间的和谐相处。

确立正确的经典观念,是经典教育的重要问题。经典的形成和演变经历了漫长的历史过程,儒家士大夫根据时代变化而不断重新解释经典。经典中有许多恒常不变的思想,但是其中一些思想观念也会发生变化。经典是一个开放的体系,不要落入原教旨主义,食古不化。历史上的那些大儒,不仅善于回归传统经典不断汲取传统智慧,而且能不断开拓新的适应时代的思想。我们要以文化自信,接续中断了的文化传统,接续文化命脉;同时,我们要不断挖掘传统文化经典中与时俱进的东西,以不断开拓出适应时代的新思想,建构出带有本民族文化特点的一套新的文明形态。中华民族的崛起,一定会是一种带有自身价值观念的文明形态的崛起,而且这一定是深藏在我们的经典之中的。

颜炳罡教授: 10 年前,某跨国公司年会上,山东大学一位毕业生对我说,很后悔没有参加我的《论语》读书会,在驻纽约期间和台湾人在一起,被问到读过《大学》吗?他很遗憾地回答:"上过大学,没有读过《大学》。"和韩国人在一起,被问到读过"小学"吗?他很遗憾地回答:"上过小学,没有读过'小学'。"他觉得无地自容,好像在他们面前低人一头。我们有多少大学管理者、大学师生读过《大学》?读过"小学"呢?这曾经是东亚文化形态下人人必读之书,很遗憾极少有人读了。这就是我们高等学校经典学习的缺陷。如果当初一边学着英语,一边学着《大学》,那现在就少有缺憾了。什么样的经典是必读的?现在分科越来越多,不可能让每一个学生通读"十三经"。"四书"最值得读。朱熹当年说,把"四书"搞通了,何书不可读?何理不可究?这恰是通识教育要解决的问题。"四书"当中《论语》最为关键,学国学起码要把《论语》读了。通读"四书"更好,加读《孝经》亦有必要。国学经典应该有必修课。一所学校可以选择《论语》,或选择"四书",传授给学生,这样或许能够实现志向的笃定、情操的陶冶、人格的养成。

交流探讨

学员(德州学院副院长王金利教授)提问:通识教育不能局限在高校,还应在中小学甚至幼儿园都打下基础。大学通识教育和基础教育应该有所侧重,有分工。中小学教育应该是成人教育,大学教育应该是成才教育。君子人格的教育在西方文化非常强势的背景下，仅仅以“四书”和《孝经》来培养，能否取得成功？

舒大刚教授：我赞成传统文化教育分层次、分阶段推进。颜教授讲的“小学”就涉及讲授礼仪、如何为人、举止规范的问题，就是解决孝悌忠信礼义廉耻这“八德”。十五六成人之后，讲《大学》。汉唐以来一开始就是《孝经》，从最实际的开始，先怀着一颗感恩的心，善待父母兄弟姊妹，再推而广之，“老吾老以及人之老，幼吾幼以及人之幼”。进入大学阶段，讲的就是治国平天下之道。可见古代教育是有阶段性的，读经典都是分层次、分阶段的。现在从小学生、中学生、大学生到研究生，甚至博士生都需要补课，好在从地方到中央特别是习近平总书记高度重视，传统文化教育得以展开。

贵阳孔学堂让我们组织编写一套从幼儿园到大学的读本。首先要把传统文化的核心价值提炼出来，把体现这些核心价值的经典选出来。小学阶段加强认知，图文并茂地解读，如“孝悌忠恕勤”，对个人品德培养十分重要；“温良恭俭让”对培育家庭美德、相处之道十分重要；“恭宽信敏惠”，对职业操守、社会角色非常重要；“仁义礼智信”，对社会公德的培养十分重要。再把这些价值观念对应的经典原文、成功事例，包括西方格言也纳入读物当中。到了初中，就要结合现代核心价值观，中西合璧，古今合一。到了高中，就要系统阅读儒家经典。到了大学，要放眼整个民族文化经典，包括代表中华民族精神、信仰、价值观念层面的儒释道各家经典，加上治国平天下之道。如此分级分层次来实行以经典为核心的通识教育，乃大势所趋。

朱汉民教授：关于国学教育，除了大学的通识教育，中小学经典教育、人格养成尤其重要。少年儿童长于记忆，长大以后经典随口而出，逐步感悟经典义理。所以经典教育要从小学中学开始。经典教育在小学应“学其事”，到了心智成熟的高中、大学阶段就要“明其理”。我在牛津、剑桥大学交流时，发现学生进入大学前先要申请一个学院，再另外申报一个专业系。学院承担通识教育，不同专业的同学生活在同一学院接受相同的通识教育，专业教育则在系里完成。香港中文大学也采用这种制度，将承担通识教育的学院叫书院，恰好合并了钱穆先生创办的新亚书院，而古代书院正好是强调通识教育的，即重视成人教育。我曾把岳麓书院的教育目标确定为“志于成人”，这符合孔子提出的“成人”之教。香港中文大学也希望大学生的通识教育由书院来完成，然后专业教育到专业系里完成。这种中西结合的制度上的探索，合乎中国传统书院的通识教育理念。当然，在当代书院里，倡导中国传统经典教育，也不排斥西方经典，现代人应该立足于民族文化，也应该参与现代世界文化交流。

学员（海南大学副校长傅国华教授）提问：提到传统文化，提到国学经典，人们会与保守联系起来。请问创新思维、批判性思维怎么通过经典教育来培养？

朱汉民教授：国学经典与创新并不矛盾。举一个书院的例子，清代岳麓书院山长王文清提出一个“读经六法”，包括：正义、通义、余义、疑义、异义、辨义。显然，这里所讲到的疑义、异义、辨义，就是强调学者对经典也应该有怀疑精神，敢于对经典提出异议，敢于辨义的批判。

颜炳罡教授：孟子说：“尽信书，则不如无书。”经典不是用来迷信的，是用来涵养人格的。经典的诠释历来是与时俱进的，当今也需要推陈出新。

于建福教授：中华传统文化尤其是经典文化中，蕴含着丰富的创新思维和不可多得的质疑精神。《论语》中孔子主张“温故而知新”，倡导“疑思问”“毋意、毋必、毋固、毋我”，《易经》强调“革故鼎新”，《大学》所谓“苟日新，日日新，又日新”，《中庸》主张“慎思之，明辨之”，《孟子》认为“尽信书，则不如无书”，等等，值得高校通识教育深入挖掘与阐发，实现反本开新。按习近平总书记的话说，“善于继承才能善于创新”，要“在继承中发展，在发展中继承”；“努力实现传统文化的创造性转换、创新性发展，使之与现实文化相融相通，共同服务以文化人的时代任务”。

通过以上探讨，可以初步达成这样的共识：国学经典是核心价值的载体，具有跨越时空、历久弥新的时代价值；当代中国高等教育必须深深植根于经典文化的沃土，获得丰厚的滋养；要强化通识教育，必须强化以“四书”为核心的传统文化经典教育，但这并不意味着排斥其他经典；要有序地、相互衔接地按小学、中学、大学分层次来设计，正如教育部《完善中华优秀传统文化教育指导纲要》里边提到的，大中小学一体化系统推进中华优秀传统文化教育，其中也应该包含国学经典教育。如何将经典融入高校的通识教育，培育健全人格，恰是分管人文社科工作的领导们所要继续思考和共同努力推进的，在这方面任重而道远。

（于建福整理，原载《国家教育行政学院学报》2016 年第 12 期，第 3—10 页）

关于设立儒学一级学科之反对意见的一个答复

秦际明

自 2016 年 6 月刘学智、朱汉民、舒大刚、颜炳罡等著名学者联合发布宣言倡导设立儒学一级学科以来，引起了学界与社会舆论的广泛讨论。诸位学者认为儒学是当代中国的重要文化资源，设立儒学一级学科对于推进中国历史文化传统研究、恢复文化自信、建全公民道德、重塑精神信仰以及完善现有学科建制等方面均有非常重要的意义。舆论反响不一，赞成者有之，反对者有之。

学术本是天下公器，道术不同自可据理论争，亦不失以文会友、共兴学术之意。刘、朱、舒、颜诸先生怀着学术热忱撰文数万言，从不同角度论证设立儒学一级学科之必要与可行性，反对的人言辞虽然激烈，但往往只有立场，没有学术见地与逻辑论证。更有甚者不讲理据，只是一味地反对与谩骂。文章是君子之所为，本该守斯文之道，若无理据，有学养的人自会看明白，因此发出倡议的学者们自不必理会这些声音。这些反对文章刊在各媒体网站，而网民们却不一定个个有学术修养看得究竟，其中许多人反而受之前抹黑儒家的教育的影响，跟着起哄，误导读者，所以有必要在此将相关问题作一些剖析。

一

冯翊有《儒学为何要削尖脑袋挤进一级学科》一文刊登在腾讯文化网，其主要观点是：“倡议者们最关心的恐怕还是饭碗问题，那些以儒学研究者自居的人，急需获得话语权，拿到依附在体制上的教育资源，迅速占领新设的空位,钻入体制的眼,饭碗第一,学术第二。”该文的论证思路是,先说“现有体制下,没有‘户口’的学术处处受制”,再说“列为一级学科后方便向上伸手要钱、要人”。那么倡议者应该是因为儒学学术研究受制,所以要设立学科以便争取学术资源了。但该文第三部分却举了一大堆高校里的“儒学院”以证明“儒学高等研究院并没有因为儒学不是‘学科’而削弱”。作者继续推论,既然儒学不需要学科照样“能够出成果,学者们能找到合适的位置,安身立命”,那么还要倡导设立儒学一级学科就显然是别有用心了。问题是,没有“户口”的儒学究竟是前文说的那样“处处受制”,还是后文说的那样照样发展得很好呢?

不管有没有逻辑,总之,冯翊的文章就是认定倡导儒学学科就是要资源,要权利。如若儒学研究应当加强,儒家教育应该推广,为儒学的发展要权利有何不妥?冯翊的文章正反都无理据,无非是要以庸俗无聊的论调引起人们厌恶儒学和儒学研究者罢了。

至于作者提到:“2010年刘泽华等六名教授曾写过《把国学列为一级学科不妥》,就国学本身以及学科的适配性予以反驳,非常精到。这层冷水同样可以浇到‘儒学’学科化倡议者身上。”若要提到刘泽华,其所主编的《中国政治思想史》系列著作不分青红皂白一概将中国传统政治定义为王权专制,将儒家的政治思想定义为王权专制的鼓吹者。刘泽华根据自己的某种政治观念来进行学术认定,而罔顾历史实情,数十年而不改,这在政治学界与历史学界是尽人皆知的了,亦可谓倔强者哉。其《不妥》一文发出后,有陈启云、吴光等重要学者撰文予以驳正,可供参阅,兹不具复。

二

陈子客《儒学在现代社会的存活之道是什么?》一文措辞则要温和得多。该文肯定儒学的现实意义,主张“民族振兴和传统文化生命力的激活当然是我们所追求的”,作者所提出的异议是儒学与现代大学的宗旨与教育使命不合,因此大学不能将儒学设为一级学科。作者比较坦诚地表达了自己的观点,这是可以肯定的,只是对何谓大学与何谓儒学缺少深入认识。

首先,作者认为“儒学和佛学中的学(-ism)都指一种学说、一种主义、一种信念系统,而不是像‘政治学’‘数学’那样指关于某个对象领域的理论性探究”。即,作者认为儒学是一种主义与信念系统,不是严格的理论学科,所以不能成为一门学科。作者认为只有具有具体的对象领域、进行纯知识探究(理论性探究、科学性探究)的才能成为一门学科。但不得不说,这是作者个人的主张,而不是学界的实际情况。哲学就很难说是纯知识探究,哲学的研究对象哲学家们也是各说各的,难以统一。哲学之为学科的边界是很难确定的,至少在学界是无法统一的。如果要说,只有某些"哲学史"的写作庶乎近于作者所定义的学科。至于西方的大学里的神学院,其研究内容更不符合所谓的"学科"了。与此相类的,还有古典学。作者所说的"纯知识"、科学性、严格理论性等概念更适合于自然科学,用于社会学科与人文学科恐怕不是很恰当。社会学科与人文学科的研究方法可以是知识的、理论的、科学的,但思想内容却未必如此。因此,作者对"学科"的定义有其局限。

另外,需要提请作者注意的是,-ism 是西方对某种意识形态的表达,如唯心主义、女权主义、经验主义、社会主义、激进主义、保守主义,等等,用来指称儒学或佛学不是很恰当。儒学与佛教的英译是 Confucianism 与 Buddhism,作者遂径以-ism 来指称儒学与佛教。殊不知翻译只是文化比较意义上的近似表达,并不代表这两个-ism 对儒家与佛教的概括很合适。不同文化传统的思想术语是无法准确对译的。大致而言,西方意识形态的思维方式多分殊与对立,与东方的思维方式和精神心智很不一样。

其次,作者认为"现代大学不再是狭义的神学院和教会,也不是佛学院和寺院,自然也不可能是儒学院和文庙"。作者这话是没有错的,问题是谁主张现代大学不要其他所有学科而只有神学院、佛学院、儒学院?没有人这样主张。西方的大学有神学院,也有其他学院,现代中国大学有各种各样的学院,也需要儒学院,这才是我们的主张。另外,同样要提醒作者注意的是,儒学不是"特殊主义",也从来不主张"特殊主义"。或许作者对"特殊主义"与"普遍主义"的理解不一样,作者也许认为只有西方的某些价值观念是普遍主义,其他的价值观念就是特殊主义。

最后,作者写道:"某种历史的自然过程迫使国人选择了现代大学而淘汰传统书院,选择了现代学术体系而冷落了作为'传统学术之大全'的'国学',这是倡议者需要直面的既成事实。"在近代,国学在相当程度上为现代学术所取代是事实,不过,这个过程真的是自然的吗?近代为救亡而摧毁传统社会,不惜将传统的伦理道德一并打倒,以换取全国性的组织与动员,维持能够形成合力的政治形势。而如今救亡的时代早已过去,经济也已发展到相当的程度了,则到社会文明重建的时候了。此一时彼一时也,历史的过程的确有某种内在机制,但这绝非是自然的过程,需要睿智之人审时度势,洞察社会结构的需要,从而做出正确的选择。在历史上,因人为抉择不当而酿成悲剧的例子比比皆是。"历史的自然过程"这种说法洗刷了人的历史责任,既不正确也不恰当。

三

苏州大学教授周可真《不宜将儒学设为一级学科》一文认为,如若将儒学设为一级学科,将与哲学一级学科下的中国哲学之关系出现冲突。但这是作者将儒学的内容主要地思考为现行“中国哲学”所致,并不妨碍儒学归儒学,哲学归哲学。再说,不同学科之间有重叠不也很正常吗?马克思主义与哲学,哲学与宗教,人类学与社会学,政治史、经济史、社会史与历史学,文学与艺术,等等,这些学科不都是有重叠吗?

该文作者表示尊敬儒家,但认为新的历史时期需要新的时代精神,不必再提儒学,将其设为一级学科没有必要。周教授的这种观念在学术界乃至社会大众中均具有典型性。新时代需要新的时代精神,这句话非常时髦,可是,这却是思想懒惰之人说的话。我们需要的不是新时代、新精神之类的口号,而是需要指明我们当今这个时代需要什么样的精神。时代固然有新旧,过去了的不复再有,而人类社会的道德伦理观念作为历史的积淀却历久而弥新,尽管这些观念也会随着时代的变化而有不同的表现方式。例如,古代之爱国与忠君观念联系在一起,君主制取消之后,今天的爱国则表现在社会主义建设等方面,形式不同,其为爱国则一。以及儒家所讲的仁义礼智信,乃至孝亲、敬人、公正、廉洁、和睦、勇敢、节俭、谦让,这些传统美德,都是旧时代讲求的东西。古代有古代的礼制,今天有今天的社会形态,但若抛开了这些,请问我们新时代的伦理精神是什么?新时代的道德观念又是什么?

作者认为,与时俱进是孔子的思想,孔子本人也绝不会主张“复儒”。作者写道:“‘复儒’,看起来似乎是尊孔,其实恰恰有悖于孔子之道!因为,孔子曾明确主张‘敬鬼神而远之’。若把儒家孔子思想比作‘鬼神’的话,则按孔子思想,无疑当取‘敬而远之’的态度——既‘敬儒(孔)’又‘远儒(孔)’。”作者用一个“若”来对儒家孔子思想的性质进行判定以作为前提条件,实在读不懂周教授这两句话在论证上有什么意义!

作者又谓:“孔子之道亦然,它也是‘屡迁’的,亦即应当也必须根据变化了的实际情况,而加以必要的变革,以适于变化着的人情物理。孔子何尝教我们后人‘复(兴)’其‘儒(学)’哉!那些自我标榜‘尊孔’的‘复儒’者,其于孔子思想,盖仅得其粗而遗其精,实乃大违孔子之道!”周教授可能才是真正的食古不化,如今主张复兴儒学的人有谁主张一成不变地照搬古代儒家？有谁主张恢复君主制、封建制以及儒家经典所记载的全部礼制？儒家在过去的两千多年也一直处在变化中，今日复兴儒学自然会根据时代情况加以斟酌。时代有变化，但绝不是全变，周教授说“变化着的人情物理”，这“人情物理”恐怕没那么容易变。

周教授所理解的儒家似乎是一成不能变，所理解的“为道屡迁”“唯变所适”要变就是全变，这样的思维恐怕难以理解儒家，也难以理解现今的时代。周教授又云：“科技创新和社会制度创新是决定当今中国社会发展的两个关键因素，在这个基础上，才有中国文化的发展。中国文化的发展，不是靠复兴儒家、国学，而是靠对中外文化的批判继承和综合创新。”科技创新、社会制度创新、中国文化的批判继承和综合创新是诚然也，但看不出这与复兴儒家、国学有什么矛盾的地方。可能周教授所理解的儒家复兴是只要儒家，不要科技创新、社会制度创新，也不要其他的中外文化。

四

魏新丽在《儒学不必非得跟一级学科较劲》一文中认为：“如果将儒学列为一级学科，会发现存在两个问题。一是它与现代大学的学术追求并不契合。蔡元培曾说过大学是研究高深学问的地方。大学的道德教育自然要抓，但与学术并不可混为一谈。现有的学科中，并没有如此注重社会教化的学科。二是现有的学术体制也无法给予其合理的发展空间。”现代大学追求学术，研究高深学问，儒学难道不是学术、不是高深学问？作者既然说大学的道德教育要抓，而现有学科并没有如此注重社会教化的学科，这难道不恰恰证明将儒学列为学科进行道德教化适逢其时吗？至于作者所说的第二点，这难道不正是说明现有学术体制需要适当变革吗？

中国现代大学教育所存在的问题由来已久，早在多年前就有学者撰文批评现在的大学教育乃是职业教育，缺少人文精神的培养。中国大学中的人文学科无论是在教学还是科研，都处于绝对的劣势。大学缺少人文精神的后果就是整个社会人文精神与伦理道德的欠缺，从而使我们整个社会趋向功利化。在20世纪三四十年代，赫钦斯、纽曼等著名教育家就对现代大学的专业化作过深刻的批判，倡导自由教育（或称通识教育）理念。

如今打通专业隔阂、注重人文精神培养的自由教育理念已在西方的大学中得到普及。据统计，美国一些著名高校图书馆借阅榜的前几名不乏《理想国》《政治学》《君主论》《文明的冲突》这样的人文社科经典之作，而国内高校图书馆借阅榜的前几名不是教辅书就是小说,居然还有《鬼吹灯》这样的书。消遣性读物不是不可以读,但若这类书籍长期占据大学图书馆借阅榜的前几名,至少说明大学里培养的不过是技能较为突出的庸俗大众罢了,对国家与社会的文明进步能起到什么作用呢?中国与西方高校有差距的根源在哪里?就在于科学精神与人文精神。大学的正常的人文精神只能在人文经典的熏陶下才能养成。

至于整个社会所呈现出来的功利倾向、物质追求与享乐主义,与中国教育人文基础薄弱是分不开的。之前有学者见于此,认为我们应当大力推广通识教育与人文经典的普及性教育。这是非常适时的建议,不过,将多元化的价值取向杂糅在一起是铸不出一个社会的道德风尚与伦理价值的。否则我们的社会将会为多元价值的争持所撕裂,君不见中东与西方的移民问题不只是经济问题,也存在文化冲突所带来的社会问题。一个正常运转的社会须以某种伦理道德观念为主,在此基础上适度地包容少数不同族群的信仰自由。在中国当代社会,伦理道理与人文精神的培育不可能架构一个空中楼阁,必须依托于数千年未曾断绝的儒家文明传统,以此为主体,并辅之以道、释、耶、伊以及其他民间宗教信仰,如此方能将中国重塑为文明国家。

中华人民共和国成立近七十年,经过长期的学术积累,国内的儒学研究者及其他领域的许多学者均有见于此,积极推动儒学复兴。国家政治层面也意识到了文化问题的紧迫,在教育领域推出了许多复兴传统文化的举措。政治能够倾听学术意见,共同推动中国文化建设,是华夏之福。而不少社会人士囿于过往的观念灌输,站在百年前救亡的立场,在国家富强而社会道德文化却出现严重危机的今天,仍将儒学视为负面价值,何其不思之甚!

三、专题会讲

孔学堂讲会第五期“儒学学科建设与体系重构”实录

尤潇潇　王芳　杜春雷　整理

主　题：儒学学科建设与体系重构

时　间：2016年4月14日

地　点：贵阳孔学堂研修园二期工程11号楼会议室

主持人：舒大刚，四川大学国际儒学研究院院长、教授

嘉　宾：张新民，贵州大学中国文化书院荣誉院长、教授

张　英，北京大学对外汉语教育学院院长、教授

唐昆雄，贵州师范大学历史与政治学院教授

汪文学，贵州民族大学教务处处长、文学院教授

周之翔，贵州省社会科学院历史研究所副研究员

孔学堂阳明心学与当代社会心态研究院秘书长

张　明，贵州大学人文学院副教授

杨锋兵，贵州民族大学文学院副教授

陆永胜，贵阳学院阳明学与地方文化研究中心副教授

褚丽娟，北京外国语大学全球史研究院教师

肖立斌，孔学堂研修部副部长

舒大刚：今天张老师来，各位来，我们的底气足了很多。四川大学国际儒学研究院是国际儒学联合会与中国孔子基金会联合成立的机构，这些年致力于儒学文献整理——具体就是编《儒藏》，还有就是注重儒学人才培养，招中国儒学的硕士、博士、博士后。现在贵阳孔学堂提供了一个非常好的平台，我们有幸作为入驻单位来这里做研究。在此过程中，我们一方面得到了贵州同仁新民先生的支持，与他在很多问题上都有一些共识。比如地方文

献整理,我们正在做《巴蜀全书》,贵州也在做《贵州文库》,在这些工作上我们都有交流。另外在儒学人才的培养方面,我们也可以取长补短。这次来,从科研入驻的角度来说是第二次,但在这里开会的次数就很多了。孔学堂出了一个题目,说要开展一个讲会。首先是张新民等先生,还有一些其他入驻单位的先生,与一些青年才俊共同展开讨论,我觉得非常好。一方面,我们希望把这些年在四川大学从事儒学人才培养的一些尝试和摸索,与大家做一个交流。更重要的一方面,是把我们存在的困惑甚至是困难,在这里提出来,希望各位先生能够提出解决的方案,如果能够得到各位施之援手,那就更好了。

针对本期讲会的题目"儒学学科建设与体系重建",我先说一下其中的意图和我们所需要讨论的问题,然后再请大家赐教。我准备了一个简单的讨论提纲,包括几个部分,如儒学的历史价值、现实意义和具体建设儒学学科的设想,另外还有恢复儒学学科的总体方案,还有立体构建儒学民间教育和社会传播的一些动议。这些论题中,有一些我们已经在刊物上发表了相关文章,也给相关部门提了一些议案。比如,向国家教育部提过;还有一次开两会,我们四川大学校长也带了一个议案去,不知道后来是怎样处理的。我们要讨论,总得树一个靶子或案例,大家可以顺着这个方向展开讨论,当然也可以完全不用管这个提案,单纯讲自己的看法。今天讲会的准备工作做得非常好,希望能够借机形成一个较能获得大家认可的可行方案。

我们可以先从基层,比如说大学、省教育厅向中央逐级上递,最好要引起国家重视。不仅要有一个承担此任务的机构,更关键的是要提出完整的学科重建的方案,例如儒学体系有哪些方面需要恢复,等等,我认为这是当下无论是拯救传统文化还是复兴儒学都需要考虑的。

下面我想能不能这样,我把我们相关的做法大致汇报一下,然后请每一位先生发表意见。这个材料大家刚拿到手,我简单地讲一下。

从历史和现实意义上就不用多说了,中国传统文化的重建在当下是迫切需要的,习近平总书记和党中央对此也非常明确。2013 年 11 月习总书记在山东考察,做了两次座谈,第一次是在孔子研究院,第二次是在听取山东省委省政府关于山东省精神文明建设时的座谈,对儒家思想给予了充分肯定。2014 年 2 月,在主持政治局集体学习时,他又提出"六德":讲仁爱、重民本、守诚信、崇正义、尚和合、求大同,对中华优秀传统文化进行了概括。接着就是 2014 年 9 月纪念孔子诞辰 2 565 周年,习总书记系统地向海内外的八百多位学者,以及一些国家的领导人做讲话,对以儒学为代表的传统文化进行了系统的阐述和肯定。一共讲了 15 条优秀的实质内涵,能对解决人类难题和当下文化建设产生积极意义。

第一条说的是道法自然、天人合一。接下来的自强不息、厚德载物、兼听则明、勤政爱民,等等,15 条中 14 条半都是儒家思想,只有道法自然是道家学说。接着 2015 年在陕西视察的时候,习总书记又针对陕西省给他汇报的历史文化方面的情况发表了长篇讲话,其中有三句话耐人寻味。他说对待传统文化我们要借鉴和利用,要寻到根、溯到源、找到魂。这九个字也是大有讲究,寻到根,我们今天讲历史就是要寻根,溯源就是要弄清楚源头,最后一个找到魂,魂就涉及信仰问题,到哪里寻魂,就要从传统文化、诸子百家、儒家经典中寻。

从习总书记的系列讲话可以看到,每一次讲话都是级级越上、递进的。早前说孔子和儒家是有用的,一开始只是说这两个东西符合中国国情,现在可以用。接下来逐渐从道德层面、知识层面进入信仰层面,进入灵魂层面,所以中央的思路是很清晰的。那么我们当下怎样来适应这个现实呢?那就是不要辜负党中央领导这么高的期望。

现在对传统文化有多种说法,一种是笼统地提国学,从 19 世纪末 20 世纪初就在提。从学科建设来说,现在呼声最大的是国学学科,很多地方都成立了研究院,甚至学院。但是现在出现了两个问题:一是上一次学科调整的时候,在历史学科里面,国学设立学科是被提出来讨论了的,但后来据说以微弱的票数差距没有获得通过。此后我再跟原先做文史哲研究,尤其是做西方文化研究的先生们交流,他们有一些担忧,意思是国学把什么都统了,现行的文史哲学科怎么办呢?国学作为大学科,是作为一种知识来传授好,还是作为一个学科建设好,这是有一些争议的。除非中央直接下一个决议,不需要讨论了,就是要设立一个学科。那么,国学的边际在哪里?主干在哪里?学科怎么设?教材怎么编?现在的讨论还是五花八门。从当初章炳麟等先生系统讲国学课的时候起,就有这些问题,他也是从补充当时西化形态下传统文化知识缺失的角度来讲的,几次讲的都是分五个部分,第一部分讲小学,接下来就是"经史子集"。这个作为知识讲还可以,但是作为学科来教,太宽泛了。经部还好说,可以浓缩到十三经中讲,子也可以只讲先秦诸子。但是从四库来讲,科技、杂家非常多,怎么讲?怎么学?集部、子部的内容太多了。如果以国学的学科来讲,要涉及边际、主干的问题,还有进一步怎么提升的问题。

现在国内成立了一些儒学研究院,儒学学科建设也存在一个问题。问题在哪里?虽然学科的边界很明确,就是讲儒家,或者讲跟儒家有关的,或者讲对学习儒学有帮助的知识——包括小学、文献、历史、文化的知识,甚至其他西方的思想文化,这都是可以的,但是得有一个主干,这个主干相对比较清楚。但是有一个问题就是,现在儒学教育没有一个独立的学科,讲儒学的人背景各不一样。在台湾,经常是中文系的人在讲。为什么?最近杜维明才把谜底揭开:实际上反对传统文化不是在共产党执政后,而是从国民政府时期就已经开始了,经学最早是蔡元培废的,台湾的一流大学仍然排斥传统文化,讲儒学、经学的人是进不去的。当时牟宗三先生是进不了台湾大学的,他在台湾师范大学讲,当时听他课的人不多,就十几、二十几个人,但就是那一批人,把火种传下来了。台湾讲经学最多的是中文系,中文系比较重视经学、文献学、考据学。大陆讲经学的则是哲学背景多一点的先生。老一代从经学入史学,又从史学到经学,比如蒙文通先生和我的老师金景芳先生,他们既有经学的家底,又有史学的思考。其他更多是哲学出身,哲学出身有一个好处,比较准,比较提纲挈领、高瞻远瞩地关注儒学,把儒家思想,尤其是儒家的哲学,甚至是儒家的理论,讲得非常好,很有成效。甚至是港台的新儒家,他们主要也是从义理的角度讲。但有一个问题,目前儒学学者还是公说公,婆说婆,存在儒家内部的诸子争鸣。本来内部的学术争鸣是可以的,但是对民众来说,这类争鸣就造成了他们的无所适从。所以我们得找一个让公众最大限度接受和认知儒学的一个平衡点。

儒学有基本的知识结构。我们也经常参加一些博士、硕士论文答辩,他们把博士、硕士论文写完了,但是你要问他一个经学的问题甚至经典方面的问题,他却不知所云、不得其解。这就说明现在儒学学科建设的问题没有得到解决,虽然培养了很多儒学的硕士、博士出来,但是大家对儒学的掌握是不一样的,对儒学基本问题的看法也是不一样的。这就逼着我们在历史学下招了十几年儒学硕士和博士,到现在,又逼着我们考虑儒学教材的编写。这不是说只读教材就可以了,而是要建立一个基本的体系,让学生去掌握,在此基础上他才可以得其门而入,才有空间可以发挥,或者进一步地两创。

出于这样的目的,中国政法大学组织,周桂钿等先生也筹划了一套教材,他们讲的是思想家和思想典籍,四书有读本、董仲舒有读本,但是其他没有,经典性的没有,文献基础的没有,大家考虑的内容不一样。所以我们今天坐在一起,讨论一个共通的,能够把儒学学科比较重要的方面或者主干方面的课程确定起来的方案。我这里给大家提供了一个基本的思考线索,我们基本上是沿着这个思路来考虑的。

《汉书·艺文志》对儒家下了个定义,我们认为这个定义比较能够反映儒学的整体面貌:“儒家者流,盖出于司徒之官,助人君顺阴阳、明教化者也。游文于六经之中,留意于仁义之际,祖述尧舜,宪章文武,宗师仲尼,以重其言，于道最为高。”后世儒学的发展基本上是按照这个方向来发展的。在课程设置和教材准备方面，第一句话讲到儒家的源是出于司徒之官，后面的流就是反映儒家的历史，这对应我们对儒学史教材的规划和认识。第二句话“助人君顺阴阳、明教化”，主要讲儒学的历史地位和当下价值。第三句“游文于六经之中”，介绍儒学的根本是经典，围绕经典形成经学，我们的教材规划相对应地设置了儒家经典的概论、经学史和经典的导读。还有“留意于仁义之际”，概括了儒学的纲领，以仁义为核心，其他的价值观还有很多，它代表了儒家思想理论的层面，所以必须讲儒家的思想。接下来“祖述尧舜，宪章文武”，这句话讲的是儒学是中华文化的继承者、弘扬者、阐释者。儒学对前面的历史有传承展示的作用，对后面的历史也有规范、导向的作用，甚至后来影响了整个东亚和世界。这是讲儒学与中国文化、儒学与世界。“宗师仲尼”，讲的是儒学的开创者，是孔子为儒学奠定了基础，他整理了六经、传播了六经，培养了大批的弟子，孔子是讲儒学必须要讲的，也是学科建设必不可少的。“于道最为高”是褒扬儒学，比较的是其他诸子百家，其实这里面涉及儒家与诸子的关系，后面还涉及儒学与道家、佛教的关系，甚至儒学与西学的关系。基本是这样一个思路。

综合以上，就是要设置这些课程。我们觉得要讲中国儒学，培养这方面的人才，就要讲清楚儒学的历史、经典、价值，孔子的思想，儒学与中国文化，儒学与世界，儒学与诸子百家，儒学与佛教、道家，甚至儒学与西学等问题。这样培养出来的学生，知识才比较系统和全面。假如中国儒学是一个大的学科，在构筑其主干课的同时，选修课也要深入系统地开展起来，包括儒学流派。我们川大编《儒藏》的同时，又编了儒学通案，还有儒学文献，还有儒学文选——儒家很重文采，有一些写得非常漂亮。还有经典导读、专经研究、名儒研究，现在我们还没有开齐。还有儒学与科学，像顺阴阳，就是儒学的科学精神。最早儒学是不排斥科学的，之后对科技的关注有所减少，但是从宋、元、明、清以来，很多的科学家一开始接受的就是儒家经典教育。还有包括儒学伦理学、儒学与信仰、儒家政治学、儒学经济学、儒学军事学，都可以作为专题开展。尤其地方的大学，还可以结合我们地方学术、文化来开设相关课程，都是很有特色的。比如阳明先生历经那么多的教育，最好的教育都有了，但是没有悟道，为什么跑到贵州来悟道？是不是地方文化对他产生了作用？这其中又有没有民族文化的作用？虽然当时民族文化从汉化的角度看文明程度不高，但是从今天少数民族的角度说，其价值观、幸福感和看问题的方式方法对他有没有影响？应该是有的。这种影响形成的学术是有特色的，而且有些是对正统学术有贡献的。

最近我也对蜀学做了些研究探讨，是不是中国的学术在四川就叫蜀学？不是这样的。真去挖掘的话，蜀学有自己的特色。我总结了五条：第一，蜀学在对儒家经典的认识上，推崇上和中原不一样。汉代中原推崇五经，但是文翁建石室传的是“七经”。七经的概念在东汉就被接受了，在唐代明经科传的则是“九经”，五代在成都传的石经，刻了“十三经”。“十三经”这个概念就是在成都形成的，宋代以后都用了这个观念。晚清廖季平还要立十八经。蜀学是开放的，对经典组合有所帮助。第二，在概念、价值观上，中原从孔子开始的系统就是仁智勇、仁义礼智或者是仁义礼智信这样一个体系，但是蜀学从王褒、严遵、扬雄到李白的老师赵蕤，到宋代的苏东坡、苏子由，到明代的杨升庵、来知德，再到晚晴民国时期的刘沅、段正元，等等，他们形成的价值观是道德仁义礼，在仁义礼智信前面加上了道德。道德当然是老子提出的，对其他德目是有一些相排斥的，“失道而后德，失德而后仁，失仁而后义，失义而后礼”，但在蜀学则认为这是互相递进的、互补的，这就和中原不一样。还有古史体系也不一样，像中原儒家的“三皇五帝”，三皇是伏羲、女娲、神农，五帝是黄帝、颛顼、帝喾、尧、舜。关于“五帝”具体指哪些，至少有六种解释。但是在巴蜀又不一样，“三皇”是“天皇”“地皇”“人皇”，就是三才。五帝除了《华阳国志》讲的五主，在庙号上也有五帝：青帝、赤帝、白帝、黑帝、黄帝等。巴蜀学术是有自己特色的。我想贵州，尤其是贵州民族文化当中保留了很多东西，跟儒家是可以互相融通的。比如上一次我去看的肇庆的侗寨，有五个鼓楼，代表了“仁”“义”“礼”“智”“信”。当然，还有其他的元素。

各学科的构建也应该和地方文化学术联系起来。我们也讲地方蜀学，巴蜀文献只是简单的尝试，有一些工作还只处在规划中。从这个角度说，要讲清楚儒家的经典、历史、思想，讲清楚其作用价值，讲清楚其与其他学术文化的关系，讲清楚地方的发展，这样就可以既培养知识比较全面的儒学人才，完善儒学的学科，同时也可以发展地方特色，促进创新创造。因为以前的儒学或者经学是有很完整的体系，近代被肢解了，现在需要重组，这谈何容易，这需要政府政策方面的支持——首先是中央层面的支持，接下来再去思考和建设。

现在还有另外一个困惑，我们只是在历史学下有一个中国儒学方向来招生，说起来是平级的，但是整个指标是有限的。在划分数线的时候，外语分数跟世界史一样，所以报考儒学的考生往往要吃亏一点。我首先把问题抛出来，抛砖引玉，请大家多多批评指正。

张新民：大刚讲得非常好。现在学科体系的建构，四川大学在大刚老师组织下做了大量的学术工作,值得借鉴学习。一个是《巴蜀全书》,上一次我们编《贵阳文库》,我说一定要用繁体字,能够读古书的一定要用繁体字。另外一个是他们的《儒藏》,也做得很好。其他还有很多的学术工作、传播工作,已经形成了一个以儒学为中心,包括文献整理、研究、传播的体系,有人才也有成果。我们贵州包括孔学堂要赶上其实还要一个过程,不光是建筑的问题。儒学的学科建设很重要,把儒学从中国文化当中抽空的话,中国文化将不能称之为文化,只能是一片黑暗。从孔子到现在,儒学有两千多年的历史,从孔子身后儒学就开始分化,儒分为八,以后还有今文经、古文经的问题,但是长期来讲,它是中国的根,也是中国文化的魂。它构成了中国文化的核心的部分,精华的部分,说成是根、魂、核心价值都可以,它本来就是。

20世纪初以来,中国文化和西方文化发生碰撞,发展遭遇了困难,经济的富强成为我国的第一价值追求,对人文的注重少了。最大的变化是蔡元培当教育部长的时候,废掉了大学里的经学课,在制度安排上经学开始失去地位。当时很多人反对,例如梁启超、廖平、马一浮,但是当时西化是主流,经学自此退出了教育体制。西方的学科架构进来了,西方对应的历史有历史,哲学有哲学,文学有文学,经学实际上被分解了,苏联当时有文献学,有小学、音韵学、目录学、校勘学、版本学,于是就把小学、音韵学放到了中文系,把目录学、版本校勘学放到历史系。但是有一个问题,古代的文字音韵也好,目录版本也好,都是服务于经学的,是工具。由小学而入经学,经学始可信;由经学入史学,史学始可信。小学是工具,是服务于经学的,本来附在经部后面,而到了后来,原先的经学反而成为附庸了,开始流浪。日本的学者在20世纪80年代讲过:经学产生在中国,但是经学的研究转移到日本去了。就像佛教产生在印度,但是现在找佛教不能去印度找了,而要到最大的传播区中国来找。就如同佛教要到中国去找,经学可能就要到日本等地去找了。这是很伤民族自尊心的,但也是一个客观事实。

经典是一个民族安身立命的依据,经典之所以成为经典,是民族长期发展历史过程中集体性的认同,不是人为安排、设计的,包括儒学在汉武帝时成为王官学,四川的文翁在成都把儒学发展起来起了很大的作用。"儒学"先是作为民间运动发展起来,才成为官学。汉武帝架构了两套体系,相比较秦始皇只建立了一套体系,有权力体系、政治体系,没有文化体系,权力把整个文化资源、政治资源都垄断了。汉武帝设五经博士,在制度体系外建立起了文化体系,官方力量大,但在早期是由民间推动的,这个推动力量的早期代表就是四川的文翁,他是蜀学的先驱,对贵州影响也很大。可以说,这套体系是在历史文化中确定的。个人的信仰是可以自由选择的。我们现在讲,自由主义在中国传播得很厉害,个人的信仰可以自由选择,但民族的选择我们可以强加吗?可以把信仰强加给一个民族吗?这个是在历史文化当中缓慢形成的,得到大家共识的。孙中山、蒋介石都信仰基督教,蒋介石是受了洗礼的,但他对民族信仰还是尊重的,孙中山的治国思想也是儒家的。后来蒋介石到台湾搞民族复兴运动,胡适他们到了台湾,反传统的力量很大,但是传统文化还是没有断。现在回看历史,有一些人讲,隋唐时期中国文化,特别是大唐之后的大乘佛教,形成了一个中派的佛教文化。中国的佛教甚至是儒学,实际上形成了一个东亚运动。佛教波及整个东亚地区,向南辐射很广,影响到日本、韩国,传播到越南等地区,形成了一个东亚运动。儒学同时期也在发展,也形成了一个东亚运动。那个时候,中国是文化中心,很多日本遣唐使到中国来学习儒学。很多人到中国学习中国文明、中国体系,儒家的经典也形成了一个东亚运动。我们现在看,鸦片战争以后有一些衰败,但佛教在东亚还是在传播,但是儒学是往内收,在世界各个地区都受到不同打击,在内部更是大幅度萎缩。这个萎缩包括刚才讲的废掉经典,把传统妖魔化。“文化大革命”扫荡四旧,认为凡是旧的都是坏的,要破旧立新。现在全世界建了很多孔子学院,但是大多是讲授汉语,传播儒家文化的功能没有得到发挥。我们在文化上是不是中国人,我们对自己的传统熟悉多少?我们对我们的经典特别是儒家的经典了解多少?讲多少?传播多少?我们现在看到了这块坚冰以及破冰的层层障碍,从中央到民间,民间读经运动不断兴起。我做书院是说中国文化没有死掉,中国文化是活着的,是传播的。我们看见,实际上中国从“五四”以后,各种学说传播进来,客观上导致了中国文化的分裂。

举两个例子,一个是对传统文化持认同态度的,一个是反对的。认同的例子,是去年在贵阳举行两弹一星的展览,兰州军区前司令员李乾元上将通过贵州省委宣传部找到我,和我谈了三个小时,他完全认同中国传统文化,习近平同志到山东讲话了以后,他还着急为什么没有动静,没有推动。因为他有切身感受,他是中美退役将领“三亚倡议”中方团长,他说在对话中讲到文化问题,只能讲中国文化,讲儒家文化,而且一讲,他们就佩服得五体投地。他希望赶紧推动,复兴传统文化,复兴儒学。李将军肯定是一个高层的代表,代表中央相当一部分人的看法。还有一个反面的例子,去年华东师范大学朱杰人教授告诉我,因为现在要讲国学、儒学,他们统计下来的教师缺口是5万左右,他的朋友去找华东师范大学的校长讲这个事,说现在中国国学教师缺口5万多,华东师范大学是不是要赶紧办培训班、抓培训,建这个学科。这位校长怎么说?他说他对这个有看法,根本反对。我们看习近平总书记、兰州军区司令、华东师范大学校长就可以知道，现在还达不成（复兴儒学的）共识，还需要一个长期的过程。不是人人都认同中国文化，崇拜西方文化、认同西方价值观的大有人在。有一些是双方认同，又认同西方又反过来认同中国文化，但是抵触中国文化的也很多。但是问题是你是中国人，中国文化的价值，中国文化这套体系，一定就和西方的价值冲突吗？亨廷顿讲文明冲突，文明是不是就一定冲突？是不是所有的文明都冲突？假如文明永远冲突，未来的发展方向是有冲突的，那最终就是毁灭，文明的存在还有什么意义呢？因为冲突就会导致极端化，从而发生战争毁灭。另外，中国文明是不是和其他的文明一定冲突？历史上很少发生这种事情，比如佛教进来以后，或者中国文化向外传播时，都没有发生冲突，我们没有十字军东征、宗教战争、极端主义等这些问题。假如亨廷顿的文明冲突论成立，也是指他所讲的基督教、伊斯兰教文明，并不适合儒家文明。儒家与基督教、伊斯兰教并不冲突，儒家与基督教的对话，与伊斯兰教的对话，可能还是未来发展的一个方向，对世界和平可以做出贡献，因为其中有很多价值是相通的。中国没有一神论，中国的道是包容的。包括马一浮用六艺（经）来统天下一切的学术，表面上看很武断，其实是非常开放的一种观点，就是要包容，以六经为纲。那《诗经》可不可以统文学？《春秋》可不可以统史学？《易经》可不可以统哲学？是不是可以包容进来、往前发展呢？所以它是非常包容的。中国历史上没有看到什么宗教问题引起的激烈冲突。用季羡林先生的说法，中国文化有两次“输液”，一次是佛教进来，另外一个是明代中后期天主教传入中国，都是很和平的。后来动刀动枪是因为西方凭借武力侵略过来，这是另外一回事。我们不能因为100年被动挨打，就把整个文明体系否认掉，其实你也否定不掉，因为它是我们生活的精神家园。在这个意义上，我们一方面要有信心，一定要复兴文化，相信儒学一定可以发扬光大。当然现在也很艰难，孔学堂建立起来以后虽然影响很大，但是要复兴儒学还需要很长的过程。有一个方便法门，就是大刚他们在做的事情——（将儒学）引进学校，培养一代又一代的人才，热爱中国文化，熟悉中国典籍，用世界性的眼光着眼于人类文明的整合，又不丢掉自己文化的主体性。儒学回到孔子那个时代来看，当然六经是它主要的东西，此外也还有很多课程。比如说六经以外还有六艺，都是非常重要的。我想现在最重要的工作就是恢复儒学学科，包括历来儒学内部本身的资源也要整合，比如汉代时经典已经有分歧了，有古文经、今文经的纷争，那怎么来整合儒学经典？就召开了白虎观会议来讨论怎么整合资源。到唐代，儒学的发展也有一个经义整顿的过程，比如孔颖达等人做了《五经正义》。宋代对汉唐的经学有批判，开拓出了理学的世界,但二程、朱子还是依据经典的,只是把“四书”地位抬高了,甚至压过“五经”了。清代又重新讲五经,从经典来开资源。西方的哲学都是从跟古希腊、柏拉图、苏格拉底的哲学对话一步步展开的。一部中国的经学、儒学发展史也是不断地对经典进行诠释的历史。

现在这个时代我们是不是可以重新对经典做类似于孔颖达做过的工作,集中很多专家来做,重新把十三经或者五经的历代经典予以汇编,把最有价值、最能解读经典,回应这个时代需要的重新做一个定本。可不可以做这件事情?大刚的团队可以举这个大旗,使新经典获得海内外的认同,形成新时代的经典定本。这个定本可以做一个繁本、一个简本。将来儒学得到普遍的认同,简本可供干部、老百姓使用,繁本可供学者来用。要有一个官方民间一致认同的定本。这个可能要有一个过程,但是不妨作为学科建设的一个想法。事实上,现在所有的教材,只要是教育部主持修纂的,都是定本。修教材、编教科书,进入大学、中学课堂,都是国家确定的,因为它涉及国民教育,涉及国家文化建设、国民素质的培养问题。首先做一个定本,然后做经典定本下的辅助性读物。因为经典是随着历史发展变化的,有的人也认为经部是可以再扩大的,比如杜甫的诗,有人就认为可以放到经部,放在《诗经》下面,作为“翼经”;比如北宋五子(周敦颐、程颢、程颐、邵雍、张载)、明代的王阳明的相关著作是不是可以作为“翼经”——经典的辅助读物做出来?此外,历代的儒学流派和各个流派的代表人物,也可以系统梳理出来,因为儒学是一个很庞大的教化体系,它和中华文明是一体的。当然,中华文明体系不光包括儒家,还有道家、佛教,等等,但它的核心还是儒家。其他的,比如说儒家的修身伦理是不是可以编教材?还有儒家的“礼仪”一定要生活化,比如国家礼,现在外宾来访,我们的国家礼使用的是国际礼仪,可不可以有差异化,和西方不一样,使其具有地方特色、民族特色?国家礼可不可以重新设计?祭祀祖宗的礼仪是不是可以重新设计?礼本身是可以损益的,它的基本精神——以人为本体、对人的关爱、对人尊严的维护是不变的,礼的形式是可以改变的。国家礼、阅兵礼、祭天地的礼、祭祖宗的礼,是不是可以考虑一步步地编制出来?当然也不一定都要程式化,但基本上要有一个标准。还有生活中,人生各个阶段的礼,如成年礼、婚礼、丧礼,等等,把一系列的礼制定出来,推行起来,这些都是可以考虑的。有一些“礼”要改变,比如说婚礼。婚礼有两个环节:一个是拜天地、祖宗、父母,是很庄严的;但它还有一个很世俗的叫闹洞房。闹洞房在古代是非常必要的,因为夫妻是靠媒妁之言走到一起,男女双方此前可能并不认识,现在突然要睡在一个床上,要闹洞房说破,避免尴尬。现在是自由恋爱,双方早就熟透了,所以很多东西就没有必要了。现在很多人要去教堂就是需要一个庄严的礼，这就需要重新设定礼。孔子在今文经来讲是庶王，是要制礼作乐的，有的工作要国家做，有的要民间做。有些工作不是短期内可以做到的，要先做一些基本的工作。以舒老师的方案为纲，已经非常好了。“助人君，顺阴阳，明教化”，（儒学）基本的功能还有其他一些，以这个为纲来做，先编一套教材，如果经典太过繁复，就一步步来，先做选读，慢慢建构一套体系出来。我对儒学很关心，但是作为学科怎么建设，我还真没有怎么考虑过。大刚讲得非常好，大家再来丰富，假如这个教材做出来，我希望尽量多开展一些培训，多一些学校使用。假如花十倍的精力去读经，对你人生的意义一定胜过读其他同类书籍十倍、百倍、千倍。这点信念，作为一个基本的公民和干部都是必要的，这个是一定有意义的。我就讲到这里，谢谢！

舒大刚：张老师讲得非常好，确实我们现在要恢复学科，做出一个比较完整的东西，现在欠缺的太多了，甚至要重新讲。好多人不理解，有些人研究儒学就读几本语录，他的儒学论文就写出来了。张老师建议的两个东西非常必要：一个是经典的定本，还有一个是大众读本、干部读本。现在我们也有思考和准备。我们在做《儒藏》的时候，发掘了一些比较好的经典底本，前年开始启动，但现在还没有完成。当初我们想沿着研治蜀学的路子，在经典上有一些突破，有一些汇集、扩大。我们想做一个先秦儒家经典或者儒家重要文献的汇编，当时不敢叫定本，因为在传统十三经之外，还把其他的一些典籍加了进来，比如说《荀子》。宋儒批《荀子》是很不公道的，《荀子》很重要，没有《荀子》就没有办法治理，还有《大戴礼》《小戴礼》。大、小戴讲礼，唐代《五经正义》把《小戴礼》编入，没有管《大戴礼》，实际上它也是儒家具有经典性的文献。还有新出土的文献，如马王堆新出土的《易经》《易传》和后来战国简中的一些出土文献。

确定底本，有两个契机：一个要找权威机构认可、审定。我们找过国际儒联，国际儒联很有兴趣，学术委员会主任李存山先生说过，形成定本很难，还要有更多的人来呼吁。我在北京又汇报过，儒联现在更重视的是政务型，做一个儒学干部的读本，包括历史干部读本、儒学干部读本，对经典的读本则没有纳入日程。前天晚上，朱汉民先生来了，他有兴趣，张老师有兴趣，我们就一起筹划。我们现在有基础了，以宋本为基础，加上最经典的注，比如汉唐古注。现在学者研究儒家思想，每一个人都是各执一套，互相不统一，而且经典的组合、重整、阐释是必需的，历史上每一次重要的儒学复兴都是以经典读本的出现为起点的。今天儒学要复兴，这个环节不能省掉。四年多前，有一个企业家，我跟他说这个概念，他也认可了，给了60万的经费。

当时我们启动一个项目，叫作“儒家经典通识”，主要想做两个部分：一个是普及本，像宋儒四书那样，我们想纳入《孝经》作为一个普及本，同时纳入《荀子》。宋人的四书和《孝经》《荀子》，总共六书。另外把《国语》《大戴礼记》也纳入进来，作为经典。此外，还想做一个通识工程，但这个谈何容易？现在只有回过头来，作一个校勘。

孔子基金会成立 30 年，希望我们通过《儒藏》做一套精萃成果，我们就选了九十余种儒家重要的经典文献，像《传习录》《近思录》，包括其他的儒家语录、著作，等等，选取优秀的版本圈点，采用朱墨套印出版。就像张老师说的，可以编撰一些普及性、辅助性的读物。孔学堂书局当时答应出一套经典导读，光靠我们肯定是顾不过来的，还要靠各位、各方，例如川、黔，包括北京。北京也有陈来、周桂钿、廖名春等先生在做。我想如果贵大、贵阳学院都参与，可能会更好。下一步，首先把底本校点好，像当初东汉刻石经，唐代也刻，宋代也刻。巴蜀刻石经，有经有注。现在汉唐很多注也有经典性，这个定本就要做成有经有注的，把传世文献和出土文献相结合的。到时候岳麓书院、孔学堂、贵州大学和贵州的其他学院一起来完成这个东西。张老师讲得非常好，我们更有信心了。

张英：今天这个题目，我觉得我们思考问题的角度和你们的专业角度不太一样，但是现在孔子学院在世界的建立也促使我们思考这个问题。今天学科建设与体系重建这个题目，实际上方向已经定了，我们是在往前推动这个具体工作。可是从外围来看，我觉得可能考虑更多的是一个为何建的问题？为何建这个学科？为何要重构这个体系？

刚才舒教授讲儒学时有三个词，我觉得是很好的。儒学从孔子以来，特别是从汉武帝独尊儒术以来，一直都是主流文化、统治文化。为什么近现代儒学失势，坍塌了？我想肯定有社会的原因和学科本身的一些原因，我们是否对其做过认真的分析和探讨？所以刚才舒教授讲了寻根、溯源、找魂。我觉得经典的整理，北大多少年前就开始在做，有《儒藏》、国学研究院；还有人大也建了国学院，招了本科生。这么多年走来，可能大部分是做一种复兴或者恢复的工作，但我觉得对文化本身的分析和反思，可能会显得更为重要。这个方面还不是人们关注的重点。

我想中国儒学在几千年间一直是自信满满的，是什么时候打破传统的？就是近代鸦片战争时期。这是中西方文化的第一次交集，发生冲突的时候出现了，我们被打败了。当时大家想到的是我们的枪炮不如人，所以出现了洋务运动，这是物质文化的一次更新。我们枪炮造得不错了，到了 1894 年，中日甲午战争，在我们的枪炮有优势的情况下，我们依然惨败。这个时候人们思考的问题,包括知识分子和大众思考的问题,就是咱们的制度问题——封建制度的问题,所以才有辛亥革命。辛亥革命把封建体制推翻了,推翻了以后大家说我们可以建新的制度——共和制度,我们可以往前走了。可是又出现了巴黎和会,出现了后来推翻封建制度种种的问题,所以才爆发“五四运动”。“五四运动”才是一个真正的文化的反思。我觉得那次文化的反思,反思到了中国的深层文化。那次提出了打倒孔家店、礼教吃人,实际上是抓住了中国几千年文化的命脉,但是它矫枉过正了,就像马克思说的,给孩子洗澡,倒水时把孩子也扔了。这是对中国文化挖根性的否定,本来我想任何一种文化都应该是(有否定和反思的过程),像欧洲中世纪他们对自己的文化有否定,在这之后又有重新的反思,像刚才舒教授讲的,有一个去其糟粕、取其精华的过程。遗憾的是,后来出现了两党的内战,又先后建立了不同的政权。我们引进了马克思主义以后,在这方面就走得更远,包括后来的“文化大革命”“破四旧”,中国的文化从深层到表层,来了一次全面的根本的“革命”。中华人民共和国成立30年,正如舒教授前面总结的,我非常认同,前30年建设解决了一些问题,后来遇到了理论和制度上的瓶颈走不下去了,要进行改革。所以我们先进行了经济体制上的改革。后30年经济建设上来了,我们发现现在的社会问题依然多多,我们引进了理论,生活富裕了,但还有社会问题没有解决,于是想到了传统文化。复兴传统文化没有错,它是我们的精神家园,我们原来的根。但是我们一定要反思,当初我们为什么要扔,我们哪些是扔对了,哪些是扔错了?这必须要有分别的过程,不然的话,我们就会重新拣起原来的(错误的)武器,我觉得是非常危险的事情。因此,我觉得我们现在要处理社会面临的问题,首先依然要遵守马克思主义——这是我们从西方学来的。马克思主义和我们现在要复兴的儒学是什么关系?是像唐代那样,儒、释、道分工合作的关系,还是其他的什么关系?如果这些问题不讨论、不分析、不解决,我们依然会困惑,社会依然会找不到方向。

我们现在要复兴的儒学不是单纯的伦理学,它涉及传统社会里的政治、伦理、道德、价值观,是一个全面的、占统治地位的学问和思想。因此,我们现在恢复儒学,要吸取什么?是它政治的价值、文化的价值、信仰的价值?还是我们现在做的学科、学术的价值?我觉得这些都有,那么应该怎么来做?如果只是建设学术、学科,就有一个和国际对接的问题。现在是一个信息的时代、全球化的时代,不可能关起门来自言自话,因为我们出去要和别人讨论。它到底是哲学、伦理学、政治学,还是文化学,总得有一个方向。所以我觉得作为学科建设可能还要考虑怎么和国际接轨?作为中国传统文化,作为学术研究(比如我们建了孔学堂、阳明研究中心),作为专项的研究我觉得可以,但是作为学科建设,如果不和国际接轨,我不知道怎么样和世界对话。因为在国外,我们和学校、团队进行文化交流,他们常常会问一些问题,这些问题如果我们自己没有想清楚,就无法交流,也无法把我们的文化传达给别人。因此,我觉得如果是解决政治的问题,解决社会缺少文化的问题,解决缺少信仰的问题,学术研究只是提供支持的话,我们的学者没有办法决定,是由上层解决的。如果是站在学术的角度上,这是一个求真的问题,应该多元化,不能追求一种口径、一种解释。还有,作为民族的精神家园,中国的文化不只儒学一家,只是到汉代才独尊儒术,使它成为封建大一统所选择的那一家,其他诸家因为不符合需求而遭到摒弃。实际上先秦时期,百花齐放,各具价值。比如墨家的兼爱,和西方讲究的博爱相通;道家讲的精神的自由,在西方的文化里也是有的;还有儒家讲的道德的平等,等等。所以我们的文化基因里面有很多的价值观和西方现在提倡的价值相似。我认为我们一定要找传统文化当中,能和现在共建世界联系相符合的东西,找出我们文化中健康的东西是什么,所以不能简单地复兴或者是重构。我觉得在这个过程中,技术性的工作非常容易完成,而方向性的东西则更需要搞清楚。

复兴儒学是为了什么?是出于学术还是其他的需求?要研究儒学这一当初占统治地位的思想文化,是如何被推下去的,应该剔除什么,我们能够继承什么。因此我们不可能是简单地复兴和重新建立。所以,我觉得如何研究是学者的事,而方向性的问题,则应该由学者研究后给上层决策提供正确的学术理论支撑,不然,我觉得决策可能会出错。所以这里面涉及的研究,首先就是对儒学应持的立场和态度的问题。“去其糟粕,取其精华”是最应该用力处。应该反思“五四运动”时打倒孔家店打倒的是什么?我们错扔了的是什么?我们现在社会的建设,提倡马克思主义的政治理念、制度建设,它如何与传统文化相融合?我们从传统文化中提炼什么精华的东西融合进去?我觉得这是非常重要的问题。像整理经典等一些工作,属于做事,对于学者来说,我觉得最重要的是从学理上“去其糟粕,取其精华”。学者的呼吁对于上层如何决策是非常重要的。如果学者在这方面保持沉默或者只是安心于做事,不仅会使学术研究找不到亮点,还可能会使上层决策时感到困惑和迷茫。

另外,我觉得学术的研究,特别是儒学、国学,一定不能关起门来只是在国内自己做,一定要和世界对话。不然我们就会建成孤学,最后变成绝学。在这一点上,如果要复兴曾经灿烂的儒家文化,要使其让本国人民继承和发扬,那它也一定要能够被世界接受。现在是全球信息化的时代,没有一个国家、没有一种文化可以关起门来独建,我们在从事汉语传播、文化传播工作中对这一点感受非常深。外国人常常问我们一个问题:你们传播了这么多文化,很热闹,那你们的价值观是什么?你们讲孔子,讲仁义礼智信,却自己都不信,都不执行,反而到我们这里来传播。他觉得这是很可笑的事情。所以要传播给别人、说服别人,首先我们自己要知道什么是珍贵的?我觉得这一点对复兴儒学、重新发扬传统文化可能是更重要的。我不是研究儒学的,只是从使用者感受的角度来谈这些,谢谢大家!

舒大刚:谢谢张老师!她提出了一些问题,一是儒学以前非常地辉煌,为什么近代以来就坍塌了,原因在哪里;二是"五四"时期批儒、反传统,哪些是对的,哪些是错的;三是涉及我们今天要"去其糟粕、取其精华";四是要跟世界接轨,这点非常重要。张老师还说了很多,很有参考价值。张新民老师有没有回应?

张新民:我就讲两个问题。"五四运动"以后,柳诒徵写了一篇《五四运动的日本根源》。甲午海战以后,日本人认为清政府已经不能代表中国的正统了,这个民族已经枯萎了,要征服中国。怎么征服?就是要瓦解中国的核心价值,怎么瓦解?就是从先秦入手,从孔子入手。所以他们就在日本办了一个疑古杂志,那个时候康有为、梁启超、郭沫若、顾颉刚等一大批的学者到日本去,他们受日本的影响来疑古,讲中国先秦的东西都是假的,比如"大禹是一条虫""六经是伪造的""尧舜禹三代都是假的",等等,认为什么都是虚构的,这个民族就真是在价值系统上被解构了,这样就可以侵略它、征服它了。疑古学派是在日本的影响下产生的。现在还有一个"批判佛教",提出"中国佛教非佛说",认为中国佛教不是正统,日本才是正统,经典也是他们的是正统。我们对此要警惕,不要认为只是在反传统,其实是瓦解了一个民族的精神。

第二个问题,现在在文明对话的格局中,我们真正能和西方对话的资源是什么?我们重复西方的话语?他们讲自由主义,你也讲自由主义;他们讲哈贝马斯,你也讲哈贝马斯……现在能在国际上对话的,恰恰是儒学,当然也包括佛教、伊斯兰教。我接触了很多国外学者,包括一个美国哲学家代表团,对话的时候,你不能重复他的话语,恰恰是熟悉儒学,同时又熟悉世界文明体系的学者才能和他们对话。文明对话在联合国已经是常设机构了,那是儒家文化、伊斯兰文化、基督教文化间的对话,不是一个文化系统的重复。比如你也认同自由价值,我也认同自由价值,还有什么可讨论的呢?只有存在差异和不同,我们才有对话和讨论的余地。所以悟道的人是不说话的,他对道的体认是一样的。之所以要说话是要牵引人入道,被牵引者在不同层次上有不同的话语的展开。双方都证道以后，还有什么好讲的呢？所以真正能与世界对话的，我觉得恰恰是儒学。我们可以对儒学做新的阐释，来回应时代，这就是新的发展，继承性的创造，没有继承怎么创造？现在提倡创造性转化、创新性发展，是有一个继承的前提的，凭空无法创造。

张英：我理解的（中西之间）是对话，不是对抗。我觉得中国文化资源里有很多富有世界普世性的东西，我们要把它挖掘出来，自由、平等、博爱，不是西方价值观独有的，为什么要将其归为他们的呢？这是宣传、认知的时候一个非常错误的地方。我们的文化中有这些基因。

张新民：刚才您讲不要对抗，这个恰恰是对抗。讲儒家绝对不是排斥平等、博爱、自由。这是两个文明体系的对话，西方有博爱，我们也有同等的价值来发扬，不是说儒家文化就和西方文化对抗。

张英：中国文化有非常好的包容性。比如李安的电影《少年派的奇幻漂流》，男主人公进入伊斯兰教的清真寺，他觉得有道理、很好，去到基督教的教堂、佛教的寺院也觉得好。回到饭桌，他爸爸就批评他怎么可能去这三个地方。因为伊斯兰教、基督教都是排他的，只有佛教、中国文化才是有包容性的，所以只有在儒家文化中成长的人才能拍出这样的电影。儒家文化有很多好的东西，但这并不意味着儒家文化不需要反思。在发展过程中遇到瓶颈，需要解决问题时，在寻找理论武器和文化时，尤其不要急于一时，我们要看清方向。

张新民：反思是对的，所有的学问都需要反思。对西方文化不需要反思吗？我们自己的生命成长过程不需要反思吗？反思是一个人成长的基本方式，不会反思的人生是没有意义的人生，不会反思的民族也不是成长的民族。关键是反思之后的重建是个很大的问题。另外，我们反思到位没有？我们的反思立场正不正确？几十年来批判的武器、武器的批判，我们在建构上做了什么事？我们的武器是不是把我们自己打死了，然后我们无法救活自己？这些都是很严重的问题。反思是对的，怎么不需要反思呢？生命的反思、存在的反思，我这一生也时常反思自己，问题多得不得了，但我还自信中华文明是伟大的文明，尽管它也问题很多，这个前提我是不会怀疑的，这也许就是信仰吧。

周之翔：各位老师，我发言一下。张新民老师、舒老师都是当代新儒家，对儒学的复兴做了很多事情。张英老师在海外传播儒学，她碰到的也是些直接的问题。我是后学，以前研究朱子，有三个问题想跟大家交流一下。第一，儒家的立场。我觉得儒学作为一个学说，特别是作为一种价值学说，应该有自身的立场，这是我在研究朱子学的时候联想到的。朱子特别强调儒学的立场,将其归结为“为己之学”,这对我启发很大。像舒老师提到的班固在《汉书》中说儒家“出于司徒之官,助人君顺阴阳明教化者也”,儒家在汉代一是“官”,二是“助”,就像一辆车,它是副驾驶,当车出了事故,儒家可能也跟着粉身碎骨了。儒家一直被工具化,被统治者作为治国理政的工具,这使其自身的立场和价值被虚化了。那为什么在“五四运动”以来,特别是“文化大革命”中遭到致命打击之后,儒学还能像春风吹过的草原,只要给一个和平的环境就可以漫山遍野地生长?我觉得这就是儒家文化本身的生命力所在,即儒学是中国人生命价值的灵魂和根源。

我觉得今天仍然有这种危险,我们现在很重视儒学,提出要复兴中国梦,要有文化自信。我觉得儒学不应该以此为出发点和落脚点,如果以此作为出发点和落脚点的话,儒学可能又要坐到副驾驶的位置上了。所以我觉得儒学学科建设首先要解决儒学的立场问题,它不妨回到宋儒、明儒的成己成人之学。我一直对“为中华之崛起而读书”的说法心存疑虑,觉得这是种欲望导向。尽管这个目标很伟大,但不是从天理出发。在儒学立场上,还是要有“天理人欲之辨”:儒学的“理”是什么?我们复兴儒学的“欲望”是什么?这样才能在一定的高度同世界文明进行对话。不然人家问,你的价值是什么?恐怕不好回答。你为世界的价值体系提供什么新的内容没有?我觉得应该从这方面来讲。

第二,学科建设与体系重构的原则问题。我觉得还是应该回到儒学的明体达用上来,以经学为核心,建立新的明体达用的学科体系。第三,儒学进入的路径问题。是从理论出发还是从行动出发进入这个学科?我觉得这些问题还要做更深的思考。舒老师的规划还是比较完善的,可以进一步强调重点,弱化边缘。朱熹在研究儒家经典的时候采用了一种“经传结构”的解读思路,会有一些启示意义。他认为《大学》《中庸》的首章是经,后面的是传,《楚辞》中《离骚》是经,其他是传。对我们来说,“经”是什么,“传”是什么,把体系搞清楚,把重点把握好,去和现在的学科体系对接,历史学学什么,文学学什么,西学、哲学的学什么?这样就会有一个万变不离其宗的东西。这是我的粗浅之见,谢谢大家!

舒大刚:刚才说到我们做儒学研究、学科建设,应该立足自己本身,不要一味去讨好别人,值得参考。学术上首先自己要独立起来。另外提到朱熹的经传结构,不管这种划分是不是符合实际,但在经典中肯定是有主有次、有先有后、有经有传的,这个也值得思考。

陆永胜:这个题目发给我的时候,我觉得很大,不知道怎么思考。现在看了舒老师的提纲我觉得思路清晰了。我个人感觉,刚才大家讨论了很多问题，一个是精神信仰价值方面的，一个是实际应用方面的。不管从哪个角度来说，我个人认为，它都有成功的例子。我自己是做阳明学的，对儒学学科建设是乐见其成的，非常高兴看到这些学者有这么多的见解。从精神信仰的角度来看，西方有神学，有神学博士等一系列的设置。从实用价值来讲，在中国马克思主义哲学是一级学科，为什么儒学不可以是呢？我觉得在这样一个背景之下讨论儒学学科建设问题是可行的，但是也一定有很多问题。我记得以前读硕士研究生的时候，大家讨论如何建构哲学体系、美学体系，后来讨论讨论着大家觉得没有必要讨论了，要看怎么做了。这里提到体系重构，用“重构”一词，是不是有一个逻辑前提：以前儒学已经有明确的体系，接下来要做的是怎么发掘这一体系？如果没有的话，那就是怎么建构，而不是重构的问题。我们知道儒学从孔子前后就有很多的分化，后来儒分为八，到洙泗之学、西河之学，到宋明时期的融合佛道，一直到现在融合西方哲学，它历史演变如此长久，内容这么复杂，牵扯的学科也很多，那这个体系怎么建构？如果要划出一条线索，会不会过于整齐划一而排除了其他的内容？中国文化提倡合而不同，在这样的背景下我们怎么提出一个儒学体系来，这可能是我们要考虑的问题。

另外，现实情况下儒学作为一个学科，应该跟现行的学科有很多的交叉。就像张老师说的，我们应该考虑如何与西方交流的问题？即使我们不和西方交流，那我们如何处理当下所处的西方语境问题？这是无法回避的，今天我们讨论儒学学科，用的一些词语、范畴，可能就来自西学。如何处理这个问题，也非常关键。

其次，儒学从知识化体系建设方面来说应该没有什么问题，中国学者这么多，大家这么多，相关的知识性研究一点问题都没有。但是如果从价值性的角度研究，我们是侧重信仰还是功用？从儒学本身来说，至少从儒学的原始状态来说是不承认一家一姓一国的，它承认的是天下。舒老师的大纲提到了很多政策性的材料。在政策的保障下，儒学才能正常发展，它会不会最后符号化、工具化？

再次，现在提出儒学学科建设，其他学派，比如说褚老师是研究墨子的，会不会有失落感？佛教会不会有失落感？这也是个问题。这可以归结到我们大家都知道的天安门（实为天安门广场旁的国家博物馆正门前——整理者按）孔子像事件。对于这件事情，我们曾在北大高研院一次论坛上讨论过，孔子作为经学的代表，中国传统文化精神的代表，是毫无问题的。如果从学术形态上分类的话，中国传统文化包括了儒、佛、道，孔子像从天安门挪下去，挪到博物馆里去，就是因为我们从现代语境上来看待它，如果从经学的语境角度上考虑的话,孔子像立在那里是绝对没有任何问题的。怎么才能够脱离现代语境?不可能脱离的。我们提出儒学学科建设,需要很大的思想转变,包括政界、学术界、一般民众的转变,如果没有这样的转变为前提,其推动肯定会受到很大的阻力。这是我个人的一些想法,谢谢各位老师!

舒大刚:我们提出了一个话题来讨论,大家从不同角度来考虑。今天之所以组织座谈会,就是需要大家来建言献策,儒学学科建设的话题如果成立,怎么来解决其中存在的问题。

汪文学:刚才听了各位老师的发言,很受启发,我先谈一下我的看法。刚才张老师说的我非常赞同。经学在"五四"时期退出学科体制,实际上是中华民族传统核心价值观失去依托,遭受了全面的崩溃。所以我们现在认为重读经典就是要重建我们的国民精神。我们当下的国民精神处在不中不西、不土不洋的比较尴尬的状态,这是比较危险的。一个民族生命的长或短,一定程度上是由民族精神支撑的。民族精神是健康的、纯正的、博大的、均衡的,民族生命才会长久。民族精神又如何而来呢?我以为是这个民族延续几千年传承下来的经典培育出来的。比如我们中华民族,我们认为是十三经或四书五经长期的传承传播,培育了我们中华民族博大均衡、正常健康的民族精神,这样的民族精神支撑我们民族延续几千年不衰败。所以我们今天提倡重读经典,我以为就是重建国民精神。现在我们提倡社会主义核心价值,实际也是重建国民精神的问题。重建国民精神,重读经典,就涉及国学、儒学的学科建设问题。前一段时间,我在思考地域学的合法性、合理性。舒老师所讲的蜀学,历史渊源很长,没人会质疑。我们讲黔学,可能就有人质疑贵州有什么学术学问了。前段时间,我把民国时期关于国学的建构、国学的质疑,包括蜀学、徽学、湘学一些建构的文章、质疑的文章找来,综合地看了一下,我就发现无论是国学学科还是儒学学科的建立,都有一个问题:它处于一个什么层次?无论是国学还是儒学,我认为它应该分为三个层面。一个层面是作为研究对象的国学,就是胡适所讲的国学就是国故学的简称,是中国故有的学问,这是作为研究对象的国学。我们现在的国学研究或者儒学研究,我感觉可能还处于研究对象的状态,这是第一个层次。上升一个层次,就是要把国学或者儒学做成一种学术形态。比如说国学是研究中国故有的学术学问而形成的学问,这是作为学术形态的国学,而儒学就是研究儒家学术思想而形成的学术学问,这是作为研究和学术形态的儒学。我们现在接近这个状态,但还没有完全达到。比如国学,我们研究的边界不清楚,问题意识不充分,只是研究了一些具体的问题,整个的学术形态还没有形成。第三个层次是作为学科名称的国学或者儒学。我们要在第二个层次上有充分的发展，促成整个学术思想、体系的建构。国学内容丰富，我们没有把它很好地清理并构成一个体系，它的学术形态还没有建立起来，就上升到作为一个学科名目的话，教育部就很难认可，投票就不通过。我感觉国学现在主要还是处于作为研究对象的状态，应该努力把它建成作为学术形态的国学。

把国学学建构好了，再去申报作为学科的国学，我觉得才有可能性。包括儒学也是这样的，包括我们各个地方做地域学也是这样。刚才舒老师说了蜀学，我们前一段时间一直思考，“黔学”可不可以作为一个“学”。很多人说贵州的学术文化、历史渊源很单薄，怀疑不能称为“学”。我们认为把贵州的地域文化资源进行充分地搜集、整理，然后把知识系统化，就可以成为“学”。现在还很零散，还是作为研究对象，待到我们把贵州地域文化知识搜集起来进行理论化、系统化，就可以使其成为黔学。我觉得国学、儒学也是一样，理论化、系统化之后，最终才可能成为一个学科名目。

舒大刚：要建立学科，学科的本身是什么，要怎么样研究，可能是首先要考虑的问题，提得非常好。

张明：我讲五点。第一，儒家文化在中国及世界体系中有着非常重要的作用。欧洲除了罗马帝国曾经实现过统一之外，再也没有统一过，今天欧盟想统一都没有实现。西方的观念和中国的观念不是一样的，它一个“nation”（民族）就要建立一个国家，直到现在，西方都有很多国家。但是在中国春秋礼崩乐坏的那个时代，孔子就把中国人的思想统一起来了，用文化统一了中国。在那样的情况下，孔子站在了中国 5 000 年中点的位置上，继往开来。后来中国领土的统一有三次，分别在秦汉、隋唐和元明清时期。在此过程中，儒家文化并不是铁板一块，而是与时俱进的，回应现实的问题。现在有很大的一个误解是，一讲到儒家或者中国传统文化，就认为它是封建的、专制的、落后的、愚昧的，认为儒家思想是为统治阶级服务的，是跪拜在皇权下的。我认为不是这样，儒家讲天下的观念，讲“天人合一”“万物一体”，不是儒家跪拜在皇权脚下，而是皇权跪拜在儒家脚下。中国历史上的朝代只要是真正尊崇儒家的，往往就能实现长治久安。即使是积贫积弱的宋代，儒学很发达，它延续的时间也很长。反之，秦朝、隋朝、元朝就命短得多。这让我想到杨向奎先生曾写过一本《大一统与儒家思想》。“大一统”是儒家对中国历史，或者整个世界历史做出的卓越贡献。大一统既是领土的统一，也是文化的统一，天下、宇宙和谐的观念，一层一层推出去，达到多层的和谐。西方文化会产生冲突，而儒家文化对世界永久的和平会做出自己的贡献。

第二，中国近代为什么会抛弃儒家，打倒儒家，批判儒家？有两个因素：

一是西方的妖魔化,包括日本对中国文化的妖魔化。中国文化在文艺复兴时期受到西方的追捧,伏尔泰、莱布尼茨等对东方文明无限向往,认为它是最高文明的标志。但是近代以后,西方的侵略性表现出来,就开始了对中国文化的妖魔化,由对中国文化的向往一改为妖魔化。近代的日本,和中国的命运是一样的,它马上就向西方学习,施行明治维新,也开始对中国的妖魔化。他们提出一个观点:儒家的思想、孔子的思想、王阳明的思想不是中国独有的,我们在那之前就有了。中国是一个腐败、落后、愚昧的国家,日本才能代表东亚的文明,所以它后来要建立大东亚共荣圈,不断丑化中国、妖魔化中国,要把中华民族的自尊心打败。另外,在西方侵略中国的时候,中国文化仍然是讲究和平的文化。近代中国产生了变革图强的忧患意识,包括辛亥革命、洋务运动、新文化运动,从中体西用到改革,到最后全盘否定。内外因素的结合使中国开始丧失自身的传统文化,转而向西方学习。中国近代的混乱,恰恰是中国文化自信丧失的结果。直到今天,产生那么多问题,很大程度上都是因为没有传统文化的浸润、约束。

第三,我在美国三年,深深感受到西方强势文化的侵略和保存自己文化的重要性。很多中国的留学生到美国去,跟着读《圣经》,读到痛哭流涕,就信了上帝。回国后参与传教,在我们少数民族地区,有的乡下老婆婆都去信了基督教。我在美国碰到苗族人,他们说自己是百分之百的苗族人,说苗语、唱苗歌,比国内的苗族人还要纯正,他们会在家里讲苗语,为什么要这么做?他们要保存自己的文化。我在美国也读过《圣经》,甚至慢慢开始动摇,但后来就不去了,他们问我为什么不去了,我说我有点儿混乱,不知道该信祖宗还是信上帝。他们说:这就对了,再往前一步,你就信上帝了。我说我还经常梦到祖宗,但我没梦到过上帝,我相信祖宗胜过上帝。作为地地道道的中国人,一定要学孔子、孟子,照着去做。还有,刚开始培训英语时,班上有几个日本学生,我们互相不讲话,虽然我们没有经历过战争,但是仇恨还是在后代里传了下来。有一天我做报告,说到自己在中国教了十几年书,此后这几位日本学生每次见到我都给我鞠躬,我就享受了日本老师的待遇。我并不觉得他们低人一等,而是具有传统文化的修养。我觉得作为一个人群一定要有自己的文化传统。在澳大利亚,我还认识一位苗族的医学博士,他同时还是一个巫师,传统文化和现代化在他身上得到了很好的统一和体现,传统和现代并不是冲突和对立的。

第四,中国文化今天可以为世界和平做出巨大的贡献。亨廷顿说文明是冲突的,这个观点并不全面,中华文明与其他文明是不会出现冲突的。哈佛大学杜维明先生提出文明对话的理念,中国的文化就是要和平,为世界和平做出贡献。1988年,诺贝尔奖获得者聚会巴黎,倡议提出:要解决21世纪的问题,必须要回到儒家,回到孔子,去寻找智慧。雅斯贝尔斯也提出:人类每一次遇到新的问题,就要回到轴心时代去寻求解决。孔子正是身处中国文化的轴心时代。中国社会现在面临诸多问题,也必须要回归孔子、回归传统文化。

第五,我们要重建儒学学科,是因为我们今天特别需要儒学,需要传统文化。这一点不仅是上层认识到,下层也认识到了。我们贵州大学包括张老师的书院,在基层做了很多传播传统文化的活动,包括小学读经,等等。有一所清镇中学,它的校长出身于教育世家,他让所有老师都接受传统文化的培训,这所中学从一个非常差的学校,变成贵州省著名的中学。学校的老师们去四川大学培训过,请川大的老师讲传统文化,后来也请贵州大学的老师讲过课。学校的晨读读的是四书五经,非常厉害,可见在民间已经有广泛的儒家传播活动,在高校我们要讲儒学,在民间我们也要去推广。还有一个可以向上层政府建议的是恢复书院、文庙。寺庙、道观还给了和尚、道长,文庙为什么不可以还给儒家的知识分子呢?我们可以在那里讲儒学,影响更多的人,让世界变得更好。我就讲这些。

舒大刚: 非常好。结合自己在美国的情况给我们介绍了很多。美国虽然是提倡多元,但是实际他们的一元文化非常强势。在那种情况下,思考传统文化、中国文化,感触是非常深的。有时候不出国,爱国情绪体会不出来,不在另外一个文化中生存,中国文化的本来面貌也不会那么清晰。

张明: 我再补充一点,其实在美国,华人更像一盘散沙。在课堂上争论的、在街上吵架的很多都是中国人。刚才忘记讲了,杜维明先生还说到一个"文化中国"的理念。中国大陆、中国台湾、中国香港、新加坡,制度完全不一样,以制度为边境,中国人就是一盘散沙,全世界的华人更是一盘散沙。所以要用中国传统文化把全世界的华人结成一个统一体,发出中国传统文化的声音。这个声音不是侵略的声音,而是一个和平的声音,可以为世界的和平做出贡献。

杨锋兵: 儒学在传统社会是很兴盛的:在汉代国家意志下定为官方思想,获得制度的保障;后来通过科举制继续推行,在民间乡村治理、基层制度下推行。经过革命、运动之后,能够促使儒家繁荣兴盛的因素,现在看来已经不存在了。现在谈儒学复兴,从什么地方开始?儒家文化的精髓并没有消亡,在民间处于潜隐的状态。这种情况下,我们谈儒学复兴,是从国家层面开始,通过国家主导思想从上到下的指导、强制贯彻,还是通过学科本身的发展去影响上面的决策?我觉得现在谈这一问题,立足点应该是我们做儒学究竟想干什么？这是我自己的感触。传播儒学的工作做起来其实特别困难，我刚给学生开经学概论课的时候，一看教室里有80多个学生，真的很高兴有这么多学生来学习经典。后来一问，学生都说以为经学是讲经济学，我感觉很不舒服。所以我们现在讲，儒学能产生什么影响，要做到什么程度从学科上才能立足？

舒大刚：现在就是要找具体的办法。

褚丽娟：听了各位老师讲的，很受启发。我就这个问题有自己的想法，我们在讲儒学学科建设之前，先来看一个问题，我们要考虑一下，两千多年前孔子所生活的时代和今天我们的时代有什么变化？孔子生活的时代跟唐宋、明清时代相比有什么变化？它们之间（孔子的时代与唐宋、明清时代——整理者按）的差距是本质性的还是与今天我们时代的差距是本质性的。因为工业革命是人类历史上最大的一次变革，这是种本质性的变革。今天我们的衣食住行、思维模式，包括全球化的语境都发生了变化。这个时候，我们需要回过头来看儒家的文化，首先把它放在中国传统文化里面还是现代文化里面？如果放在中国传统文化里面，儒家文化就等于是中国传统文化吗？如果不等于的话，还有其他一些文化，或者是在野的文化，它们是否可以称为儒家文化的他者？再看全球，全球化已经是一种趋势，我们用的手机是外国的品牌，在科技一体化的语境下，我们需要一个外界的他者，比如基督教文明、伊斯兰教文明的借鉴。儒家文化如果仅仅是中国传统文化的话，我觉得它有很多的他者，如墨学、法学、道学等很多，此外，还有外部的他者。这些外部的他者和内部的他者，都构成了我们现在重新去看待儒家文化的前提。只有这样转型才可以建设现代的儒家，现代的儒家跟我们的衣食住行，跟我们的生活是相关的。现代儒学，无论是从学科还是从思想道德混乱的层面进行梳理，才可能为我们今天的生存、道德的问题和价值观混乱的现状提供一些值得改进的东西。此外，在和西方文化对话的时候，我粗浅地认为我们要寻找一种最大的公约值，一种相对普遍主义的东西。所以刚开始舒老师提到，习近平总书记和外国元首对话的时候，他们会称赞孔子。我相信他们看到的孔子思想，不是不合时宜的东西，而是其中具有普遍性的东西。这种具有普遍性的东西也构成了我们今天儒学现代化的问题。刚才很多老师都提到轴心时代的观念，我们看到，无论是雅斯贝尔斯还是其他的学者，在为了解决生存问题的时候，都是站在其所在时代的角度去理解古代的。那古代有没有一个中心，有没有一个原教旨的东西？这是很值得怀疑的。按照解释学的观点，只有讲究平等、多元，我们现在跟外界的沟通才有了一个依据，同时我们把儒学在生活哲学层面怎么指导我们当下的生活，不仅是指导我们在座的各位专家,同时要指导我们青年一代人,让他们的生活真正受到儒家思想的涵养。我们能够做一个温和的文明的人。这与放之全球而皆是的价值是不冲突的,比如说平等、自由、民主。我觉得中国台湾和日本做得非常好,他们会有一些儒家文化所流传下来的温和,那种温和是可以跟法制、秩序对接的。所以我们可以看到儒学是有未来的,但是这个未来就像刚才张老师提出的,我们应当截取它的某一部分并且进行有效的现代性转化,而不是我们选一门经学的课程,最后只有几个人在听。我觉得这是儒学应该思考的一个很大的问题。

还有刚才张明老师提到,儒学为什么会被抛弃。他提到西方文化主动侵略的问题,我觉得,如果我们抛开革命史的观念,重新去看鸦片战争,我们会看到一个很有趣的现象:直到第一次鸦片战争结束了,我们的道光皇帝还不知道英国在哪里。第一次鸦片战争从酝酿到爆发,有好几年的时间,甚至在之前几十年的时间内,西方的使臣都想让中国把贸易的大门打开,中国皇帝一直在拒绝。革命史的教育底色太重了。鸦片战争时发生的不仅是贸易的对接,甚至是一个资本的对接。那个时候刚发生了拉美的独立运动,造成了油荒,大量的白银流进中国,他们要和中国贸易,把白银换回去,以此换取中国更多的丝绸和茶叶。历史是很多元的。我们今天在谈这些问题的时候,可以试图尽量多元化地去看一个问题。这是我自己的一些粗见,各位见笑了。

张明:在明朝,王阳明那个时代,世界已经是一个全球化的时代,所有的航道都打通了,白银从墨西哥、日本、欧洲流到中国来。中国实际上可以称为世界上最富裕的国家,但是明朝的皇帝是中国历史上最昏庸腐朽的皇帝,这其实是政治体制导致的问题,但是有人把很多问题归结到文化上来,甚至有一些人说是王阳明导致了明朝的毁灭,殊不知真正抵抗外侮最厉害的却是王阳明那一派的学者。

舒大刚:现在时间不多了。今天我们也是取一个话题,请大家就此讨论。本来为什么建立儒学学科这个问题我是略过去了,但现在看来,对于这个问题大家关心、讨论、质疑得最多,还得继续探讨。当然,不是说我们做儒学研究的就没有思考这个问题,我们也在思考而且思考得很多。有一系列的著作,包括台湾也出过,像研究东亚儒学怎么衰落又怎样建设,已经有些思考,而且还很成熟。现在看来,抛弃传统文化,抛弃儒学,虽然实现了一定的目标,但失去的东西更多。虽然不好量化,但如果要算的话,可能是得一失九。得一,是确实为西方的理论在中国扎根扫清了障碍,这是毫无疑问的——甚至包括促进了中国的现代化。但要问的是,难道不抛弃传统文化就不能现代化了？那只是美国的一些对华不友好的学者的看法。所以“五四”以来的反传统可以说是得一失九。现在要重建儒学学科，确实是上面的人要考虑的，但是下面的人如果不考虑、不呼吁，也不行。习近平总书记说孔子和儒学是符合中国国情的，现在应当考虑如何具体去推行。

怎么具体化？我觉得首当其冲就是还它以学科的地位，让它有了地盘，有了资源，有了空间，才能够为社会做更多的事。第二个问题是怎么样建？我抛砖，引了很多玉来，大家从信仰、价值观，甚至诸子百家的层面，还有跟西学、国际化接轨的层面都提出了很多的看法和建议，这是值得深思的。但有一点我们要想，就像张新民老师说的，没有继承就没有发展。重建儒学学科，首先我们就要考虑如何继承，历史上都有些什么内容，然后哪些是符合当下需要的，哪些是可以跟国际接轨的。但话又说回来，不能说不能接轨的东西就没有价值，也许国际上还没有达到这个高度，没有意识到！像西方的启蒙运动，像伏尔泰那一批人，他一了解到东方，了解了中国，他们就觉得很了不起，超出想象。我们考虑要以怎么样的方式去对接。我们去办孔子学院，尤其是我们的张英院长，做对外汉语教学，意义很大。怎么样让世界了解我们，这是一个非常重要的话题。如何接轨？如何认识？我们今天要把儒学建成什么样子？不是照搬，而确实要涉及现代性，所以习近平总书记提出的两创非常重要。

我们以前一直在提八个字——“去其糟粕，取其精华”，今天再提也没问题，但是真正要做到谈何容易，这涉及我们的三观和方法论的问题。甚至以前我们认为是糟粕的东西，现在是精华了；说不定我们认为是精华的东西，现在又认为是糟粕了。正所谓此一时彼一时。我们以前认为是糟粕的东西，有些是解读有错，比如说儒家，对妇女到底是歧视还是尊重？当初批儒的时候就认为是歧视，因为孔子说了“唯女子与小人难养也”。其实这是一种误读，从儒家经典来看，男女只有分工，没有贵贱。《易经》说是“女主内，男主外”，但是阴阳缺一不可。以前我们是以家为单位，我们把整个家交给妇女，男的只管挣钱、挣地位，但是回到家以后，就由妇女主事。那为什么孔子说这句话？这句话是有道理的，为什么？关键怎么解读“唯”字。蜀学大家段正元解读得比较合理，说“唯女子”是唯我独尊的女子，是唯我独是的女子。这样的女子才跟小人一样难养。小人是男人当中品德最低的人，女人当中品德低的人就是“唯女子”。所以，精华与糟粕也涉及认识和解读的问题。我们今天肯定是要从儒学或者从传统文化当中挖掘符合当下的，甚至于未来前瞻性的那一部分。至于说儒学与其他的关系，这个很好解释。《汉书·艺文志》中说得很清楚，儒学跟诸子从产生的角度来说，不是同时的。

包括墨家,算诸子中产生比较早的,其产生也受惠于儒家。他先学的儒术,觉得礼仪太烦冗,天命观也不合适,后来自创一派。实际上,是先有儒家、孔子整理六经,才有诸子百家。百家争鸣是战国时期的事情,所以儒学跟其他诸子的关系,是先后的关系,同时又是包容的关系。《汉书 · 艺文志》就认为,儒学和诸子百家是殊途同归的,如果有一个贤明的君主出来,把各家都用上,就可以为天下太平服务。比如墨家管福利、民政部,法家管司法部,农家管农业部,不都挺好嘛,每一个都从不同的方面去共同实现王道。我们今天讲儒学,不是排他,这仍然是个百家争鸣、百花齐放的时代。但儒家的地位是历史形成的,不是今天有意在抬它。我们讲儒学学科建设,也是以儒为一个头儿,就像外面办孔子学院,孔子学院不都是讲孔子,甚至不讲孔子,而是整个中国文化都来讲。儒学是一个标志,在外部,孔子是中国文化的一个标志;在内部,儒学是中国文化的标志。总之,今天我抛砖引玉,引了很多的玉,感谢大家!

中国儒学学科建设暨教材编纂座谈会实录(一)

杜春雷　整理

时　间: 2016 年 6 月 11 日

地　点: 四川大学国际儒学研究院、复性书院

嘉　宾: 刘学智,陕西师范大学教授、陕西省中国哲学史学会会长

朱汉民,湖南大学教授、岳麓书院国学研究院院长

王钧林,山东师范大学教授、《孔子研究》主编

颜炳罡,山东大学教授、儒学高等研究院副院长

詹海云,台湾元智大学教授、四川大学特聘教授

舒大刚,四川大学教授、国际儒学研究院院长

郭　齐,四川大学教授、国际儒学研究院学术委员会主任

杨世文,四川大学教授、国际儒学研究院副院长

尹　波,四川大学教授、国际儒学研究院副院长

彭　华,四川大学国际儒学研究院副秘书长

尹波: 我们这场会议是中国儒学学科建设暨教材编写座谈会。首先我们进入第一个议程,由舒大刚教授做整体规划说明。

舒大刚: 各位先生,各位同学,整个计划详见《中国儒学学科建设暨教材编撰规划》,这个话题我就不多说了,补了一个《编写说明》。这个工作 2010 年的时候我们已经推动过,其已被列为国家课题,国家社科基金也把它作为重大招标项目。后来也有中标的单位,但是没有围绕学科建设、教材编写这两个主题来做。所以我们现在是 6 年之后再来重提这个话题,得到了 5 位先生非常热烈、非常有力的推动。这里,我们抛砖引玉地提出了一个计划,这个计划已经通过电子邮件征求了各位先生的意见。

整个的学科建设需要来自两方面的力量，其中之一就是国家要承认儒学是个学科。以前经学这个学科是很大的，但到了民国初年它却被废弃了，经学和儒学不再作为一个学科而存在，只是在文史哲或者其他学科下面进行一些附带性的研究。由于学科不存在了，那么教材也就没有系统性，儒学有哪些知识点，有哪些技能，都没有得到规范性的设计。同时，尽管现在我们培养了很多儒学人才，但由于大家的知识水平不一样，在儒学知识的掌握、基本技能的应用上，都是五花八门。所以现在越来越感觉到，建设儒学学科的整体性以及教材的系统性已是迫在眉睫、刻不容缓。

接下来，我将对中国儒学学科建设的计划做个简要的说明。

第一，宗旨。这个计划的宗旨就是适应时代的需求，重建儒学学科，促进创造性转化和创新性发展，凝结文化核心。这一点是特别重要的，尤其是前不久习总书记组织召开了哲学社会科学座谈会，提出了很多新的东西。最突出的一个感受就是习总书记非常希望中国的哲学社会科学工作者能创建中国自己特色的，有中国特色、中国风格、中国气派的学科。同时，他又提出要有中国的学科体系、学术体系、话语体系。这就为我们今天重建儒学学科，重新编纂儒学教材提供了非常好的一个时机，这是一个大背景。

改革开放以来，我们对儒学已经进行了三十多年的研究，也到了系统总结、归纳规范这样一个时期了。30 年是“一世”，这一世的发展非常重要，现在应该继承这一份成果，使其进入一个新的形态。

第二，工作任务。我把它归纳为几句话：一个是要探讨儒学学科的体系，儒学学科体系到底是怎样的，需要继续探讨。当然，现在像“儒学概论”“儒学通论”这样的书很多，但大多数都被写成了思想史。所以我们现在在考虑，从学科建设的角度，儒学应该包括哪些内涵。这是第一个任务。第二个任务就是研究儒学的学术体系，包括很多的学术构成。第三个任务，重构儒学话语体系，现在很多人讲儒学还是用西方的话语体系来解构儒学，这样是不是符合儒学本来的面目，还需要继续探讨。第四个任务就是编撰儒学系列教材，教材编得出来才能够培养知识全面、基础扎实的儒学人才，而不是把儒学仅仅当成写论文的一个对象。

第三，具体步骤。整个教材分为基础通论、专经研读、专题研究、特色创新等部分。尤其是基础通论——从事儒学人才培养，基础知识是必须要具备的。专经研读就是每一部经或者每一类经要有导读。专题研究，要求对儒学和其他文化专题要有一些研究。特色创新，就是结合各个地方、时段的，有特色的系列专题课和专门教材。不过，作为整体推动，首先应该集中精力启动“八通”，即八个基础性通论教材的撰稿，通过编写“八通”，确立儒学教育的基础教育和通识教育的体系，以后再陆续推动其他各个部分教材的编写。这是初步设想，如果条件成熟，其他资源也具备，那其他工作能够齐头并进，也未尝不可。

第四，组织与形式。我们想先成立一个儒学教材编委会，就由今天到会的几位先生共同发起，然后轮流承担召集人，分别负责西北、华中、华南、华北、华东还有西南片区的联络和组稿工作。我们准备请一些热心人，学识、威望还有组织能力都足够大的人来负责各片区的召集和组稿。编委会可以设立一个常设机构——秘书处，负责平时资料信息的收集，秘书处初步计划设立在四川大学国际儒学研究院，定期编发儒学教材编撰的通讯，及时沟通交流，互通信息，先以这样一个方式进行民间的学术交流和促进。

对于每一个通论、每一册，也有个初步的设想，可以设主编一至二人，由发起单位推荐人员，或者就由今天参会的各位先生承担；设副主编若干，根据需要设定人数，由参加的院校推荐人选承担。因为要在各个学校使用这些教材，在座的各位发起人要承担各册的学术把关和最终审稿，最终的稿子能不能提交出版社，需要先生们来签发。专经、专题各卷，可以由个人或者合作完成，发起人承担审稿工作。具体有哪些通论、哪些专经、哪些专题、哪些特色，我们在中国儒学教材计划讨论提纲里提出来了，在此不再重复。整个教材的编写，规划体例统一制定，由编委会共同商定，分头组织实施，统一规格出版。是不是由同一家出版社出版，可以再讨论。对这个有出版兴趣的有好几家出版社，像中华书局、商务印书馆、上海古籍出版社，还有福建人民出版社以及广西师大出版社等地方出版社，他们都有兴趣。还有大学的出版社，感兴趣的也有很多。以后可以择优选择。整个体例和计划我们是统一的，任务有分工，体系要完整，体例需统一，分量要适中，各册都是教材体系的组成部分，不可分割。当然，我们提供的编撰计划可能还未尽完善，也可以有补充。我们还有现成的稿子，例如纳通儒学征文就有现成的稿子可以投稿，只要通过编委会的审查，我们也可以纳入。

第五，责权。除了第四条规定各位发起人要把关外，所有的撰稿者都有署名权和取得报酬的权利。首先，出版物由编委会统筹安排，以便以后统一宣传和推广，并依法享有十年的出版权利，这也是为了形成气候，方便整体地推出去。审稿经费由编委会筹集。我们也提出了字数的设想和稿酬标准，基本想法就是要保护撰稿者的基本权益，无论最终有没有出版，只要我们审稿过关，都有应得的稿费；以后如果有再版，发行量很大，还有版税。这是最初的设想。

最后一点，我们的计划或有疏漏之处，可以再议，各位老师还有同学们都可以提出建议。整个中国儒学教材计划制订过程中，朱汉民先生、刘学智先生、王钧林先生还有颜炳罡先生，都提出了很好的建议和意见，先前是函评、函议，今天我们首次把大家聚到一起进行座谈。通过这个会议，要形成一个纪要，希望会务组及时整理录音。我们要编发第一期通讯，各位先生审查完了再正式编印，以后可以作为下一步教材编稿、出版和推广的重要依据。

整个儒学教材计划，已经发给了各位先生，第一期计划是“八通”和“经典研读”。

“八通”就是八个通论性质的教材，包括儒学思想、儒学经典、儒学文献、儒学历史、儒学文化、儒学与东亚文化、儒学与西方世界还有儒学与当代社会，是不是还有没考虑到的，大家可以提出来。经典研读是考虑到儒家是以经典阐释、经典推广和经典研究作为基本内涵，所以我们提出要编儒学经典的研读，包括《论语》研读、《孟子》研读、《大学·中庸》研读、《孝经》研读（包括《忠经》《女孝经》《孝经演义》的研读）、《易经》研读、《书经》研读、《诗经》研读、三《礼》、三《传》、《荀子》《尔雅·说文》、儒学诗文以及出土文献，等等，也许还有更重要的文献没有列进来，大家可以提。这是第一期想启动的。

第二期是专题研究，包括儒学与史学、儒学与子学、儒学与文学、儒学与科学、儒学与军事、儒学与经济、儒学与宗教。这个经济是经邦济国的意思，也包括今天说的经济。这是专题。

另外，就是儒学的特色和创新的研究，关系到一些地域文化，像齐学与鲁学、关学、蜀学、洛学、闽学、浙学、徽学，还有湘学，还有常州学派、扬州学派，等等。还有没列进来的，可以继续补充。参加教材编纂的大学正在增加，今天到场的五个大学可以作为五个发起单位，其他东南西北中各个地方的大学，我们还在继续邀请。这里要做一个说明，武汉大学郭齐勇先生，我们也跟他联系了，但由于我们安排的这个座谈会的时间是在假期，他说非常抱歉来不了，但他对这个工作很支持，同时又表示以前他确实没有考虑把儒学整个作为一个学科来进行建设，因为一直提的是国学，但他对这个工作很支持。他预祝我们这个座谈会取得圆满成功，也向各位到会的先生表示慰问。我做的说明就到此为止，谢谢大家。

尹波：谢谢舒教授，下面我们有请杨世文教授介绍现有的提纲。

杨世文：尊敬的各位专家、各位朋友们，大家上午好。受舒大刚教授的委托，我简要把儒学教材提纲介绍一下。关于儒学教材的编纂，舒教授和我、彭华教授，还有尹老师，几年来都在商议这个事情，但一直条件不成熟，虽然一直在思考怎么做，但一直没有正式启动。所以舒老师叫我把这个提纲介绍一下,我觉得诚惶诚恐。我们这个儒学教材要完成这么几个任务,一是要把儒学学科的体系建立起来,另外关于中国儒学的学术体系和话语体系,希望这些内容能够在大纲里面反映出来。我们现在发在各位专家手上的大纲有四个,有一个是我草拟的,有两个是舒老师草拟的,还有一个是彭华教授草拟的,但这些都只是一个草稿,并不意味着我们就要承担这几种。因为这些大纲还不成熟,希望各位专家能提出更好的方案来共同建设。

我草拟的《儒学文化概论》,想反映三个方面的内容:第一,儒学文化的特征、儒学文化的内涵、儒学文化的结构。第二,儒学对中国文化方方面面的影响,比如对中国传统教育的影响,对传统选举制度的影响,对传统政治的影响,对经济的影响,对法律的影响,等等。通过这个大纲,我想大致能把这些基本内容反映出来。第三,儒学文化在中国文化中的核心地位。为了反映这三个方面的内容,我在《儒学文化概论》中草拟了十九个专题,并罗列了一些细目,有些可能还值得商榷。我想在每个专题后面再附录一些参考文献或者原始材料,包括经典中的一些内容,以及古经一些重要的论述。对于阅读者来说,这可以为他们提供一些方便。我在草拟了这十九个专题后,不免有很多困惑:这十九个专题是否能涵盖儒学的主要内容?它们的结构安排是不是合理、恰当?另外,附录部分(附录的原始文献和参考资料)的分量如何把握?是不是会喧宾夺主?这些问题都还没有清晰的答案。因为这个大纲只是一个草案,不是定稿和标准,所以提出来供各位专家批评指正,看能不能提出一个更好的方案。还有我们教材的读者群问题,读者群是本科生还是研究生?写给本科生看就要浅显一点,写给研究生看就还要深入一点,教材的定位还需要进一步讨论。《儒学文献概论》是舒老师草拟的,他的这个体系是比较完善的;还有《儒学历史通览》,这也是舒老师草拟的;另外《儒家思想导论》是彭华教授草拟的。这些都是已经加以讨论的一些草稿,主要是希望听各位专家的意见,我就简单地介绍到这里。

舒大刚:我做下补充。第一,就像杨教授刚提到的,这是几年前我们就基本形成了的提纲。这些年我们编《儒藏》的同时要考虑儒学文献方面的情况,所以在儒学文献教材编纂方面比较熟悉一点。我们会务组摆在前面小桌子上的,基本上是儒家文献、经典的研究成果。同时,我们还承担过一套贵州省国学教材读本的编写。这些年来,我们从文献整理、专经研究的角度,做了一些工作,但还需要从整体上对儒学文化、儒学历史、儒家思想等做更加深入系统的研究,所以现在提出来的东西肯定还不完善。

第二,同时要说明,杨老师刚才也说了,并不是说我们提出这个就一定只能是川大学人把它编出来,如果大家觉得有一些成果用得上,可以将之作为基础,我们也一点都不会拒绝,希望能吸纳更多人来参加,尤其是需要各位先生贡献智慧。

第三,我们同时提交了一个干部儒学读本。这个计划国际儒联说了很多年,想编一个为干部普及儒学知识的读本,前不久中国人民大学出版社已经出版一种《干部儒学读本》,儒联看后觉得再编一个也无妨,所以专门把我叫去开了一个会,有他们的秘书长、副秘书长还有几位学者参加。北京的学人当初也准备编这个,但他们的课题太多、任务太重,所以推动比较慢,所以儒联希望我们地方学校、学者能承担。这里我们也拟了一个提纲,也请各位先生审查,他们提了很多要求,一个最集中的要求就是要讲明儒学能不能为治国理政服务,历史上是怎样为治国理政服务的。这是我提的第三个补充,请各位先生审查,如果今天的时间不够,可以带回去再以电话和函件的方式交流。我就做这几点补充。

尹波: 谢谢舒老师,下面希望各位专家各抒己见,按年龄顺序,有请刘老师先讲。

刘学智: 各位老师、同学,看到舒老师的提纲,我的第一个感觉就是舒老师每次都走在前面。我没想到的,他都想到了,这体现了他的前沿和扎实,对此我很有感触。当然,这个提纲的设想,我认为不是一时心血来潮,这是舒老师和古籍所各位同仁在多年文献整理研究基础上的必然趋势,也适应了当代儒家思想在国内发展的需要。我首先要感谢舒老师和古籍所的同仁们,这么短的时间内已经有这么一个思考得相当成熟的纲要和基础,我觉得很好。当时看到后我还没有仔细思考,舒老师向我征求意见,我也没有提出具体的意见,现在我看到这个文字的内容,也还没来得及做深入的思考,下面仅简单说一下自己的想法。

我觉得这个框架体系还是比较合理的,因为我一直没有思考儒学作为一个学科体系、知识体系和思想学术体系的问题,这对我很有启发。我还仅仅停留在儒学只是中国古代的一个学派,在中国古代影响非常大,对弘扬中国传统文化非常重要等认识上,但没有提高到学科体系建立这样一个高度上来。确实,现在好像到了一个必须解决的节点上,儒学要进一步深入发展,确实需要解决学科体系的问题、学术体系的问题和儒学话语体系的问题,这也必然需要一些儒学系列的教材,要培养相应的人才。这样,问题一步一步地就都提出来了,所以我说舒老师很有前瞻性,我都没想到,他就已经把这个提出来了,我很敬佩。大体的框架,就是舒老师刚才讲的组织、结构,我很赞同。下面我觉得还有几个问题要再深入思考一下。

一是刚才世文老师也提到的定位问题。所编教材是高端学术性的,还是通俗性的？高端学术性的现在出得也非常多，但确实没有把它作为一个完整的体系来思考，所以做进一步的工作有其必要性；通俗性的也很多，包括适用于部读的，适用民间读的，还有适用儿童读的。我们教材的定位，高端学术性与通俗普及性之间如何处理，我还没有想清楚。如果是一个高端学术性的东西，普及性就会差一些；如果普及性太强，作为学科体系建设就比较难。这个关系怎么处理，我还没有考虑清楚。

二是思想内容交叉的问题。比如儒家经典通论和儒家文献概论，文献当然包括经典，经典也涉及文献问题，这两个如何处理？还有儒学文化和儒家思想也有交叉，有交叉就会导致一些重复，细化的时候可能需要进一步考虑。

三是规模问题。这和定位有关系，如果是通俗性的，规模就不能太大，给一般民众和干部一部太厚的东西，读起来就比较困难；但如果写得太薄，学术性就不行，很多内容展不开，这也是一个问题。教材字数现在定的大概是四十到五十万字，有些是二十到四十万字，等定位问题解决了，这个问题应该就迎刃而解了。

确定下来之后，要分步骤地实施，选人是非常重要的，既要有学术水准，还要有一定的时间，所以在人选方面还是一个很大的问题。所以我觉得范围还是放宽一些，在全国范围内来选拔、选择。作为我来讲，我想我们可以从西北的角度尽可能地去挖掘这方面的人才，积极支持这项工作。尽管手里的事情较多，但是我觉得这项工作非常的有意义，是到了现在应该做的时候了。所以我个人表态，会积极支持配合这项工作。

朱汉民：首先表示感谢，舒老师和川大古籍所邀请我们一起参加儒学学科建设与教材编纂这个无论是从学术史角度还是从中国传统文化建设角度都非常重大的工作，能够参与其中我感到非常荣幸。我想讲两点，这次会议讨论的一个是学科建设，一个是教材编写，这两个问题是相互关联的。

首先是学科建设。舒老师一边埋头做文献整理，一边站在宏观的角度思考一些重大的问题，我觉得这个结构是非常好的。所以在几年前，我知道国家有关于儒学学科重大招标的时候，心里还非常的高兴，但是不知道怎么回事最后没有完成，但这确实是个非常重要的事情。关于儒学学科，舒老师和古籍所的同仁们一直都在研究，而在学界，更多的关注是在国学领域。我也参加过几次国学学科建设的座谈会，我们院里也召开过座谈会，还和林庆彰先生讨论过这个问题。另外，也参加了历史学教学指导委员会关于国学学科到底该怎样建设的讨论。现在我们重提儒学学科建设的问题，是非常及时的，我们的党和国家领导人要求建设中国自身的学科体系包括话语体系，这就是我们经常讲的中国文化主体性重建的问题。主体性重建，除了一些价值问题外，还有一个很重要，就是在知识领域最实际的学科建设，一种知识体系能不能够进入国家整个的教育体系。大家知道，近代以来的晚清新政，最大的影响就是大学的改革以及整个知识体系的变革。儒学学科作为一个传统学科，要想进入现代的学科体系中，一方面要恢复传统儒学的基本构架，另一方面也要具有当下时代的特点。这确实是一个非常重要的事情，我认为我自己也应该全力参与配合到这个事情中来。所以对于儒学学科建设，我个人是非常赞同的。至于最后能不能成，我们自己要先做，如果事情做成熟了，能够进入国家正式的国民教育体制中去，当然很好；即使进不去，社会的实际需求也仍然很大，可以在大学里进行通识教育，在社会上进行各种文化素质教育。所以不管最后结果怎样，我们应该把握这个“理”和“势”——今天恢复重建儒学学科，既合理又得势。

另外我也有一个策略性的建议：当我们讲儒学学科时，不要就说到国学学科上去了，我就讲儒学，不用来做这样一种对应。国学学科如果经过大家努力能够进入学科门类，我想儒学就应该成为国学的第一个一级学科，儒学应该是国学中最重要、最核心的一门学科。所以我们今天来讨论恢复儒学学科的问题，确实非常重要。我认为我们还可以扩大一些宣传的力度，让它成为从事中国传统文化教育者的一个共识，这样的话力量就越来越大，我们希望推动更多的人一起来做这个事情。

第二，关于教材体系。当看到这个教材编写计划时，我非常感动。我认为这是一个非常不容易的事情，考虑得非常周全。当我们讲到学科的时候，心中就是哲学、文学、政治学、法学等这些西学学科，我们中国传统有一套自身的知识体系，那么如何处理好这二者之间的关系？当然，我们不能够完全按照传统学科已经划定的框架来做。这个计划把它分成通识教育、专经、专题的研究，我认为整个设想考虑得非常全面，应该说是一个可行的方案。当然具体的细节，比如“八通”里面哪些需要补充，哪些可以合并，它们之间交叉的问题怎么处理，这些可以再讨论，但是我认为这个方案大体上还是可行的：它很好地体现了儒学的特点，可以让一个具有基本文化素质的人进入儒学的学习体系当中，所以我认为这个体系的划定是比较好的。再就是层次的问题。层次问题确实比较难把握，作为一个层次，通识教育至少应该考虑大学本科。我认为这套教材应该定位在本科教学，像一些专经、专题的教育应该考虑放在大学的三、四年级甚至是硕士生和博士生教育当中。我认为最难的就是第一个层次通识教育，因为这么多年来，大家在专题研究方面做得非常深入了，已经有一些现成的成果，但是通识教育现在还没有一个普遍的、得到大家认同的成果。所以这个教材的编写难度是非常大的：一方面,它要有学术的权威性;另一方面,它要适应刚刚进入儒学领域的人的水平。所以,这个尺度的把握是很难的。我觉得通识教材是我们应该重点抓的一块。另外,组织、责权问题还需要进一步讨论、完善和落实,所以下一步我们还有非常多的工作要做。我也非常赞成秘书处设在川大,川大古籍所的同仁们已经做了大量的工作,已经在这个领域思考了多年,班子也很齐备,所以我想我们几个大学应该和川大古籍所联合起来,共同承担这样的工作。谢谢大家!

王钧林:首先非常感谢舒大刚教授邀请我参加这个会,建设儒学学科这个事情我是非常赞同和支持的,昨天晚上我大致翻了一下材料,感觉非常振奋。我们今天开这个“儒学学科建设和教材编写”的会议,如果把它做成功,应该是当代中国儒学发展史、当代中国学术发展史以及中国教育发展史的一个非常重要的事件,因为它建设了一门学科,编写了一套教材,而且儒学学科的意义在于它最能反映我们优秀的传统文化,也最能反映中华民族的民族精神,这个意义非同寻常。

我想大致谈两点。第一点,谈谈我对儒学学科建设的认识。我认为现在我们来倡导建设儒学学科,确实适应了时代的需要,是大势所趋。习总书记希望从事哲学社会科学的工作者和传统文化的研究者要建设我们自己的学科体系、学术体系和话语体系,建设学科体系就要着重建设有中国特色的学科体系。现在的学科体系基本上是从西方引进的,自然也有它的合理性,但从民国时期废除学校读经开始,我们传统的经学、儒学在教育体系中已经基本没有位置了,这是不合理的。经学和儒学是中国传统文化、传统精神最主要最核心的载体,但现在在我们的教育中已经不存在了。所以我们今天要重建儒学学科的意义是非常大的。

不过,重建儒学学科有一个定位的问题,怎么对它进行定位呢?我想从两个方面来讲,如果我们重建了儒学学科,那么它面对的对象是哪个层次的?我们可以说它面向中学生,也就是说在中学就应该有这个学科。台湾有套教材叫《中华文化基本教材》,这个教材主要收纳“四书”,可以说就是台湾中学儒学教育的教材。而我们今天所讨论的这个教材应该是主要面对大学生的,是儒学学科的高等教育教材。我觉得不妨再把这个教材往下延伸一下,再编一套适合于中学生的教材,这是第一个定位。第二个定位,就是儒学学科应该是怎样的一种定位?我觉得,应该从儒学学科的学科体系这个角度来考虑。我们对于儒学学科的定位不应该是二级学科或者三级学科,而应该是一级学科。有了一级学科的定位,我们就应该考虑根据儒学学科体系,它的二级学科、三级学科都应该有哪些。比如说,儒学如果成为一个一级学科，那么经学就应该是它下面的一个二级学科，经学之下像“诗（经）学”“尚书学”“易学”等就应该成为经学这个二级学科之下的三级学科。如果是这样的话，那么一级学科、二级学科、三级学科的学科体系就是很完备的，那我们的这套教材就应该相应的与这些学科相契合——一级学科、二级学科、三级学科都应该有自己的相关教材，这样学科和教材就是相对应的。另外，这套教材会比较准确地反映儒学的话语体系，我们也可以根据现代的学科分类体系来对儒学进行分科研究，比如说儒家哲学、儒家伦理学，等等。我认为我们的儒学学科应该从中国传统的话语体系，按照我们传统的学科分类来进行研究，最大限度地凸显我们传统的话语体系。

第二点，我想谈谈对教材的具体意见。教材计划中有“八通”“十三读”，作为儒学教材的第一批，我觉得这样设计非常好。当然，后来的第二批、第三批可以有进一步的不同。我觉得，经学作为第二批或者第三批教材之一，应该予以考虑。在儒学发展史上，宋明理学也是非常重要的，我们似乎也可以考虑有理学方面的教材。还有现代新儒学，作为儒学的第三期发展，反映了传统儒学向现代儒学转化的过程，在整个儒学发展史上颇为重要，所以相应的教材也应该有。除了经学、理学、现代新儒学之外，还有传统的汉学或者考据学，也应该考虑有一套教材。另外还有“小学”，比如说文字、音韵、训诂、目录、校勘、辑佚，等等，这些内容看是否也应该在教材当中反映一下。

我看了大纲草案，对《儒学文化概论》有一定的兴趣。我在想，“儒家文化”和“儒学”怎么区分？恐怕这还需要再进一步的讨论。这个大纲草案所涉及的内容非常丰富，除了前面讲到的儒家文化与儒学的区分，还有儒家文化的特点。除了这两章之外，还有教育、选举、政治、法律、经济、科学、信仰。实际上在我看来，这七个部分每一个部分都可以写一本教材，甚至一个部分和另一个部分还有很多重合。所以《儒学文化概论》怎么来处理也是个问题，有些我认为应该有的这里面没有，比如儒家倡导的在社会上最流行的一些理念，像“仁、义、礼、智、信”，是中国传统社会的核心价值观，从汉代一直到明清延续了两千多年，这些价值观为整个社会成员共同认可和接受，无论对哪个阶层影响都非常大，在教材中应该有所体现。第二，儒家通过推行社会教化在全社会移风易俗的内容，也应该有。第三，法律和社会制度层面的东西也应该有。所以就这套教材在内容上的调整还需要进一步的研究。我大体先谈到这里。

颜炳罡：首先感谢舒大刚教授和我们古籍所的全体老师、同学。四川和山东有着非常密切的关联，我曾经提过一个人物叫于腾，山东兰陵人，做过四川宜宾知县、铜梁知县,后来官至代理成都知府。山东淄川人王培荀写过一部书叫《听雨楼随笔》,专门记载了四川的风土人情,写了当时山东人在四川做官的和官二代在四川所写的大量诗歌。在我们老家那个地方经常听到一首曲子叫《跑四川》,山东人老是往两个地方走,一个是闯关东,一个是跑四川——闯关东的是穷人;跑四川的有两种人,一个是做官的,一个是经商的。《跑四川》这首曲子讲的就是一位父亲劝刚新婚的儿子要走到四川去。所以我是随着山东长辈的足迹再次来到了四川。

我非常赞同在座专家学者的建议,我觉得应该把我们今天的成果向社会发布,拟一个《中国儒学学科建设的倡议书》。现在媒体的效用非常重要也非常关键,要呼吁整个社会动起来,然后逐步得到整个社会的认可。大家知道现在马克思主义是个一级学科,设立了马克思主义学院,那么儒学能不能成为一级学科?我觉得儒学成为一个一级学科完全有条件,也完全有资格,完全合乎当下的时宜。我认为国学不可能成为一个一级学科,国学一国固有之学也,它是中国所有学问的一个综合体,它下面包含着若干个一级学科,像中国戏剧、中国医学、中国绘画、中国书法、中国茶道,何一不是国学的范围?所以国学的范围非常大,要把它设立成一级学科不切合实际。但是把中国儒学设立成一级学科我认为非常地恰当,中国儒学作为一级学科,那它下面就有二级学科、三级学科,所以我们教材的设计和编写要和学科体系的设置相一致、相统一、相协调。在这个学科设置里,必修课是什么?选修课是什么?要围绕着这样的一种学科设定来设计我们的教材。这是我想说的第一个方面。

此外,还有一个非常重要的内容,就是我们现代的学科设计和传统的学科体系应该相衔接。今天,我们的学科设计完全是按照西方的标准,西方有的学科我们才敢有,西方没有的学科我们不敢有,这就导致了对西方文化的迷信,完全没有了对己方文化的自信。这种自信心的失落导致了我刚才所说的结果:只要西方一有我们就奉若神明,我们中国自己发展了几千年的学科,只是因为西方没有,我们就绝对不敢有。有一次我到韩国去,韩国有一个圣山孝道大学,他们的校长告诉说,全世界只有他们那个地方有孝学科,在那里孝学科可以设置,可以培养硕士、博士!孝学在哪里?我们的《孝经》啊!《孝经》不就是我们的孝学吗?我们中国人就不敢有,韩国人就敢有!现在,四川大学有国际儒学研究院,山东大学也有国际儒学高等研究院。我想我们能不能这样:把“研究”两个字去掉,我们建设中国儒学学科的一个目标就是把“研究”去掉,就叫四川大学儒学院、山东大学儒学院,作为一个一级学科就应该有一个学院存在。它存在的意义是什么呢?我想它有一个非常重要的使命,基督教的神学院培养了基督教的神学家和传教士,中国的佛学院培养了中国的佛学理论研究者和佛学的信众、信徒,中国的道学院也在培养人才,我们儒学院为什么就不能培养中国文化的传承者、中国文化的爱好者?我们现在有一个很重要的主题就是“中华文化,薪火相传,世代相守”,这是最近习总书记在哲学社会科学座谈会上说的,又要“推陈出新,与时俱进”。既然要“薪火相传,世代相守”,那么谁来传,谁来守?儒家文化是中国文化的主体,这种观点很少有人否定,或者说这种观点应该是学术界的共识,这就需要我们培养“薪火相传,世代相守”,同时能够“推陈出新,与时俱进”的学人。所以我认为,儒学学科的设定在今天是恰逢其时,落在我们这代人身上,我们最起码应该提出这样的观念。就像《儒藏》的编纂一样,《儒藏》的构想实际上在明清时期就有人提出来了,那我们现代人就可以把它完成。我们今天提出儒学学科建设,在我们这一代人的时候也许进不了高校,不要紧,我们提出来了,我们把学科的层次设计好了,我们把教材编出来了,也许若干代之后,我们的学生乃至我们学生的学生他们能够完成这件事。

第三,就是在教材设定上,我们既要借鉴西方的学科分类,西方思考问题的模式,还要尤其注重发掘我们传统的学科、传统的观念、传统的范畴的延续与传承。大家都知道孔门有“四科”:德行、言语、政事、文学。这“四科”相对应的是什么呢?后来很多人都提出,“德行”就相当于义理之学,我们不把它叫作哲学,也不把它叫作思想,而是把它叫作义理,那“中国儒家义理学”这个名字不就很好吗?“言语”就是词章。那“政事”就相当于我们今天的政治学、经济学、管理学。“文学”就是历史文献学,包含着今天的儒家文献学,也包含着今天的考据学,也包含着“小学”。所以我觉得我们今天设定我们的学科体系,应该从我们有根有源的传统学科体系,尤其是儒家学科的分类中找到根据,这样的学科设定才更符合中国的传统。对于教材,我觉得大家都用了很多心思,做了很多工作,对于古籍所的同仁做的大量的工作我非常的钦佩,但今天我们还不是给大家唱颂歌的时候,我们更重要的任务是提意见,意见提得越尖锐也许对我们以后工作的完成更有意义。我就说到这里,谢谢大家!

舒大刚:非常感谢几位先生的意见,很多意见可谓醍醐灌顶。我们当初考虑得平面化了,确实需要整体地、更为宏观地来谋划。我们会把今天的意见综合,尽快整理,考虑一个新的方案出来,再传给各位先生具体推动。让我们再次以热烈的掌声对几位先生的发言和高屋建瓴的指导表示衷心感谢!

中国儒学学科建设暨教材编纂座谈会实录(二)

杜春雷　整理

时　间: 2017 年 3 月 5 日

地　点: 四川大学文科楼复性书院

主持人: 尹　波,四川大学教授、国际儒学研究院副院长

嘉　宾: 刘学智,陕西师范大学教授、陕西省中国哲学史学会会长

朱汉民,湖南大学教授、岳麓书院国学研究院院长

王钧林,山东师范大学教授、《孔子研究》主编

颜炳罡,山东大学教授、儒学高等研究院副院长

王瑞来,日本学习院大学教授、四川大学讲座教授

舒大刚,四川大学教授、国际儒学研究院院长

郭　齐,四川大学教授、国际儒学研究院学术委员会主任

杨世文,四川大学教授、国际儒学研究院副院长

彭　华,四川大学教授、国际儒学研究院副秘书长

许　宁,陕西师范大学教授

陆永胜,贵阳学院教授

潘　斌,西南财经大学副教授

李东峰,曲阜师范大学讲师

李晓宇,四川大学讲师

刘　泉,陕西师范大学博士后

尹波: 各位先生,大家下午好,我们今天下午的会议现在开始。今天下午的会议是中国儒学教材编撰与出版规划座谈会。首先我们请舒大刚教授对这套教材的整体规划做一下简要的说明。

舒大刚： 各位先生，大家好。我这里做一个简单的说明，我们这个会的全称叫"中国儒学学科建设暨教材编撰"。关于儒学学科恢复和重建的意义，我们在去年 6 月做了比较多的讨论，后来经过媒体报道，也引起了很多人的关注与参与，提出了许多或正面或反面的意见，我们把这些讨论都汇集起来了。所以今天的会，意义价值这一块儿我们就不多说了，重点要谈的是如何来建儒学学科，如何编撰教材。我这里做一个大致的说明，今天到会的几位专家都有非常深入的思考，待会儿请各位发表高见。这个议题涉及两个问题：一是儒学作为一个学科，包括哪些内涵？作为一种学术，它又有怎样的体系？二是作为一个培养人的专业，它需要什么样的教材？

大家都知道，儒学是中国传统学术中最有体系也最具影响力的学术。儒学既是指导中国社会发展的正统思想和实践伦理，也是具有系统理论、丰富内涵的经典之学、文化之学。我们无论是认识中国，还是研究世界；无论是研究历史，还是服务现实；无论是探讨理论，还是躬行实践，都应高度重视儒学。很高兴，儒学和国学也是这次两会的一个重要的话题。近代以来，我们救亡图存的任务很迫切，使得大家对传统学术，尤其是以儒学为代表的思想文化进行了深刻的反省，但这种反省采取了决绝、抛弃，甚至仇视、污蔑的方式，兴起了"打倒孔家店""反传统文化"的运动和思潮。尤其是民国初年废除"经学"学科，就使得传统儒学在教育领域整体的被请出了历史舞台。所以这一百多年来，儒学到底有什么，包括哪些内涵，该怎么去培养，怎样来发展，都成了一个未知数。

改革开放之后，儒学重新得到关注，正常的学术研究和教学活动逐渐兴起，现代儒学进入了一个新的发展阶段。但是由于儒学长期缺乏制度保障，缺乏学科建设和教材建设的成果，各地区、各学校进行的儒学研究、普及与人才培养，都处于各自为政、各行其是的自发阶段。教授们都是在自己所熟悉的领域对学生进行培养，比如说从哲学、从历史、从语言或者从文献入手，各自从不同的角度来培养，远未形成有组织、有计划、有阵地的学术传播，也未形成有系统、有规模、有标准的人才培养。这样一来就难免造成人才培养的散漫性，导致了知识传授的片面性、人才衡量的不规范性。这不仅事关儒学传统的继承问题，更影响了儒学人才培养的质量，最终还必然会影响儒学的现代复兴和发展！所以从这个角度来看，我们要弘扬传统文化，首先就是对儒学的弘扬。那么儒学怎么弘扬？就要从它的学科建设着手，尤其是从它的教材编撰切入。

今天我们讨论儒学学科的建设，就涉及它怎样生根，往何处建，往哪里报户口的问题。这个问题我们在上次讨论的时候大家差不多形成了一个共识，就是大家都认同儒学作为一个一级学科是必要的。但问题是，把儒学一级学科放在现有的十三大学科门类中都不太合适。儒学应该建在新的第十四大门类——国学或者说古典学门类中。如果这个门类不存在，也可以有权宜之计，在哲学、历史学、文学下勉勉强强地作为一个一级学科，但还是从属于独立门类要好建立一点儿。

在一级学科下面，还涉及二级学科和三级学科，也就是涉及它的学科体系的问题。上一次的讨论，我们也涉及了这个话题，但是没有深入下去。当时大家认为可以在儒学一级学科下面根据孔门“四科”与后世儒学发展的实际，设立几个大的二级学科。包括“经学”（《论语》称“文学”）、“德行”（修身，即《庄子》所谓“内圣”之学）、“政事”（经济之术，即《庄子》“外王”之学）、“义理”（理论、思想）、“辞章与考据”（《论语》称“言语”，修辞、逻辑、论辩，可兼目录、小学、校雠、训诂等）五个二级学科。

附：儒学二级学科设置表：

“经学”（《论语》称“文学”）

“德行”（修身，即《庄子》所谓“内圣”之学）

“政事”（经济之术，即《庄子》“外王”之学）

“义理”（理论、思想）

“辞章与考据”（《论语》称“言语”，修辞、逻辑、论辩，可兼目录、小学、校雠、训诂等）

那么，围绕这些学科的建设，我们应该有一系列教材的编撰。编撰全面反映儒学知识体系的系列教材，整个儒学学科各专业在加强“通识教育”（约12门）的同时，还应该有自己专业的“儒学基础”教材（约8种）、“经典研读”教材（约21种），这是所有儒学的二级学科都要同时学习的，叫作学科共同课和基础课。我们研究儒学也不是狭隘地排斥其他知识，整个国学门应该有一些通识的课，包括人类文明史、中国文化史、中国历史、世界历史、哲学概论、逻辑学概论、文字音韵训诂、文献学、中国哲学、外国哲学或者马克思主义哲学、文章学、艺术学，等等，这些都可以作为国学大门类下的通识性课程。

附：“国学门”共同课表：

人类文明史

中国文化史

中国历史
世界历史
哲学概论
逻辑学概论
文字音韵训诂
文献学(含目录、版本、校勘等)
中国哲学
外国哲学(或马克思主义哲学)
文章学
艺术学
等等

就儒学这个一级学科而言,它应该有自己的学科结构和知识点。我们上一次归纳成了八个通论,包括《儒学通论》《儒学通史》《儒经通论》《儒家思想通论》《儒学文献通论》《儒家文化通论》《海外儒学通论》《儒学与当代社会通论》。这八部书可以作为儒学一级学科的八门通识性的课程教材加以讲习。前边讲的是整个国学门,国学门下边可以有儒学,也可以有道学,也可以有佛学,甚至还可能有其他的。现在我们要重点抓的是这八个儒学的通论。

附:"儒学"一级学科共同课程表:

儒学通论
儒学通史
儒经通论
儒家思想通论
儒学文献通论
儒家文化通论
海外儒学通论
儒学与当代社会通论
等等

其次,儒学是以经典教育为核心的。《汉书·艺文志》就说儒家"游文于六经之中,留意于仁义之际",所以六经教育应该是儒学教育的根基。我们规划了一套儒家经典的研读。其中分两个系列,一个是普及型的系列,就是"六书"系列(必选课),包括《孝经》研读、《大学》研读、《中庸》研读、《论语》研读、《孟子》研读、《荀子》研读。另一个是“十三经”等系列（自由选修），包括《易经》研读、《书经》研读、《诗经》研读、《周礼》研读、《仪礼》研读、《礼记》研读、《大戴礼》研读、《春秋》三传研读、《孔子集语》研读、子曰辑校研读（去掉与《论语》《集语》重复部分）、《国语》研读、《古乐经传》研读、《尔雅·说文》研读以及儒学文选研读、出土儒学文献研读，等等。

附：“经典研读”课程表：

“六书”系列（必选课）：

《孝经》研读
《大学》研读
《中庸》研读
《论语》研读
《孟子》研读
《荀子》研读

“十三经”等系列（自由选修）：

《易经》研读
《书经》研读
《诗经》研读
《周礼》研读
《仪礼》研读
《礼记》研读
《大戴礼》研读
《春秋》三传研读
《孔子集语》研读
子曰辑校研读
《国语》研读
《古乐经传》研读
《尔雅·说文》研读
儒学文选研读
出土儒学文献研读
等等

此外，儒学的内涵比较丰富，除了继承之外还有创新，所以还要涉及一些专题的研究，大致包括以下四种，专人研究（如孔子、孟子、荀子、董仲舒、二程、朱熹、王守仁等）、经典之外的其他专书研究（如《春秋繁露》《论衡》《白虎通义》《近思录》《传习录》《史记》《汉书》《资治通鉴》《黄帝内经》《史通》等）、学术流派研究（如齐鲁学、洛学、闽学、关学、蜀学、湘学、浙学等）、专题研究（如儒家美学、阐释学、家政学、女学、蒙学、乡村自治等）。这些就属于一些专题性的研究了，需要一些老师和专家来深入。

那么，作为儒学学科，我们重点要建设的是儒学通论和经典的导读。五个大的二级学科下面，可能也要设置一些专门的课程。比如“经学”专业下的专业基础课有“经学通论”“经学历史”“今古文学”“十三经注疏”“清代朴学”，“义理”专业下的专业基础课有“儒家哲学”“儒家信仰”“儒家科学观”“儒家逻辑学”“儒家与诸子”，“德行”专业下的专业基础课有“儒家德教”“儒学伦理”“儒家礼仪”“儒学与修身”“历代家训”，“辞章与考据学”专业下的专业基础课有“文字学”“音韵学”“训诂学”“诗词歌赋”“琴棋书画”，“政事”专业下的专业基础课有“儒家政治学”“儒家教化”“儒家社会学”“儒家法哲学”“儒家军事学”。这是二级学科的一个初步的设想。

我们很高兴地看到，在北京纳通医疗集团的支持下，中国政法大学国际儒学院已经出版了“儒学系列讲义”，我现在手里有赵伯雄先生《〈春秋〉经传讲义》、钱逊先生《〈论语〉讲义》、陈昇先生《〈孟子〉讲义》、陈战国先生《先秦儒学史》、林存光先生《孔子新论》、周桂钿先生《董仲舒研究》六种。据前言介绍，这套讲义还拟出版“中国儒学概论”“经学与玄学”“理学与心学”“中国儒学研究方法论”“荀子”“朱熹”“王阳明”“冯友兰”等书。作为正式打出儒学教材名号的一个读物，这当然也是一个创举，而且水平也很高。但是如果从儒学学科建设和儒学的学术体系、学科体系、话语体系来看，它还是缺乏系统性。比如说经典，这里边就没有《诗经》《乐经》和《书经》，《礼经》更没有。也就是说从系统性上来说还需要加强。今天再谈儒学学科的建设和儒学教材的编撰就要从儒学本身有什么出发。中国政法大学出版的这套书是请的这些大家来写他们研究了什么，而我们现在要考虑的是儒学本身有什么，儒学在今天的重建需要什么。需要考虑到历史的继承性和当代的创新性。

我们儒学教材计划的实施，第一个要推出来的是“八通”，就是儒学知识的八种通论。“八通”如果编成了，我们用它来培养学生，那他们获得的关于儒学的知识就会比较全面。然后是“经典导读”，如果编成了，那么学生对于儒家经典的了解就比较全面。

我们的教材编撰计划在 2016 年就已经启动了，今年要完成《儒学通论》

《儒学文献概论》《〈易经〉研读》《〈诗经〉研读》《〈周礼〉研读》《〈仪礼〉研读》《〈礼记〉研读》《〈古乐经传〉研读》《〈春秋〉三传研读》《〈孔子集语〉研读》《子曰辑校研读》《〈论语〉研读》《〈孝经〉研读》《〈大学〉研读》《〈中庸〉研读》《〈孟子〉研读》《〈国语〉研读》《关学概论》《湘学概论》（专题研究）。明年要完成《儒经概论》《儒学通史》《儒家思想》《儒家文化》《海外儒学》《儒学与当代社会》《儒家法哲学》《〈书经〉研读》《〈荀子〉研读》《〈大戴礼〉研读》《〈尔雅·说文〉研读》《出土儒学文献选读》《儒学文选》。争取两到三年内全部完成。

具体方式，我们是双管齐下。一是特别委托，特约一些研究有素的专家来写；另一个就是公开招标，纳入儒学征文奖励计划。通论部分，特约的专家目前已有北京师范大学李景林先生的《儒家哲学》；北京大学干春松先生《儒学概论》（干先生已经把他的一本书传过来）；西北大学张茂泽先生《儒家思想》（他出过多种大部头的著作，包括在人民出版社出版的《道论》）；山东大学颜炳罡先生《儒学与当代社会》（炳罡先生对现代新儒家的研究是很深的）；《儒学文献》则以四川大学师生所编三卷本《儒学文献通论》为基础。经典文献系列，则有吉林大学陈恩林先生《〈易经〉研读》和《〈春秋〉三传研读》（有关《周易》，他曾经在我们这里讲过几次，已经整理出来发给大家；《〈春秋〉三传研读》，他已经在吉林大学、东北师范大学和四川大学等学校讲过多次，包括我在吉林大学读博士的时候，也听他讲过这门课，他是钻研得很深的）；清华大学廖名春先生《〈荀子〉导读》（他的博士论文就是《〈荀子〉新探》，他出版过好几本关于荀子的著作）；《〈论语〉导读》就请湖南大学岳麓书院的肖永明先生来做；《出土儒学文献导读》到时候可能会有多个版本，因为它的内容太多了，包括廖名春先生、彭华教授（彭教授也有样稿拿出来）；还有就是韩国首尔大学郭沂先生的《〈孔子集语〉研读》《子曰辑校研读》（去掉与《论语》《集语》重复）两种（他长期从事《孔子集语》的研究，答应在中华书局原来出版的基础上进行提炼加工；还有《子曰辑校研读》，这个也是我们儒联和纳通支持的一个很重要的工程，他会把里面跟《论语》《集语》重复的部分去掉，做一个新的版本拿进来做教材）。专题地方儒学研究，目前有湖南大学岳麓书院朱汉民先生《湘学概论》（已经出了一版《通论》，他的计划是再加修订）；陕西师范大学刘学智先生《关学概论》（准备在《关学思想史》的基础上来提炼和补充）；《蜀学概论》则由川大师生来写。

其他还有我们培养的一批博士或博士后，他们当初的博士（或博士后）论文从事的就是儒学文献方面的研究，已经具有一定基础——当然还得看他们以后完成的情况。我们还是要走纳通儒学征文的公开招标、严格评审的程序。现在的进展情况基本上是这样的。当然我们也欢迎自由投稿，我们这次征文公告出来，也许还会收到很多新的稿件。可能有些人在做这方面的研究而我们并不知道，他投过来也符合我们教材的编写标准，那我们也可以予以纳入。整体上我做了这么一个简单的说明，接下来还请各位专家审议，请各位发表你们的高见。

尹波：因为会议的时间比较紧张，所以我们还是按照会议议程排的名单顺序来发言。首先我们请刘学智教授发言。

刘学智：刚才舒大刚教授关于儒学教材编撰的报告，我觉得思考得很全面。舒教授思考这个问题很早，时间也很长。关于建立儒学学科的必要性问题我只说几句，因为我们去年就这个问题曾经讨论过，当时曾引起了广泛争论。儒学能否或是否有必要进入当代的学科体系，我感觉现在还是一个悬而未决的问题。我在一篇文章里曾经做过一些考证，历史上儒学在传统的学术体系里本来就是学科，从汉代立五经博士的时候就是把它们作为学科来对待的。在中国历史上学科这个概念也是有的，唐长庆二年，曾置"三传科""三史科"，以后又置五经博士。这都说明经学在历史上是确实被立为学科的。唐代皮日休文集中就有《请孟子为学科书》的专文。后来陆续还有一些人谈过这个问题，如《陔余丛考》也提到"皮日休请立孟子为学科"之事。据《赤城志》，有临海人张布，曾以南海第四人登甲科，"居儒学科名之盛，盖自布始"。不过，历史上也常把"儒学科"与"词学科""文学科""史学科""武学科""经学科""兵学科""历学科"等并举。所以，我们提建立儒学学科是有它的历史根据的。当然，儒学在今天如何转化为现代学术体系下的学科，虽然这还需要进一步讨论，但是我认为这不是不可能的，只是如何去处理的问题。

所以我们提出将儒学作为学科，既有历史的根据，在今天也有它的必要性。儒学作为学科后，它的意义和价值是很大的，大刚过去谈的有很多，我这里就不多说了。我现在要说的，就是在现代学科体系中，儒学应该有一席之地。儒学作为中国传统文化中最为丰富、最为完备的知识体系，若进不了现代学科体系，是十分尴尬的事。中国历史上主体文献如经史子集，都无不或直接叙述着儒学的内容，或贯穿和体现着儒学的核心价值或价值理想；就其社会影响来说，儒学在汉代及其后多处于意识形态的主导地位；就其知识的系统性而言，在修身、齐家、治国、平天下等方面，儒学都有着丰富的论述；同时儒学涉及政治、伦理、哲学、历史、科学等方面，在价值理想、修身原则、治国理念、人格追求、思想方法等方面，都有严整的体系。上述这些都可以通过一定的转换与现代知识体系相衔接，可以以现代学科路径和研究方法进行梳理和研究。将其纳入现代学科体系,既有利于儒学适应现代生活,也可以丰富现代知识体系。可以说,儒学进入现代学科体系,既是儒学在当今发挥其时代价值的需要,也是当代学科发展的需要。

目前要解决的关键问题,就是儒学作为一门学科,该如何从学科体系上将它落实。这一点大刚教授已经有一个比较详细的考虑,就是通过一套儒学教材来把它贯彻下去。刚才大刚谈到的关于儒学教材体系的想法,我觉得是很有启发性的。我在想,如何把传统经学学科体系转换成当代的学科体系,或者使传统的学科划分与当代的学科体系相衔接,是一个比较麻烦的问题,还需要进一步考虑。当然现在也有另一种划分,就是儒家哲学、儒家伦理学、儒家政治学、儒学史、儒家礼仪、儒家教育学,等等,这也是一种划分,这是从当代学术体系上考虑的。还有一些交叉的分法,例如儒学与佛教、儒学与道教、儒学诠释学等。还有从地域方面划分的,比如湘学、蜀学、关学、洛学、闽学,等等。

我在思考,建构儒学教材体系,先要解决儒学学术体系和儒学知识体系的关系问题。儒学学术体系和儒学知识体系这两个是有区别的。上面提到的那些如儒家哲学、儒家伦理学、儒家政治学,等等,可能主要是当代人建构起来的儒学学术体系,当然也是一个知识体系。我们要建立的儒学教材体系可能主要是个知识体系。所以,从这个意义上说,舒教授设想的"八通"以及"八通"之外的"经典导读"和"专题研究",就是把传统知识体系与现代学科体系结合起来的一个尝试。所以我觉得咱们的这一个教材体系是可行的,但这个也还有个逐步完善的过程。总之,在今天中央公布了"中华文化传承工程意见"的大背景下编写这套教材,正恰逢其时。我们先做起来,以后可以慢慢来完善,现在要一下子解决所有的儒学的问题,那肯定是不可能的。

我觉得还是要保证质量,因为现在出的此类读物已经比较多了。不同于以往的是,我们是在将其纳入现代儒学学科体系中进行的,它是一个系统工程。虽然这个学科体系尚未得到官方的认可,但我们可以先做起来再说。只是,在这个背景下我们如果还要做的话,就一定要做得比前边的更好,当然我们主要是在学科系统化方面去努力。要做好,我们就需要很多时间。我的主张就是我们不要去搞突击,还是要花上几年工夫把它弄得精一些、准一些,使之能在学术上站得住脚,在实际应用中靠得住。考虑不够成熟,先谈这么多。

朱汉民:我们去年正好在这里讨论儒学学科的建设问题,至今记忆犹新。当时的讨论重点是这门学科的设立有没有必要,它的合理性在哪里?这个事情后来还引发了一场大讨论。在那次讨论之后,钧林兄又约我们在

《孔子研究》上发表了文章，在网络上掀起了一场大的论争，也成为 2016 年儒学的十大热点之一。可见这个问题是一个引起很大关注的重要问题，而且它确实是我们弘扬传统文化和弘扬儒学的一个实质性的进展，是教育体制和学科体制方面的问题。因为要强化传统文化的教育，当然应该在中小学和大学教材里面增加很多相关的内容，这个没有问题。但是在这个基础上，要把儒学作为一个一级学科纳入我们的学科体制之中，这是一个非常重大的事情，所以引起了那么广泛的关注。无论是赞成的还是反对的，都会促使我们对这个问题进行更加深入的思考。我们也非常赞成大刚兄刚才反复提到的，不仅仅是要思考该不该做，关键是我们要如何做的问题。也就是说，实际上我们现在正在进入儒学学科建设的层面。

对于学科建设，我们不能等到教育部学位办把儒学学科列进去以后再动手，我们可以在此之前做一些工作。这些工作我认为是很有意义的，哪怕暂时几年或者更长的时间内，儒学学科不能列入现代大学的学科体系，也并不意味着我们在大学的教育过程中、在人才培养过程中不需要这方面的一系列的专业人士。

我们的中华文明是一个儒教文明，或者说以儒家为主体的中国文化。儒学既然是中国文化的主体，那它作为一个相对独立的自成体系的学科存在于大学之中是完全必要的，而且对今天来说显得尤为迫切。所以，下一步如何推进教材编撰，实在是我们今后几年要重点做的一件事情。刚才大刚兄已经把儒学教材的编写体例和相关的一些初步的框架做了介绍。在上次讨论的时候，其实已经有一些初步的东西，这次又在那个基础上更加完善和进一步细化了。

儒学本来重视知识与教育，关注知识体系的建构。儒学在中国两千多年的历史中就形成了一套完整的、系统的知识体系。儒学作为一套系统的知识体系，有一个漫长的历史发展过程。从孔子开始，许多儒学大家均对儒学的知识体系发表过自己的看法，对儒学应该包含的不同科目发表过自己的看法。在孔子的原始儒学的知识体系、教学实践中，就将学习科目分为四门：德行、言语、政事、文学。正因为儒学在中国文化史、中国学术史、中国教育史上的重要地位，儒学在两千多年的演变中，不断衍生、开拓、发展出一系列知识学问，使儒学体系更为丰富、更为完备、更为系统。所以，经学时代的汉朝官方和学者将儒学分为《诗》《书》《礼》《易》《春秋》五经之学，设立博士专门研究。以后，作为中国传统学术被分成经、史、子、集的“四部之学”，而在经、史、子、集的典籍中，儒学其实贯穿在每一个部类之中，体现出儒学的知识分类特点。清代一些儒家学者又根据儒家学术发展的特点，将儒学分成义理之学、训诂之学、辞章之学、经济之学的“四门之学”。儒学的这些分类,都有一些历史的合理性。

当然,现在的难题就是,如何处理传统儒学的知识与现代大学的儒学学科之间的关系。我们还很难把传统儒学知识体系原封不动地搬到现代课堂,以为这样就算完成了儒学学科建设的任务。这既不合儒学本身就是不断演变发展的历史特点,也不合儒学在现代社会发展转型的要求。我觉得要处理好这一个既非常难但又非常重要的任务,就必须在继承传统儒学知识体系的基础上,做一些合乎现代学科要求的发展,才能够使儒学成功纳入我们今天的大学课堂,成为现代大学的一个学科。很多反对者也是从现代大学精神、现代大学制度等方面寻找各种各样的理由来反对。比如他们会关注:儒学学科与现代大学的科学精神、自由精神是否一致?儒学与现代大学学科体制是否重复或者是矛盾?我们要把儒学建设成为一个现代大学学科的话,就应该回应这些问题,而不能回避。今天中午吃饭闲聊时,我们谈了一个很有趣的问题,就是辣椒是从国外引进的,但是辣椒传进四川之前有没有川菜?当然有川菜,但是辣椒传进来之后,使我们今天吃的川菜发生了变化,到了今天,川菜没有辣椒好像就不是川菜了。我想这个意思就是说,我们作为一个现代人,整个教育制度、知识体系、价值观念都发生了变迁,要建立现代大学的儒学学科,儒学知识体系当然也会发生变化,如果原封不动地将“四书五经”移入现代大学课堂,显然不合乎今天的学科要求。

我们讨论的这个教材体系,基本上是按照现代大学的儒学学科建设的基本要求来设置的,我觉得大体还是不错的。这个儒学的教材体系分三个部分,即“儒学经典导读”“儒学通论”“儒学专题研究”。儒家经典代表了儒学最核心的知识和价值。“儒学经典导读”将学习儒学必读的儒家经典选出,采用“导读”的形式。所谓导读,就是对原典加上我们现代人的理解和诠释。其实这一种做法是古已有之,不仅仅是今天的经典教材要给经典做导读。从历史上来看,唐代的《五经正义》、宋代的《四书章句集注》,均是当时的儒家经典导读。朱熹为什么要重新集注《论语》?尽管过去有那么多《论语》的注释本,但是朱熹根据他所处的那个时代的文化特点和思想要求,重新集注《论语》。那么今天在21世纪,作为儒学学科建设,做儒家经典的导读,肯定是要带上我们今天的现代人的理解和思考。特别今天的时代已经进入全球文化交流的大背景下——我们的价值观念、知识结构、文化视野都发生重大变化的时候,来重新导读儒家经典是完全必要的,也是具有重要现实意义的。

另外,我们选儒家经典时,也可以突破过去的经典范围。我们并不完全拘泥于过去的“四书五经”“十三经”的范围，我们可以把那些重要的、对儒学建设有重要贡献的典籍纳入今天“儒家经典”的范围。其实，历史上儒家经典的范围本来就是不断变化的。春秋战国时期的儒家经典是“六经”，“六经”最初均是官书，记载三代先王治国理政的文献、档案，而孔子及其弟子的书均是诸子、传记。但是，儒家经典的范围在不断扩大，许多早期儒家的子学、传记方面的著作逐渐进入经典体系中。特别是到了宋代，所谓的四书就是把原来的子学的《论语》《孟子》《中庸》《大学》上升为经典。我们今天的经典体系可以做出一些拓展，关于经典导读的范围应该是开放式的。譬如，今天我们的“儒学经典导读”，把《荀子》放到经典导读里，我是非常赞同的。以我个人的看法，既然能把《荀子》列进来，那宋学中一些非常重要的人物的著述也应该选进来。宋学对后来整个儒学、东亚文明都是很重要的，宋明儒家的一些非常重要的典籍也应该予以关注。我看至少有两本可以列进来，一部是朱熹的《近思录》，一部是王阳明的《传习录》，这两部书基本上代表宋明理学，非常重要。实际上，人们读《近思录》就基本上可以对整个宋儒的原典有基本的了解，读《传习录》就可以对阳明的思想有基本的了解。我认为宋明的儒学经典是非常重要的，而且事实上像张载的“民胞物与”“四为”那些话，证明这些儒家典籍实际上也已经成为儒家经典了。

另外，“儒学通论”“儒学专题研究”两个系列也是非常重要的，它们更加突出强调了儒学的现代学科意识。我认为这两个系列的大框架基本是可以的。但里面可能也有一点小问题，我在这里顺便说一下。一是如何处理其中可能存在的重复问题，这正是我担心的。像《儒家思想》和《儒家文化》，我就很担心这两本书会重复。当然在理论上可以把两者划开，但是一旦进入写作层面就不好说了。我担心教材面世之后，重复的问题会大量出现，这本书里有的，那本书里也在讲，相互交错在一起。当然，适当的交错是不可避免的，但是如果是大量的重复，甚至是大框架也基本一致的话，可能就需要我们再考虑如何修改。其实我也没想好怎么解决这个问题。像《儒学通论》是总的通论，它与《儒学历史》《儒学经典》《儒学文献》这些通论教材之间的关系，我们需要提前弄清楚，在写作的时候，也要向作者反复强调。刚才我也看到《儒学概论》，这本书里把儒学经典、儒家文化都做了一个概论，涉及了儒家的“圣人崇拜”“宗教性”“书院”“科举”等思想文化的内容，它后面接着讲史——先秦、两汉、宋明、近代等。显然，《儒学概论》已经涉及儒学历史、儒家文化，这些通论的教材的关系又该怎么处理？怎么把它很好地做出区分或分工？因为大家都写，写来写去可能大家都会相互重叠。《儒学通论》分成先秦、两汉、宋明、近代，写《儒学通史》的时候也是得按照这个,那内容重复的问题会大量出现,作者写的时候如何处理?幸好我们没有按儒家伦理、儒家教育、儒家哲学等那样来分,如果那样分的话,思想文化更是重叠。我认为,《儒家文化》可能会和《儒学通论》完全,不妨把它改成《儒学与传统社会》,《儒学与传统社会》实质上是讲儒学与家族、社会、国家的关系,就是通论儒学渗透到国家、社会、家庭层面。思想、文化这些题目,写起来相互之间难免有重合——经学也是儒家文化,思想也是文化,什么都应该纳入它,这样就没办法清理。不妨把它分开——儒学与传统社会,它的界限就很清楚了,就谈儒学与家族、社会、国家的制度,突出制度儒学这一块。

"儒学专题研究"部分,刚才我看到中国政法大学做的儒学读本的很多想法也很好,很多都可以容纳到我们的专题研究当中来,把专题扩大为几个不同的系列。因为好多东西我们可能要考虑一下,儒学里边有很多问题可能在通论和经典里没有解决,要靠专题来解决。这方面我们还需要更进一步地去思考。我就先讲这些吧,谢谢大家!

尹波:谢谢朱教授,下面有请王钧林先生发表高见。

王钧林:最近我写了篇小文章,重点是把儒学的发展划分成两种形式,一种是传承发展,一种是创新发展。我们今天想把儒学设立为一级学科,编撰儒学教材,这应该是属于传承发展的范畴,而不属于创新发展。创新发展应该是指那种有原创性的、重大的见解和重大的思想体系的建立,等等。我们今天所做的不属于这一类型,我们做的应该是传承发展。

在我看来,对今天而言,传承发展比创新发展更重要。为什么?因为中华人民共和国成立以来,至少从20世纪50年代初知识分子的思想改造,到70年代中期的批林批孔、评法反儒,儒学的传承发展实质上被中断了,变成了绝学。今天,经过三十多年的努力,儒学慢慢走上了复苏之路,还谈不上复兴,只是走上了复苏之路。即便今天我们就把儒学设立成了一级学科,它仍然不能恢复到儒学在传统社会的盛况。比如说,在汉代设立五经十四博士之学,还有我们经常说的宋明道学或者宋明理学,在那时都享有崇高的地位,远远不是当今一个学科能够比拟的。今天我们即便把儒学设立成一级学科,而现在的学科体系里一级学科有几十个,把儒学设立为一级学科,也只是这几十个一级学科里的一个,只占几十分之一,儒学所占的比重和自身的地位都和过去的儒学不可相提并论。

刚才舒大刚教授介绍了关于编纂这套儒学教材的基本设想。我认为这个设想是下了很大功夫的,考虑得很周全,具有可行性。当然,也不是没有可讨论的地方。我觉得儒学教材的编撰和儒学学科的设立应该是相应的,也就是说,我们首先得有一个相应的学科体系,然后根据学科体系来编撰教材。如果把儒学设立为一级学科，我们就必须考虑它的学科体系。比如说，设立了儒学一级学科，自然就可以设立儒学的二级学科，要考虑的儒学二级学科都有哪些？二级学科下边可不可以设立三级学科？我认为是可以设的。以我刚才讲的汉代的五经十四博士之学为例，那个时候当然没有学科的概念，但是，五经的每一经我们可以把它看作一个三级学科，如诗经学、尚书学、易学、春秋学，等等。五经下边又分了十四博士之学，也就是每一经又分出几家专门之学，像《尚书》有欧阳、大小夏侯三家专门之学；《春秋》有穀梁学、公羊学；《易》有施、孟、梁丘三家之学；等等。这些类似于我们今天所说的二级学科。这还不算完，二级学科之下还有三级学科，春秋公羊学又分出了严、颜两家之学。

我们今天要把儒学设立为一级学科，就要考虑它下面的二级和三级学科，可以根据二级和三级学科的需要来做儒学教材的编撰。我觉得学科和教材是相应的，我们要把学科体系梳理清楚，建立起来，然后才方便编撰教材。

我的另外一个想法是比较具体的，就是儒家经典这一块。如舒大刚教授刚才介绍的，除了十三经以外，还增加了一些，像《荀子》《国语》《出土文献》，等等。在我看来，在这些经典教材之上应该有一个类似于《经学通论》或《经学概论》的教材。也就是说，我们如果把儒学设为一级学科，经学完全可以作为一个二级学科。如果它作为一个二级学科，那就需要有一个《经学通论》或者《经学概论》的教材，来对经学做出一种全面的、系统的、概要性的介绍和说明，把经学看作专门的学问，把它的思想体系、价值体系、知识体系梳理得清清楚楚。如果我们有了这个教材，再来考虑五经。儒家经典最重要的就是五经，这五经中随便拿出其中的一经来，它的重要性都比那些新增加的《国语》《荀子》等要大得多；比十三经里的其他经典，像《尔雅》《孝经》，也要大得多。为什么呢？因为五经中的每一经至少从汉代开始就形成专门之学，有它自己的知识体系。像春秋学在汉代就发展得非常完备，春秋学下面的“三传”，特别是《公羊传》，可以独立地成为一种专门的学问——“春秋公羊学”。直到今天还有不少的学者在从事“春秋公羊学”研究。这样看来，在设计的教材体系中，如果把五经和其他的经典并列的话，我觉得无论从思想体系、价值体系、知识体系来讲，还是从它的影响力和重要性来讲，都有点不是太相应。也就是说，五经的重要性和五经作为专门之学的知识体系就凸显不出来。这一点我们是不是在编撰教材上应该有所考虑？有所考虑，加大五经的分量，这样才能使我们的教材编撰与儒学发展的真实情况相符合，我认为儒学教材编撰应该考虑这一点。

尹波：下面有请颜炳罡先生发言。

颜炳罡：我觉得儒学学科的设立和儒学教材的编写，它要围绕着一个中心，目的是什么？你为什么要在现在这种条件下重提儒学成为一级学科？它存在的价值是什么？它有存在的合理性吗？是现代的学科分类不合理了，你来拾遗补缺，还是说你完全是为了发思古之幽情呢？如果把这个问题搞清楚了，我们才能够论证出儒学学科建设的必要性。我们现在所从事的这样一项事业，我觉得是前无古人的事情。我们不是要发思古之幽情，也不是要复古回到前人的那个状态去。传统的所谓儒家的学科体系，无论叫作道学、经学，或者什么学，那个时代已经过去了，我们必须面对当下的这种现实。以往传统的学科体系已经被人们淡忘冷落，不知道了。而今天是西方学科分类体系主宰当代教育和人才培养的时代。如何在新的条件下重构儒学学科，才是我们的挑战所在。用刚才王钧林教授的话来说，这是一种创举，也可以说是一种创新，是在新的时代下的一种传承性的创新。

这就需要我们在设立这个体系时紧紧围绕着培养人才这个中心。来之前，大刚教授打电话让我谈谈儒学学科建设与儒学人才培养。我说这里边有一个培养什么人和怎么培养的问题，说到底就是这两个问题。那我们培养什么人呢？我想了想，我们应该是培养这几方面的人才，一个方面是培养传统文化的人才，就是中国的历史传统文化，不仅仅是儒学，尤其是儒学的研究者。再一个就是培养文化的创新者。再一个就是培养儒学或者说传统文化的教育和传承者。文化要一代代传承下去，现在又叫作传承与发展工程。第三个就是培养传统文化尤其是儒家的躬身实践者、弘扬者、信奉者。我们今天所培养的人，在中国没有任何高校的任何学科，无论是佛教也好，道教也好，基督教也好，任何一个也没有研究儒家的学者多。你要翻遍全国的高校和研究机构去看看，研究什么学问的人才最多？研究儒学的人才最多。但你今天的问题是儒家在社会、在民众当中有多少信奉者和躬行者，还有几人敢说我是孔子的信徒，是儒学的信徒？你可以和佛教，可以和基督教相提并论吗？

所以我说我们今天就是要培养儒学的躬行者、传承者和信仰者，这也是今天我们非常重要的一个使命和责任。大家都知道佛学院还在培养着佛教的信徒、居士、高僧大德，每个省都有一个佛学院。前两天山东有一个大法师叫我到他的佛学院里去，他要建立佛学院。他有一个很宏大的规划和目标，找新加坡的建筑设计师设计的，非常漂亮。这个和尚说他这一生要在世界上建5个类似这样的佛学院。他说颜老师你来给我当佛学院的执行院长，他去当院长。我说我是孔子的信徒，我来当你的院长这还了得。你佛家也不愿意，我儒家也不愿意。那是不可能的。

此外，道教有道学院，基督教有神学院，那培养儒家信奉者的学院在哪里？除了咱们四川大学国际儒学研究院还是培养儒学信奉者的，其他我们大部分是培养儒学文献的研究者、整理者，职业的学者，是培养这些的。所以我觉得以后的学科应该承担这样的使命，这是别的学科所没有的。

这是培养什么人的问题，再一个是如何培养的问题，如何培养我觉得就牵涉到教材建设、师资队伍、组织管理等方面。今天我们讨论的是教材建设的问题，还没有牵涉到师资队伍、组织管理。这个学科怎样来进行运作，怎样进行组织管理的问题还没有涉及。就教材本身来讲，我觉得各位教师谈到的问题，大刚教授已经有了非常好的设想。我觉得现在这套教材体系是学者勾画出来的教材体系，它是不是合乎 21 世纪当代社会发展的需要，这个问题我们要思考。这样的教材体系是否合乎儒家学科培养人才的特点？教材设计必须根据要培养的人来进行规划，在我看来，这样的方式是比较好的。儒家学问有个非常重要的特点：讲究通体达用，如果儒家有体而没有用，就完全变成一个形而上的思辨之学了（这个当然也很可贵，也很有必要）。针对现在的教材设计，舒教授，我提点异议，我觉得现在的设计在用的开发上还有所不足。儒家非常重要的一课，比如说修身课，要不要？我觉得这里面缺少非常重要的一块——中国传统家教、家风类的内容。家庭本身就是一座学校，这方面的内容好像没有牵涉到，我认为它是需要的。中国现在社会面对的基层管理，儒家的乡治从古到今都有，我最近比较关注它，因为我面对着乡村。我觉得乡治，也就是社会管理这方面的内容也欠缺。我们在用的方面还是要增加一些。当然，大家还可以再继续讨论。儒家还非常强调“知行合一”，我们的教材设计应该让学生学了能用。我记得范仲淹的二儿子叫范纯仁，他说的话我觉得非常好，他说“六经无一字是虚言”，每学一个字，都要落实到身心身行当中去用。他说我这一辈子只懂得两个字，一个是“忠”，一个是“恕”，这两个字我就用它一辈子。所以我们如何落实，把我们的教材内化为学生、培养对象的精神世界和他自己能够躬行实践，能够身体力行的东西，我觉得对我们来讲是一个挑战。

再一个，我觉得我们的人才培养应该是传统的书院模式和现在西方的分科教育的有机结合，二者不可偏废。把传统书院的精神、书院的教学模式、书院的导师制度、书院自主讲学的精神等优势有机地发挥出来。我常想孔子那时讲学是怎么讲的。如果《庄子·渔父》的记载是真的话，“孔子游乎缁帷之林，休坐乎杏坛之上，弟子读书，孔子弦歌鼓琴”，是这样一种教学方式。我们今天都是老师在上面讲，学生在下面听，在下面看手机，成了这种状态。学生学的主动性、积极性就没了。所以我们这套教材的设计应该是让学生保持良好的学习主动性,学生学习的探究性,让学生主动地学。老师是引导,老师和学生一起讨论。如果我们的儒学学科做的和现在的分类学科是完全一样的话,也就失去了我们应有的一种意义。要把传统的书院模式和现在西方的分科教育实行有机结合。所以,我非常赞成读经典,读原典,经典诵读。我觉得在学生的大学阶段,让学生直面圣贤的教诲,比把我们咀嚼过的东西填喂给学生,有着更深层次的意义。更多地展开和学生的切磋讨论,可以形成一种新的培养学生的模式,能够实现我们的目标。

如果我们儒学学科成立了,大家要看哲学系还要不要开儒家哲学课,中文系还要不要开儒家的人文课,古典文献学系还要不要儒学的文献学,这是我们必须回答的问题。从某种意义上说这也是对我们学科设计的一个挑战,如果他们还要开设,和我们的不同在哪里?我们独特的意义在哪里?我觉得独特的意义在于:现在的哲学系、中文系、历史系开的儒学课,更多的是培养儒学的研究者,而不是培养儒学的传承者和信奉者。我们所做的可能就会在这个意义上进行一个深的提升。

所以说,在做课程设计的时候,儒学的知行合一是一个很重要的需要涉及的内容。当然,我们在设计这些课时,要合乎现代教学的需要。我们要分好哪些课是必修的,哪些课是选修的。我们设计的课程内容很多,这样分好类,才能和现在的分科教育有机结合起来。

以上是我临时想的,说得不对的地方请各位教授专家、先进给予批评指正。要是说的不对就当胡说八道而已,谢谢大家!

尹波:谢谢颜教授。下面我们请王瑞来教授发表他的高见。

王瑞来:谈到儒学这个题目,我有一种久违的亲切感。为什么这么说呢?因为一般我给学界的印象是做历史研究和文献学,但是我最早的一篇论文在1979年发表,是关于《诗经》的,在1982年《哲学研究》发表的论文,是关于孔子天命观的,直到十年前我还写了《〈论语〉开篇发覆》,就是说我一直没有割舍对儒学的情怀。在20世纪80年代,我还给人民出版社写过《中国文化概览》中的经学一章,在《历史教学》上写过一篇《中国经学史漫谈》。如果不是后来转到历史方面研究的话,我恐怕还会在儒学研究领域继续做下去,所以说(对儒学)有一种久别已久的亲切。这是首先要说的一个感想。

另外说一个展望。我觉得儒学在我们中国,在不久的将来,肯定会成为显学。这个显学和在汉代儒家定于一尊的那种显学不一样。现在是理论空白、信仰缺失的时代。为什么中央两办要发出这样一个通知,而且国家领导人多次强调？就是说，将来指导我们民族、指导中国人行为的大概就是儒学。所以我有一个预测：儒学的前景会非常光明。实际上这种局面的形成，与诸多民间（力量）、学者的推动和努力有关。所以我听了大刚教授讲到的儒学教材编纂的规划，觉得非常完整，体系严密。这是经过缜密思考的产物，如果实行下来，我觉得会对儒学学科建设起到一个很好的推动、促进的作用。

在技术层面上，刚才听到诸位先生讲了之后，我也有点想法。一个是和汉民教授的想法是一样的，就是"八通"怎么避免内容上的重复。比如说儒学经典和儒学文献之间的区别怎么界定？儒家思想和儒家文化又如何区别？尽管执笔者不会是一个人，但是容易造成大面积内容在叙述上的重复。如果在规定体例上更严密一些，可能在一定程度上会避免这种状况。"八通"中有一通好像是颜教授执笔的《儒学与当代社会》，那么我在想，儒学与传统社会是不是也应该做一个题目。

归纳起来，我们的教材一个是儒学本体史，以十三经为主。还有一个就是儒学社会史，就是儒学发生的社会影响。各个经，我们可以做初步的研究，可以做导读。还有，历来（直到 20 世纪初）对传统经学的研究成果可以说是汗牛充栋，对其中经典的、最有价值的著作，我们是不是也要做一些导读、介绍？这方面我觉得很有必要。过去有几本书是非常重要的，比如皮锡瑞的《经学历史》，分量不大却堪称经典。对这类，我们是不是也要做一个导读？

刚才讲到我写《中国经学史漫谈》的时候，就谈到过去传统中国人的知识构造，是什么样的呢？它是以十三经为纲，各种知识容纳在十三经中，不像现在学科分类这么多。十三经是纲，然后以各种注疏展开。比如从《诗经》中我们可以看到博物学，从《尔雅》中我们也可以看到博物学。古代的中国人是这样学习的，所以我们对传统的解经著作，也要进行导读。当然，这可能是下一步的工作。如果我们设立儒学学科，对这些也应该适当做一个介绍，不然学生会觉得过于单一。

另外，我们的课程还要进一步扩展，除了先秦儒学，以后儒学的发展，比如二程以来的宋明理学、清儒的汉学、清儒的公羊学，等等。这些都应该在我们这个体系中逐步地、细密地纳入。在学科成立之后，就像刚才颜教授说的，是体用之学。以前我在其他大学讲学的时候，就看到他们有的模仿《仪礼》，让学生穿上相应的服装做射礼之类的。我觉得将来儒学学科成立之后，这些都可以成为课程的内容。

我已经是外行了，就杂七杂八给大家说这些，请大家批评，谢谢！

尹波：谢谢王教授，下面我们有请郭齐教授谈谈他的高见。

郭齐：我没有什么高见，以上诸位先生都讲得很好。我觉得尤其是颜老师的发言更具有启发性的意义，不但谈具体的操作问题，对整体构想也提出了疑问。完全是朋友式的，不是表面上的客气，不讲那些客气话，就讲那些真实的想法，我觉得这是我们最欢迎的。颜老师的意见都是有建设性的，我觉得我们都应该认真地消化、吸纳。这个说明什么问题呢？说明我们做的工作不是一蹴而就的，儒学学科建设，本身就是一个课题。今天我们很多问题是没有定论的，很多问题我们甚至是还没想到那一步去，在做的过程中也还会遇到各种始料不及的问题，就是一边做一边讨论，就是不断地完善。比如说大刚刚才谈到的课程设计，用孔门四科的框架，这个就是动大手术了，把我们现在的学科分类完全是放在一边了，这很有新意，但是是否可行、能否成立还需要以后不断地探索、论证。比如刘老师谈到的儒学的学术体系和知识体系，是一个什么关系，二者怎样处理？这些问题我们现在都没解决，所以说我们要一边做一边研讨。还有颜老师提到的逻辑在先的问题，我们为什么要重建儒学学科？怎么建？也就是说我们现在没有一个定论，没有完全回答的，但是我们又不能不做，一边做一边解决问题。

就儒学教材编纂本身来说，我觉得有两点：从已经有的稿子来看，总体设想我是比较赞同的。经过几次的讨论，大家的修改已经自成体系，总体还是比较完善的。我觉得接下来的操作过程中应该注意两个问题：一个是作者人选我觉得还应该更加慎重，因为要编好一本教材或者说是一个通论，绝非易事。中间每一个子课题都是著述如林，那么现在来编教材或者通论，别说是理论上的原创，就是把既有的研究成果、前人已经达到的高度消化吸收好都绝非易事。即使我们不是自己原创，而只是从中取舍，都谈何容易。大家都是做研究的，都知道古今中外一个专题那么多研究，要把它读懂，理论上来说，要和这些众多作者在同一个思想高度上、理论高度上、知识层面上，甚至是要高出他们才能科学地取舍。取哪家不取哪家，为什么？这还不是原创，还不是上午赵董事长提到的那么高的要求，高层次、高水平、高起点，最高的要求是传世。我们先不说这个，那么怎么能最大限度提升我们的水平呢？我觉得其中重要的一个就是重视作者的遴选，每一个专题必须研究有素的专家来承担，这就能在一定程度上保证它的质量。比如说《关学概论》由我们刘老师承担就是放心的，因为刘老师在这个领域有资深的研究，有很深的、很高的造诣。所以这个专题由刘老师这样的专家来做，就是令人放心的。再比如《孝经》由我们的舒大刚先生来做，没有人能超过他吧。刚才我看初步的计划，大部分作者都还是专题的专家，但是也有部分的作者可能他的学力、积累、水平还有点欠缺，所以，我们有的可以用招标的方式，有的专题可以由几位作者同时做，做了我们选一种择优录用，这样才能保证教材的质量。

第二个就是体例，我们的体例本身是比较完善的，但是每一作者在执行的过程中是不是完全按照这个统一的面貌，要特别注意。比如我看到过的初稿，本身水平很高，是没有问题的，知识是完全够了，但是不像教材。既然我们编教材就要像教材，要编成教材，原来是专著也要改成教材，要不然以后在使用中会产生很大的问题，会影响它的效果。还有技术层面上，统稿就很头疼，如果不像教材的话就要动大手术，把它改成教材。所以我们在向每位作者约定任务的时候，这两个问题应该给予特殊的重视。

其他谈不上什么具体的意见，如果谈具体的意见，微观的问题就很多了，但是不适合在这儿谈。比如说潘斌先生的《中国古代礼仪文明》这次是获奖的，我是参加了审稿的。当时我就有一个印象，写得很好、很深、很有水平，是一流的。但是作为导读、作为教材就有明显的缺陷，前半部分太深，后半部分太浅。作为学生用的教材，前半部分他读不懂，所以说编教材严格来说应该割爱。舍不得的内容可以作为知识背景灌输在通俗易懂的、可读性的文字表述中，而不是把研究成果直接抬出来，抬出来学生读起来是会很头疼的。像这一类具体的、微观的问题很多，不适合在这儿谈，我们就下来交流。我没有更多要说的了，谢谢大家！

尹波：谢谢郭齐教授。下面我们请杨世文教授谈谈他的高见。

杨世文：谢谢主持人。我其实也没有什么成熟的意见，主要是来学习。刚才几位教授都谈得非常好，非常深入，受益良多。特别是颜炳罡教授讲要弄清楚这套教材编撰的目的是什么，我觉得非常好，非常重要。朱汉民教授、刘学智教授、王钧林教授、王瑞来教授讲如何做的问题，需要注意的问题，都提得非常到位，具有指导意义，值得深思。

我觉得目的应当明确，我们为什么要编这套教材，编给谁读，要达到什么目的，起到什么作用。这些问题解决了，再才是怎么编写的问题。其实我的意见也不成熟，提出来供大家批评。我觉得，如果不潜心一两年认真去做，可能很难做出一个大家比较接受的、像样的教材出来。其实写教材和写专著的难度不想上下，甚至写教材比写专著还要难。为什么？专著可以以发表自己的研究心得为主，做得非常专精，有什么独到见解都可以写。但是教材必须照顾到读者、对象，要照顾到知识性、系统性、全面性，还要有可读性。既要有特色，又不可能过于主观，还要全面吸收学术界研究的最新成果。这个说起来简单，做起来却是非常困难的。另一方面，教材也一定要建立在研究的基础之上。如果没有对相关问题进行深入研究、深入理解,要把教材写好,当然也是不可能的。

我还有一个感觉:教材不在数量多、本数多,不要期望一下子做出几十本来。古人有言:“欲作世间经纶手,只读数本紧要书。”这种说法虽然有些偏颇,但也有部分合理性。基本的教材三五本就可以了,否则用起来比较困难,学习起来比较吃力,甚至会成为负担,编纂过程中也难免重合交叉。这就涉及儒学的学术体系和学科体系如何划分的问题。刚才刘学智、朱汉民、王钧林等教授提出我们的“八通”体系内容上可能有交叉,写出来可能有所重复,这个我也有同感。

儒学学科体系、教材体系如何去建构,它的学术体系怎么去划分?我粗浅的感觉是,可以划分为三大板块:第一块是儒学理论系统,第二块是儒学历史系统,第三块是儒学文献系统。我个人感觉这三大板块中每一块都应当有一个通论,也就是三本教材,即《儒学思想通论》《儒学史通论》《儒学文献通论》,把这些内容都包括进去。当然每一大板块下面可以再分出一些子板块。如儒学理论下面,可以有儒家哲学思想、儒家人生理论、儒家政治理论,以及儒家其他理论,等等。儒学历史下面,也可以分出先秦儒学、两汉儒学、宋明儒学、近现代新儒学,等等。儒学文献下面,可以有经学文献、儒家文献、儒史文献,等等。至于其他一些专题,可以写成专著,但是不是都要进入教材体系,这个可以再讨论。总之我觉得教材体系不能太细,过于细化的问题,如人物、学派等,可以作为专题研究。这样处理,看合不合适。当然这些问题还要具体地深入研究,到底怎么去建构教材体系,刚才郭齐教授也讲了很多问题,还要继续去思考,继续去研究。

教材究竟怎样写,当然仁者见仁,智者见智。我个人感觉,写教材要照顾到三个统一。首先,研究和普及的统一。就是怎么在个人研究的基础上去进行普及,其中的分寸需要去好好把握。其次,文献和义理的统一。文献当然是基础,这一点大家都公认。但儒学是一套义理体系,文献和义理怎么去进行结合,也就是知识体系和价值观怎么去统一。如何使一部教材既有思想,又有材料,既不繁芜,又不空疏。教材当然是以传承知识体系为主,但是它还要传承价值观。儒家的价值观,需要通过这个教材传承下去。所以,这个统一我觉得是值得思考的,也就是如何才能做到客观性与主观性的统一。第三,述与作的统一。刚才讲教材和专著不一样,教材首先要传承知识,必须吸收既往的研究成果,所以很多内容可以说是“述”,述往者也。所谓“述”就是要继承前人的成果,当然也包括学术界的最新研究成果。我们不能闭门造车,对前人和今人的研究成绩置之不理。另外一个就是“作”,

“作”就是个人的见解和学术研究心得,这也是教材的学术价值和创新所在。各种教材很多,但要编出特色,编出水平,“作”的环节可以说是不可或缺的。如何把“述”和“作”有机统一起来,这是应当好好思考的问题。

所以,我个人感觉教材的编写,它的要求是非常高的,难度也是相当大的。如果要想编出一本很好的教材,需要下相当大的功夫,还需要有学、有才、有识,三者缺一不可。一个人可能会写专著,而且写得非常好,非常专业,但不一定能够编出一部很好的教材。过去编教材的都是一些大家、名家,所以他们编的教材能够常行不衰,经得起时间的检验。我希望儒学界的硕学大德能够参与到教材的编写中来,真正编出几本为学界和社会急需的、体例完善、内容精到的优秀儒学教材,这对于儒学学术体系和学科建设无疑具有重要意义。教材绝非小道,而是大功德。教材编得成功不成功,其实关系到儒学学术体系能否建立,儒学学科体系能否成立。需要有识之士共同努力,将这件事真正当成一项大事业来做,而不单单使它成为一个话题,掀起一点波澜,热闹一阵子,时过境迁,就成为历史的陈迹了。

我也没有什么心得,就提出几点个人感觉,觉得有些问题还需要再思考。我就简单讲这样几点,谢谢大家!

尹波:谢谢杨教授!彭华教授写出了出土儒学文献的导读,我们请彭华教授结合他写的样稿材料,谈谈他的思考,为什么要这样写?这个材料都在大家的文件袋中。

彭华:关于儒学教材,我有两三点小小的建议。第一点,我刚才已经跟杨老师说了。在我们的这个教材中,所包括的经典其实不只十三部。这里面的《春秋》三传其实有三部,这样算下来,整个统计数字便需要改动。当然,这只是一个小小的问题。在之前的两次讨论中,我也讲到过这一层意思。第二点,我觉得有些经典恐怕还是一分为二或一分为三为好。比如,《尔雅》和《说文》(《尔雅·说文研读》)放在一起,我觉得不大好。关于《尔雅》和《说文》的相关著作,我读过许多,同时也发现,把这两部书放在一起导读肯定是不行的。因此,我觉得最好还是将它们一分为二。另外一点,就是《春秋》三传这三本放在一块研读,这个篇幅肯定会相当大的,我觉得还是一分为三好。第三点,是关于舒老师讲到的由郭沂老师所做的《孔子集语》研读。以前,我们认为《孔子家语》是伪书,但后来通过 20 世纪 70 年代出土文献的研读,我们发现《孔子家语》实际上并不伪。因此,我想是不是可以增加《孔子家语》这一本。《孔子家语》的一些篇章,跟《荀子》《礼记》等是相同或者相近的。现在看来,把它整理出来应当是非常好的。我的同门宁镇疆教授,今年将在上海中西书局出一本《孔子家语》。

刚才和许宁教授也讲到,教材在字数上不宜太多。一本教材,要是篇幅超过四十万字,那读起来是非常累的。所以,我对我这本的预期也就是二十五万字左右,排印出来也就不过三十万字,作为教材是比较适合的。这是关于教材的编写。

接下来,我说一下我在编撰《儒家出土文献导读》的一些心得和考虑。关于如何选、选什么、如何做等,我在样稿的《凡例》里已经讲得比较清楚了。第一,我认为还是用繁体字来写作比较好,即使以后修订重版,还是要保持繁体字。第二,关于分类,我有一个考虑,以前读《汉书·艺文志》,它把《论语》《孝经》《尔雅》都放在六艺略当中,我觉得不是太好。我在参考《汉书·艺文志》的基础上,把出土文献分为六艺、儒家、小学、其他四类。这里面把六艺和儒家、小学区分开来,也是借鉴了王国维《经学概论》的说法。王国维认为,六艺是儒家之“外学”“公学”,到后来经过孔子整理后才成为儒家的“内学”。因此,六艺、诸子还是分开为好。至于小学,就更应该分开、单列了。第三,体例。每篇出土文献之前有一个“解题”,让读这些文献的读者大体知道它的出土、整理、研究等基本情况,起到开门见山的作用。接下来是“正文”和“注释”,这是主体内容。最后一部分是“阅读书目”。为了不跟前面重复太多,我把参考文献放到“阅读书目”里面。我现在初步考虑的是选20篇22种,因为《周易》是三种(三种对读),所以说是“20篇22种”。在选篇时,我考虑了它的整体性和全面性,像战国简、楚简、秦简、汉简都有。当然,还考虑到是否可与儒家传世文献对读。我做这篇导读有个感受,这项工作费工夫,但是自己收获并不是太大。当然,对于初学者而言,这样一些工作还是有意义的。可能别人来做也有其他的一套做法,这是我的做法和一些考虑,大致就说这几点吧。

尹波:谢谢彭教授,他从自己的个案出发,由点及面。下面我们有请许宁教授谈谈他的高见。

许宁:谢谢主持人。会议发了关于儒学学科讨论的论集,刚才聆听了舒老师关于中国儒学教材编纂的说明。我觉得这种讨论非常重要,它体现了我们中国儒学学科的两个层面,也就是说它不仅仅是一种说法,同样还是一个做法。既然是说法,大家可以见仁见智,我个人的体会是这种儒学学科实际上体现了三种自觉。第一个自觉我觉得就是关于文化的自觉,我们两办颁发的实施意见讲到了怎么样去坚守我们中华文化的立场,传承我们中华文化的基因,表明我们中华文化具有独一无二的气韵,代表了一种理念、一种价值,是最深刻的精神追求、精神标志。所以我觉得文化的自觉就体现在我们要进一步把握中华民族精神的独特性。我们一直讲五千年的文明史,实际上五千年的文明史应该从人文始祖黄帝开始算起。这样的话我们就能对我们的文化、对我们的民族产生强烈的自信。

第二,我觉得这种讨论体现了大学的自觉。就是说大学已经不再满足现在这种学科的划分,20 世纪八九十年代我们探讨素质教育,那么素质教育是针对什么提的呢? 素质教育是针对应试教育提出来的。应试教育的划分就是关于教育教学方式的问题了,这种方式到底是灌输式的,还是强调素质的提升? 后来我们又改进了,转进到又同时强调通识教育,通识教育针对的是专门、专业的教育,这是从教学内容、知识范围上来划分的,认为(专门、专业的教育)过于偏狭,强调学科的划分,转而强调一种通识。但是我现在觉得还可以有一个更进一步的讨论,这种讨论同样体现了大学根本上的自觉。我们现在关于儒学的讨论实际上是强调教育的目的是什么,是人文教育。儒学——儒者,人也;学者,觉也。我们进行儒学教育的目的是让人认识到人之所以为人的本质、根据,它针对的恰恰是科学教育,这种科学教育就体现在我们不仅仅讲自然科学,而且把哲学社会也称为科学。也就是说,我们把这种知识形态作为对象化的形态来把握,这是一种工具理性的体现。所以我觉得我们关于儒学学科的探讨,它的重要意义是体现了大学的自觉。

第三,体现了学者的自觉。我们学者可以公开地、自由地探讨关于儒学学科划分的问题。前几年我们在讨论国学户口的问题,现在我们在提出儒学学科的呼吁和倡议,体现了我们学术界一批知识分子和学者敢于担当的责任感和自觉的精神。实际上我们学术界不乏这样的一种讨论,从 21 世纪关于中国哲学合法性问题的讨论开始,就已经有这种自觉的体现了。实际上,按照西方的讲法,哲学是爱智慧,既然是爱,表达爱意的方式有很多种。西方表达爱意的方式是在情人的窗下拉小提琴,那能不能据此来判断中国的刘三姐唱山歌就不是表达爱情呢? 当然不能。所以在这个意义上,我觉得强调哲学合法性,实际上都是在突出寻找中国哲学、中国话语独特性的表达。所以我们应该寻求中华文化里面关于境界、关于人格、关于气象、关于价值的浑然一体的成德成人,这样的一种自觉的人文探讨。马一浮先生就反对分科,他不愿意去现代大学里面任教,因为他认为这是一种偏狭之学,他更钟情于书院的教育,认为书院教育中的师生相互促进更适合培养健全的人格,所以用六艺的方式。我觉得这是值得我们借鉴的。今天我来到这儿,看到有复性书院和马一浮先生的展板,我觉得很亲切。

同样,两办的实施意见也讲到了要进一步增强我们的文化自觉和文化自信,我觉得这种自觉和自信是联系在一起的。没有自觉的自信就容易走向自大、自恋,只有建立在我们对本民族文化充分研究的基础上,这种自觉才是一种更好的、真正的自信,或者说它才是一种更为深沉、更为长久的自信。

我觉得儒学学科建设的讨论是一种说法,同时更为关键的它还是一种做法,这种做法就刚才舒老师的教材编写规划来看,我觉得是非常好的一个设想。我很同意王钧林老师刚才所讲的,通过我们教材的编写实际上也就是把我们关于儒学学科的设想和说法转变为了一种做法。要敢为天下先,要敢于提出我们自己对于儒学学科的划分,通过教材的编写体现出来。

刚才,舒老师确立了一个小目标,我非常景仰。我只谈一点小小的意见,刚才彭老师也和我讨论了,他说建议字数是不是少点。刚才舒老师讲八通每一本是30万到50万字,经典导读每一本不超过40万字。我举个例子,张岂之先生有一本书叫《中华人文精神》,题目看起来很大,张先生用了10万字的篇幅就写完了。这本书到现在仍然非常好,一些大学把它作为通识课程的教材。我觉得教材的字数不能太多,太多了容易让人望而生畏,适当地可以采用一点儿插图。尤其一点——我们的教材是针对什么教育层面?如果是大学生的话,我就觉得有点高了,如果是研究生的话可能好一点。人大国学院的韩星老师去年编了一个大学生国学读本,我也参与了。他大概是分了22章,是按照核心的理念来划分的。比如天人合一、道法自然等,每一章大概一万字,每章下面又有几个基本命题,选用经典的引文,然后进行注释、解读。

我建议的第二个方面,我们既然从事中国儒学教材的编写,下一步能不能翻译成外文走出去。这点很重要,就是一个扩大海外影响力的问题。刘学智老师有一本书,20世纪90年代初写的,叫《中国哲学的历程》,后来再版了,现在已经翻译成英文,正在出版。我觉得这也是中国学者在海外扩大影响力的表现。那么如果翻译出去了,海外的学者研究中国儒学必然把它作为一个经典的依据了,这个是很重要的。另外香港中文大学的黄勇教授也在国际上编了一个系列的书叫《道友》杂志,最新关于当代新儒学,就约我写一个关于马一浮的介绍,当然是用英文来写的。我听了各位学者的高论以后很受启发,有些意见随感而发,肯定不成熟,请批评指正。

尹波:谢谢许宁教授!下面我们请陆永胜教授谈谈他的高见。

陆永胜:谢谢尹老师!我简单讲一些个人的想法。很明确的一点是,从国家层面来讲,目前的儒学学科建设包括教材的编撰肯定是处于民间层面的,我们现在要做的工作首先是呼吁、推动,这是对我们目前所做工作的定位。在这样的情况下,很高兴、很欣喜能看到舒老师对儒学学科体系的建构越来越清晰。2015年舒老师去孔学堂入驻的时候还讨论过这个问题,我当时也是参了会的。去年一年看到很多这方面讨论的文章,今天就看到舒老师对这个学科体系提出了更加明晰的建构,系统非常完备:一是体现在学科建设体系非常明晰,二级学科都已经划出来了,而且在舒老师刚才的发言中,我感觉到三级研究方向也已经呼之欲出了。二是相比较2015年的那次讨论,不仅学科体系更明晰,而且支撑体系也出来了,也就是教材体系也出来了。我个人认为舒老师现在做的这个工作,不管将来国家层面如何运作,我想都会记入高等教育史、文化思想史的。

听了刚才一些老师的高见,我讲一点个人的看法。第一,关于学科体系,舒老师的思路已经非常清晰。但是我们是不是可以放在现有学科体系之内来考虑下儒学和其他学科的关系问题,然后再跳出学科体系来讨论下它的合理性和必要性。毕竟现有学科体系是官方的,我们如何来和它进行融合和交流,就是说要入乎其内又要出乎其外,达到一个合理性和必要性的建构。我以前所看到的文章基本上是就儒学说儒学,强调儒学一级学科建构的重要性,可能和现有学科的冲突性考虑得不是很充分。或者说如何来化解这个矛盾?这对于目前还处于呼吁、推动的民间阶段的儒学学科建构工作来说,可能是必须要考虑的问题,这也是中国现实的政治生态环境决定的。

第二,我们的教材支撑体系的建构是不是能够完全体现学科体系的设想?就是刚才许老师讲的,它不仅是一个说法,还是一个做法,能不能体现学科体系的设想,这是一个亟待解决、亟待落实的问题。其次,在目前这样的政治、文化、学术语境中,我们来建构儒学学科体系和教材支撑体系是否需要一个统一的文化取向、价值取向?因为这一点在某种程度上反证了我们学科体系建构的必要性。我觉得值得进一步考虑。我注意到舒老师刚才介绍的很多拟编写的教材目前还只是一个书名,会议下发的很多教材初稿提纲都还只是目录,从这些目录和已有的材料来看,我觉得在统一的价值取向、文化取向甚至研究取向上各本教材之间还是存在着不一致——基本上是各个学者从自己的研究兴趣出发来写自己的东西,缺乏统一、明确的指导思想。另外,这个指导思想必须是具有可操作性的。

第三,两个方面的相得益彰。首先,对于"八通",要考虑通论和分论的相得益彰。如何在内容上划分通论和分论的界限,以避免重复?这是我们要思考的问题。其次,史和论要处理得相得益彰。如果是通论,写出来的全是史,就显得不恰当了。因此,史和论之间,通论和分论之间可能还需要一个整体的布局和谋划。

另外,我想提两点值得思考的问题,当然我还没有考虑得很清楚:一是我们做儒学学科体系的建设和教材体系的编纂,从中国文化来看,究竟是把儒学定位为中国人的底色还是要把它当作一面旗帜。它是底色,还是旗帜,这一点要在我们的教材中体现出来,体现出我们对未来儒学发展的方向性规定,虽然这样的目标似乎显得过于宏大,但作为一种目标性诉求,抑或是当代儒者对儒学发展的理想设定,我觉得是很有必要的。二是现在我们就要警醒,不管是儒学还是其他学科,当其成为一种思潮的时候,必然要带来一种庸俗化。那么我们如何来规划儒学的健康、良性发展——特别是现在我们提倡把它设为一级学科,假设将来真的成为一级学科了,我们又该如何思考这方面的问题。我想这是我们在建构儒学学科的时候需要思考的问题。以上是我的几点浅见,谢谢各位,请批评指正。

尹波:谢谢陆教授,下面请李东峰博士谈谈他的看法。

李东峰:对于编教材,我的思考还不很成熟,就简单地谈三点看法。我一直在思考教材编写问题。当时我在跟舒老师学习的时候,舒老师"六书十三经"的体系已经提出了。这套教材编写计划,自己还曾参与其中。现在我们在进行教材设计的时候,是不是应该采用实践导向的理念。所谓实践导向,就是当下我们为什么需要这门学科、这套教材。我们要在现行的学科架构里边再加一门儒学,那么原来的学科为什么需要进行补充?它需要补充的是什么?我觉得这个问题是应先行解决的问题。我个人的想法是,儒学加进来,是想成为一门安身立命的从理论到实践的学问。如果是这样,我们在设计的时候就应该围绕这个核心去做,然后按模块化来设计。就像空客A320系列的模块化设计一样,可以根据不同的客户需要,根据不同的航程、载客量,在统一设计理念指导下,做加减乘除就行了。具体怎么做,我现在也在思考。

其次,儒学跟其他学科的关系问题,刚才很多老师也提出了,在教材分类上好像有些重叠的部分。这可能是因为我们是在现在的学科体系下面加一个学科。比如儒学建立起来,原来在哲学下的中国哲学,是把它去掉、合并还是怎么办?儒学跟它是什么关系,还有社会学、政治学,等等。在专题分类的时候,又应该如何调整?我们不得不思考如何协调关系的问题。另外,是不是还有一种情况,尽管儒学与中国哲学的领域或素材有某种程度的重叠或雷同,但因为两者所采用的视角或培养目标的不同,在实际使用上,两者并不是叠床架屋的关系。

最后,关于所选经典的数量,原来是"六书十三经"经典体系,现在还加上了《孔子集语》、子曰辑校等,内容更多,更为庞杂。因而,我觉得有时候对经典的种类或内容是不是应该做减法而不是加法。对于经学而言,一开始只有五经。五经是一个系统，汉学系统。后来宋学有“四书”与“五经”，这有没有道理呢？很有道理，这样儒家“内圣外王”的架构就比较完善了。差不多同时还有所谓“十三经”，那么，“十三经”与“四书”“五经”系统是不是该有个分别？显然，“四书”“五经”这个体系更适合教学，而十三经却更倾向于学术，这是我一个不成熟的想法，我一直在思考他们的关系。我更倾向于认为宋代“四书”和“五经”的架构比较有意义。后来廖平还提出“十八经”，还有人提出“二十二经”，经典数目越加越多。我觉得从汉学的“五经”到宋学的“四书”“五经”，这个加是有道理的。现在儒学教材再加更多的经典，甚至子曰辑校等，是不是合适？另外《礼记》是从《大戴礼》里面选编出来的，我们现在既有《礼记》，又有《大戴礼》，这个关系怎么处理？还有，出土文献这一分册有没有设置的必要？是不是可以把出土文献整合到其他各经中去呢？从研究角度，我们可能必须有出土文献这一块，但从教材的角度来看，需不需要出土文献还是个问题。在新修订设计中，“《春秋》三传”被统合起来，这个改得好。《尔雅》《说文》合起来，我觉得也比较好。因而，今天的教材编写要符合时代需求，宜用减法。

我们的教材应该以实践为导向，以“成人”为培养目标，要使学生在研习中找到那个安身立命的柱石。围绕这个目的去编纂教材，无疑是个世纪工程，因而要拿出孔子当年把世法旧传之史删定成五经的气魄来做这个教材，如果没有这种气魄，我自己觉得可能这个教材离我们的理想还很远。

这是我零零碎碎的一些想法，很不成熟，谢谢大家！

尹波：下面请李晓宇谈谈他的看法。李博士一直研究尊经书院很多年了，应该是有很多想法的。

李晓宇：谢谢尹老师，其实我也没准备。我突然想起今天上午看会议发的材料，有个人对儒学学科建立有相反的意见，说了一个很尖刻的比喻，说儒学学科就好像拿着刀和叉在吃中华料理的一份大餐一样。当时我觉得这个比喻虽然很尖刻，但是也有点儿道理。我们今天的国学学科或者儒学学科，实际上也没有完全摆脱西方的知识体系，仍然是以儒家的伦理学、儒家的哲学、儒家的经济学等这样的方式来提的。实际上这就和人家那个比喻说的一样，是拿着刀叉在吃中华料理。我的理解，国学或者儒学和西方学科的关系，实际上也可以拿餐具来打个比方。是个什么关系呢？就像刀叉和筷子的关系，你要把筷子归为刀还是叉呢？它都不是，这就是我理解的，国学或者儒学学科为什么要创建或者说要独立出来的一个很重要的理由。蒙文通先生当年就讲过：“自清末改制以来，昔学校之经学一科遂分裂而入于数科，以《易》入哲学，《诗》入文学，《尚书》《春秋》《礼》入史学，原本宏伟独特之经学遂至若存若亡，殆妄以西方学术之分类衡量中国学术，而不顾经学在民族文化中之巨大力量、巨大成就之故也。”把六经支离开来，《易经》放到哲学，《诗经》放到文学，《尚书》《春秋》《礼》放到史学，但实际上六经本身是个整体，它是一团气，你把这团气打散了，实际上就丧失了它的活力。所以儒学就是儒学，它就是筷子，它和刀叉是并列的关系，不是归属的关系。我想从这样一个出发点来看我们的学科建设，可能更符合创建的意图和目的，而不能沦为被反对者所嘲笑的拿着刀叉来吃中华料理这样一种模式。

所以说我看了这个教材的设计，就有这样一个感受，实际上还是按照西方的学科体系的这种方法来编撰的。我们回过头来看一下传统的儒者是如何被培养出来的。比如说(我研究书院)像尊经书院，它实际上也没有什么很明确的教材，它就是经、史、辞章之学，就三大科，经、史还有辞章，就从这三个角度来培养学生。还有，我喜欢看一些古代的蒙学书，小孩子启蒙、发蒙，就是刚刚立志要做儒者的时候，他们看一些什么书。这些蒙学书对我们的启发，有时候可能比真正的经史类的书的启发更大。我看蒙学书就发现，蒙学书实际上就是三类书。第一类是讲名物。古人说一事不知，儒者之耻，见物能名，可为大夫。在刚刚培养儒者入门的时候，实际上最强调的是名物方面的内容——这些东西是什么？像《诗经》的名物、《尚书》的名物，等等。这是第一个层次。第二类是讲性理之学，这就跟理学和哲学相关联了。最后还有一个就是讲史学，历代的兴亡成败，实际上这也是儒者的家国天下的情怀，它所应该具有的抱负。从蒙学教材的设计，我们可以看到传统是自有一套义理和培养模式的，有一套知识范围和建构的。我们的教材体系非常完备，但是不像传统的培养儒者的方式，更像是西方式的知识体系的划分。

这就是我不成熟的一点感受，谢谢大家。

尹波：谢谢晓宇。下面我们请潘斌教授谈谈他的想法。潘斌教授一直研究三礼，他也写作了样稿，我们也想听听他的感受。

潘斌：谢谢尹老师，也特别谢谢舒老师，给我这个机会参加这么有意义的学术活动，前面听了各位老师精彩的发言，受益匪浅。

2005 年的时候，舒老师指定让我读《礼记》，到今天恰好过去 11 年了。我一直不敢旁骛，中间有段时间曾对皮锡瑞感兴趣，那也是为了打好经学的基础。一直就在《仪礼》和《礼记》上下工夫，这两本书确实比较麻烦，很多时候感觉自己的领悟还不深。现在要编纂教材，感觉自己的水平也还不够。当然，我觉得儒学教材的编纂很有意义，很有价值。我现在工作的西南财经大学，虽然很重视通识教育，但是还没有合适的教材。我们有的时候开选修课就是自己编一些教材，编一些讲义。我的讲义提交上来，这次纳通奖还评了一个奖,感觉很不好意思。所以儒学教材编纂,我觉得很重要,因为编成了之后,至少我相信,我们西南财大开选修课就可以好好利用。

另外,我自己在从事实际的撰写,有一些感受和需要注意的。如操作方面,教材涉及校勘,要找一个好的底本,选择汉唐古注并适当地借鉴后来的一些观点。这特别考学养。我以前胆子比较大,五六年前读《仪礼》的时候,每天读,大半年在里面,觉得很舒服,也觉得自己好像有点理解,但是现在看来觉得非常浅。特别是读了王念孙、王引之,高邮二王,还有清代乾嘉时期江永、惠栋等人对礼经的考证、校勘之后,发现自己以前根本就不懂。现在觉得写教材不是那么简单,它需要时间、工夫,有很大挑战性。因为写不好的话,这个"定本"就成为一个非常主观的本子,就起不到我们预想设定的效果。

还有儒学教材的组织问题。我跟舒老师曾经请教过,现在感觉不知道是不是自己的原因,从事起来时间比较散,有种没有提上日程的感觉。我个人还是没有把时间放进去,但是我又觉得这个事情很重要。所以那天杜春雷兄提到我以前所提交稿子的事情,我都觉得很奇怪——我什么时候提交过稿子? 这就是一个问题。我就想如果确定要来做这个事情,就给定一个期限,明确责任,适当督促,因为大家都有自己的单位和工作,需要把时间往这上面倾斜,才能保证按时按质完成。

这就是我的一点看法,谢谢!

尹波:谢谢潘斌先生。其实这次刘学智老师也提供了关于关学的样稿,他肯定有很多心得体会跟我们分享,也可以指导我们教材编写下一步该怎么做。现在请刘老师就《关学概论》给我们分享一下写作思路。

刘学智:舒老师让我做一本《关学概论》,我在《关学思想史》的基础上,重新架构了一下,把有些东西摘出来,先弄一个初步的,供会议参考。刚才几位老师也谈到,教材实际上是很难写的。学术研究的东西可以深一些,甚至越有深度越好,但是教材不行,它要掌握一个度,这个度就是要把该领域基本的知识、基本的文献讲给读者,还要讲一些基本的方法。这就有一个度的问题,有一个选择的问题,特别是要处理好学术与基本知识的关系问题。所以不是很好写的,我同意杨世文老师的说法。而且教材要特别准确,研究性的著作需要提出自己学术性的观点,而教材应该是形成定论的或大家基本认可的东西,不能把过强学术性的东西写进去。所以我在写这个草本的时候,就尽可能把一些让读者最应该知道的、最基本的,而且是在学术界比较公认的内容写进去。不过,如果真正要使用的话,这还要得重新写。只是基本资料有了,基本框架有了,具体表述还有一些细节的东西要再推敲。关于框架,我考虑在前面设一总论,把概念界定一下,把目前学界大家比较认可的东西加以认定,再介绍关学的学派源流、思想渊源、思想特征等内容。然后以张载为主,阐述其思想体系,对他的思想体系也应该是大家普遍认同的,不能仅是作者自己独特建构的。比如说"太虚即气"的自然观问题,按照张载所说:"由太虚,有天之名;由气化,有道之名;合虚与气,有性之名;合性与知觉,有心之名。"我认为这是张载自己说的,基本上可视为他对其思想体系的概括。但是其中有很多学术性的问题,比如气的问题,太虚与气的关系怎么把握的问题,二者何为本的问题,这些我在书中都基本不涉及,如果涉及就太复杂了。可能小的篇幅又说不清楚,反而容易给学生造成一些混乱。我以为,张载最基本的最重要的东西,比如"民胞物与"的思想、"四为"的精神,张载贯"性与天道"为一的天人合一思想等,这都是要给学生重点讲的,尤其是作为关学教材所必须讲的。此外还有关学的传承问题,这就是一些知识性的东西。这里我还涉及了一个学术问题——关学洛学化,这个问题实际上带有很强的学术性。但是为什么要交代呢?因为历史上有一种看法,说关学后来被洛学化了,对此我做一个简略的交代,其实在《关学思想史》里我写得很多,这里就简略些,让读者稍微能够了解关学中存在这个问题,仅此而已。然后是金元时期的关学、明代关学,各个时期有的重要流派,把这个大体思路弄清楚。弄清楚关学发展在明代的两个路向,关学的心学化趋向必须讲。清代关学的思想结构比较复杂,我这里重点选了两个路向,一个是李二曲的路向,一个是王建常走的程朱理学的路向,以后是刘古愚的心学,最后是李元春、贺瑞麟到牛兆濂的理学的走向。我想这个大体框架要搞清楚,但是基本史料上要简略。我想教材要写好,确实要多在提纲架构上动脑筋,既不能烦琐,又要把该交代的交代清楚,不太好处理。所以目前的本子,我只是为这次会议给大家提供一个讨论的东西,实际上还不能作为教材。最后要拿出来,恐怕还得要费很多时间重新写。框架我还是按这个框架来,但是得重新写。我就简单说这些。

尹波:谢谢刘教授!下面请朱先生再谈谈。

朱汉民:另外,还有一个比较大的问题,我顺便谈一下。我们谈的儒学学科,基本是强调它的知识性。但是儒学包括一整套价值信仰,强调知行合一,具有实践性。如何处理好儒学的知识和价值的问题十分重要。上次写《孔子研究》约稿的那篇文章的时候,我想到这个问题。如果特别强调儒学的价值信仰和实践性的话,它和学术的关系怎么处理?儒学学科培养的是否一定是儒学的信仰者?联想到西方大学的神学院,就和教会的神学院是有区别的。教会的神学院是信仰者去学的,而大学的神学院基本上是价值中立的，保持学术的相对独立性——学习的人不一定是信仰者，它强调的是知识的中立性和客观性。当然，我们是不是要这么做，是值得思考的一个问题，我把这个问题提出来供大家讨论。当我们在大学增加儒学学科的时候，是否要求培养出来的人都是儒学的信仰者？大学强调儒学信仰，是不是会和其他不同的价值信仰产生冲突？作为大学的儒学学科，它与信仰的关系是一个蛮大的问题。我倒是想听听各位老师的意见，这事关教材体系的指导思想问题，值得我们继续深入讨论。

关于各本作者的遴选，这是我们第一次来编儒学教材，我也希望每一本教材的作者最好是各个领域里最有权威的人。这样的话，我们编出的教材在整个学界的地位就会完全不一样，这也是值得我们后面选作者的时候考虑的问题。

另外还有个问题，晚清民国的时候出现了很多儒学教材，像皮锡瑞的《经学历史》《经学通论》，当时就是为湖南高等学堂经学课写的教材。那时候的湖南高等学堂是岳麓书院改的，还没有废除经学课，到民国才废除，为了上课他就编成了这两本书。我想今天在我们还没有成熟的经学历史和经学通论的教材的时候，可不可以把这些教材作为我们现在的教材，暂时列进去。

舒大刚：我插一句。这类书，清末民国时期确实编了很多，我们买了一套丛书，里面收集了有七十多种，就是经学概论、十三经概论之类，这里面有非常好的东西。

朱汉民：另外就是关于地方学术专题，我之前出了本《湘学通论》，正好刘老师也作了《关学思想史》。但我这本当时是做的学术专著，个人观点比较突出，如果要变成一个教材，我感到确实是不太合适。要怎么改，我也感到很纠结。对我来说，基本上要重写。因为这本书里有些观点只是我刚提出来的，不一定是公认的观点。这些观点当然可以放进去，但是还是值得探讨的。再就是专著考虑某一个问题会考虑得很深，但它不考虑面广、综合性或者让大家都能懂。所以刘老师说他那本关学通论都不适合，那我的《湘学通论》更难作为一本教材，要做的话要重新写。这种教材确实是非常不好写。所以今天怎么来编教材确实也是一个难题。我就补充这几点，谢谢大家！

尹波：谢谢！请颜老师再说说。

颜炳罡：《儒学与当代社会》那本书实际上不是要写儒学在当代社会，只是起了那么个书名，它的意义是什么呢？其实是讲儒学的当代价值，不是讲儒学在当代社会，它不是社会学层面的问题，也不是历史学层面的问题，而是一个哲学的问题。儒学现在面对当代存在的好多问题，比如环境问题、全球化问题、人类文明的冲突问题，乃至我们今天的网络问题、生态问题、社会伦理问题等一系列的问题。那么站在儒家的立场上如何来看待人类社会到了21世纪所出现的新问题、新挑战？儒家有没有参与的可能性？如果儒家要参与，儒家是在场者的身份，而不是外在的身份。投入某个问题中进行化解的话，那么儒家应该是持什么样的态度？说到底这本书是讲这些，它非常冒险，不可能形成一个大家都认可的论述，它不是要对应传统社会。

第二，其实我前两天也读到山东大学堂由书院改为学堂时，当时好多人为了适应新的需要编的国学教材。最近整理了山东大学堂出的五种国学教材，大家也可以拿来参考。包括我们今天说的经典的讲义，《尚书》的、《礼记》的讲义，包括五伦等儒家的基本内容，这些都有。我觉得当时改书院为学堂，是为了适应教育体系的转变，前贤做了很多努力，我们也不妨拿来作为借鉴和参考。

舒大刚：当时的川大，龚道耕先生有《经学通论》；李源澄先生有《经学通论》，还有《诸子概论》；庞石帚先生也有《群经概论》。

尹波：下面我们再听听年轻学者的意见，请刘泉来讲讲他的看法。

刘泉：谢谢各位老师分享了自己的高见，我也有一点自己的看法。我是学中国哲学的，今天我们要设立儒学学科跟当年建立中国哲学学科时具有很多相似性。因为中国哲学学科化的过程中也存在学科合理性问题，而且这个问题在清末民初学科改革的过程中已经出现了。我们现在所面对的关于儒学争议的问题，这一百多年来一直没有解决，依旧存在，也依旧在讨论。我们的传统学术作为一个文化形态或者学科形态面对着一定程度上要求破除或者消灭传统文化的遭遇，而我们现在要做的是一个转化的过程，同时也是一个转生的过程，要让它重新发挥原来应有的活力。所以如果我们今天讨论儒学的学科化的问题，是不是也可以借鉴我们长期以来讨论的中国哲学学科化问题？我觉得会有很多的借鉴性。因为关于中国哲学学科的讨论已经有很多成果，已经很丰富。我们在讨论儒学的时候，可能可以借鉴这些相关的成果。

另外，以学科的视角来看待儒学，我觉得可以有两个角度。一个是以我们现行的学科来看待儒学的学科化，怎么定位它。在现行学科的视野下，舒老师刚才讲的这些实际上都属于我们现在讲的交叉学科，这就牵扯到以儒学本身的角度来看我们的现代学科了。因为我觉得儒学基本上可以约等于我们现行学科的所有门类。因为历史上一直演变的儒学的形态，不仅包括了人文学科，它也包括了社会学科以及自然科学。所以在一定意义上儒学的内容是可以涵盖我们现行的所有学科的，而不仅仅局限在人文学科。这中间就牵扯我要谈的另外一个问题，就是我们如何看待儒学内部的两个问题，一个就是儒学的一以贯之的东西，儒学内部的同一性问题，就是儒学的主体精神、主体内容。在两千多年的儒学演变过程当中，哪些东西是持之以恒的，没有变化的，抽出来就可以完全代表儒学的，只要我们提到这些，就知道它是儒学，而不是其他。另外一个就是儒学演变过程中的差异性，这个差异性表现在儒学的不同历史形态方面，比如说两汉经学、宋明理学，它是属于儒学演变过程中不同的时代形态。同时还有一个问题就是儒学学派的差异性问题，即使在汉代的经学史范围下也存在今古文之争，在宋明理学形态下也存在气学、心学、理学的区别，而气学、心学、理学本身内部又存在他们的差异性。我们可以以儒学内部同一性和差异性相结合来应对我们设立儒学的学科问题，这也牵扯了儒学一级学科、二级学科、三级学科的性质。一级学科可以主要体现出儒学的独特性，它的同一性问题，最核心的问题，我们在一级学科的定义和说明中，主要体现这个。在二级学科甚至三级学科的设计中，可以体现出儒学不同历史形态的特殊性、差异性，还有学派的差异性，就是刚才老师们谈到的儒学学派的概论，儒学的五经、十三经、四书，等等。这些也可以单独作为三级学科，或者说某些可以作为二级学科。这样的思考更有助于完善、建设我们现在所要面对的儒学学科建设过程中的一些问题。我要谈的就是这些，谢谢各位老师！

尹波：刘泉讲得非常好。今天其实我有个小小的看法。我们这次设立了一些科目，现在新的两办的意见发布了当下社会的需要，我们在设置儒学学科构建的时候是不是也应该把这块也考虑进去？把现在的需要和儒学学科建设结合起来，而不仅仅是从我们儒学本身来讲。比如把儒家的礼仪融入体系内，是不是这种就可以和现代社会相合，大学生读这些书可能就会感兴趣。如果都是导读类的，最后学生可能就学得没兴趣了。我觉得刘老师这个样稿非常好，深入浅出。刚才刘老师说的有一些学界有争论的内容，我想可不可以放到附录里面去。因为我们还是要引导大学生走进这个领域的，如果都是基础性的内容，恐怕还是不够。有争论的内容可以以附录的形式附在后面，如果学生有兴趣，可以进一步研究。最后，舒老师写了一个儒学文献的样稿，他一定也有很多的看法，我们请舒老师最后发言。

舒大刚：前面各位先生都说得非常好。《儒学文献概论》成书已经很久了，但是拿来做教材还是个急就章，还不成熟，所以就不去具体谈了。这本教材我们是想起到儒学文献目录学、史料学方面教学的作用，现在看起来离这个目标还有很远的路要走，我们下来需要再继续努力。

今天的讨论给我们很多启迪。虽然儒学学科建设我们已经思考了很久,但是由于受到学制的限制,还有这么多年我们主要是以文献整理和学术研究为主,人才培养方面,虽然有研究生的培养,但是没有系统,没有从本科教学到研究生教学的系统思考,所以在讲儒学学科的恢复和教材建设的时候难免有很多不足之处。

前面各位先生的发言有很多闪光的东西,非常有价值。尽管大家对我们的初步方案很客气,但是我也感觉到我们这个方案中需要修订、需要修改的还很多。好在我们下一步是采取委托加征文的方式。委托是现在我们知道一些专家在某领域有研究,就请他来写。征文就是我们不知道的还有一批专家,他们有好的成果,愿意又适合纳入的,就欢迎加入。在这当中,我们可能会发现一些很好的珍珠,甚至一些系统性很强又适合做教材的专著。所以我们要双管齐下,重点委托和公开招标、公开征文,把这两种方式结合起来,可以弥补很多我们单方面的不足。

另外一个需要说明的是,这套教材的编写计划已经得到各个方面的支持,包括一些物质保障。首先,儒联知道后给予了立项支持,第一批款已经拨过来。这可以保证我们一些具体的开支和推动工作。第二,我们发起单位的老师,都发挥现有条件,做好其他各方面的关系,积极支持这个工作。具体的参与,像汉民先生的湘学、学智先生的关学、炳罡先生的儒学与当代社会等。贡献智慧,肯定是没问题了。同时在资源上,有条件的单位也给予了支持和保障。像汉民先生所在的岳麓书院国学院,就在每本书的出版经费上给予了保障。炳罡先生所在的山东大学,大概在六七年前就立项了儒学学科建设的项目,会结合儒学高等研究院的相关资源来支持这个事。还有一些出版社也表示他们愿意出版,像中华书局等。这次高等教育出版社社科分社的负责人对我们的计划非常赞成,本来他今天要来,有事来不了,但是他说3月会尽力敲定这个事。也就是说,教材计划从我们的发起,前期的研究、研讨,到后来的出版、推广,现在都基本上有了一定的保障。希望大家贡献智慧,积极参与,把高水平的著作改编成教材,以适合学科重建和人才培养。尤其是在座的年轻人,也应该责无旁贷,因为实际上现在学科又到了交接班的时候了。我们还有幸跟前一代大师学习过,像川大的徐中舒先生、缪钺先生、杨明照先生,我们这代人还有幸见到他们,听过他们的课。还有我的老师金景芳先生。我们把听到的传下来。现在真正在教学、科研这两条战线活跃的就是年轻人,就是三十多、四十岁,四十岁到五十岁之间的这批年轻人。你们现在要勇敢地起来,勇敢地担当。所以我们这套教材,质量第一,不分老幼,也不分资历,有高水平的适合做教材的成果,大家尽管投稿。今天上午我们讨论的征文办法，等大家修改通过之后，会及时挂出来，即刻就可以投稿，希望真正能够产生高水平的教材。谢谢大家的热情参与，更感谢大家的真知灼见，还要期待大家的热情的支持和投稿。谢谢大家！

尹波：感谢各位专家的精彩发言，今天的会到此结束。

四、媒体报道

学者联合倡议中国高校设立儒学一级学科，培养儒学专才

6月11日，“中国儒学学科建设暨儒学教材编纂”座谈会在四川大学国际儒学研究院复性书院举行。来自陕西、湖南、山东、四川、重庆等地高校及科研院所的众多学者专家，围绕中国儒学学科的建设、儒学教材的编纂以及儒学人才的培养等问题进行研讨。刘学智、朱汉民、王钧林、舒大刚、颜炳罡等知名学者联合倡议在中国高等院校设立儒学一级学科。

座谈会由四川大学国际儒学研究院副院长尹波教授主持，议题召集人、四川大学国际儒学研究院院长舒大刚教授介绍了将儒学建设为一个学科的目标、原因、意义与现实条件，认为应本着建设具有中国特色、中国风格和中国气派的哲学社会科学的宗旨，探讨儒学学科体系，研究儒学学术体系，重建儒学话语体系，编撰系列儒学教材，培养合格儒学人才，并就此提出了相关任务和实施步骤。四川大学国际儒学研究院副院长杨世文教授结合初拟的儒学教材编撰大纲，汇报了儒学教材编纂的具体规划，并提出了一些需要进一步讨论的具体问题。

随后，陕西师范大学教授、陕西省中国哲学史学会会长刘学智，湖南大学教授、岳麓书院国学研究院院长朱汉民，山东师范大学教授、《孔子研究》主编王钧林，山东大学教授、儒学高等研究院副院长颜炳罡就儒学学科设置与教材编纂发表了建设性的意见和建议。

刘学智教授充分肯定了建设儒学学科的设想，认为这一目标的提出走在时代前沿，意义非凡；在教材定位、内容选取、出版规模等方面还可能出现一些问题，有待进一步探讨和商议；如准备周密，相信整体计划会取得重大突破和成就。

朱汉民教授从学科建设和教材编写两方面提出了自己的看法，认为儒学学科的建设十分重要，在国学的基础上，将儒学突出，建设成一级学科很

有必要；应该努力使儒学进入国民教育体系中，在通识教育中加强儒学教育。

王钧林教授也认为建设儒学一级学科势在必行，在一级学科下，还应设置经学等二级学科，形成完备的学科体系；儒学教材的编撰最能反映优秀传统文化，建设儒学学科体系要有中国的特色。

颜炳罡教授比较了国学与儒学的不同，认为国学体系庞杂，内涵丰富，总括诸多学科门类。儒学学科性质明确，体系完备，价值巨大，适合建设为一级学科，他指出建设中国传统学科对培养传承传统文化的人才十分重要，主张现代学科设计应该与中国传统学科设计相衔接，而不是一味迎合西方的学科建设。

台湾元智大学教授、四川大学特聘教授詹海云，四川大学国际儒学研究院学术委员会主任郭齐教授，四川大学国际儒学研究院副秘书长彭华教授，来自成都、重庆等地高校、科研院所的学者及四川大学国际儒学研究院师生参加了座谈会。与会专家认为，儒学是中华文化的主干和中国学术的中坚，在经典体系、发展历史、思想学术、文献积累、信仰体系、道德伦理、实践功能、教育经验等方面有自成体系的完整设计，完全具备设置一级学科的各项条件。历史上，儒学曾在奠基中华文明、塑造民族性格、承继文化基因等方面发挥重要作用，居功至伟，意义深远。在当前社会背景下，设置和完善儒学学科，系统编纂儒学教材则是加强精神文明建设、发展中国特色哲学社会科学的必然之选，而且时机成熟，迫在眉睫。座谈会就儒学学科建设、教材编纂等一系列问题达成初步共识，并形成了《设置和建设儒学学科倡议书》。

（凤凰国学，2016 年 6 月 14 日）

热点追踪：学者倡议设立儒学学科，会上都说了啥？

重建儒学学科 创建有“中国气派”的学科

舒大刚（四川大学教授、国际儒学研究院院长）：中国作为一个多民族、多宗教、有着五千余年文明史的文化古国，其包容的文化类型、文化形态可谓多种多样。如果要以简练的语言来描述真正具有全国意义的“中国文化”，当然是：以儒学和诸子百家（包括释、道）互补为结构，兼融各民族（甚至周边各国）文化的多元一体的庞大体系。这个海纳百川、兼容并包的庞大文化体系自来就是所有中国人所引以为自豪的精神家园。然而，若一定要在这个庞大体系中确定一个核心主干，不容置疑，它将是儒学。以儒学为主导的中国传统文化，一直是中华文明的主干，中国历史及文化的方方面面无一不受到儒学的影响。而儒学本身也在这种影响中接受影响，不断地自我发展和自我完善，形成了具有自足的经典体系、博大的思想内涵、丰富的文献积淀和成熟的教育体制，以及实实在在的学科和思想文化体系。

中国儒学学科建设这个计划的宗旨是适应时代的需求，重建儒学学科，促进创造性转化和创新性发展，凝结文化核心。前不久习近平总书记在哲学社会科学座谈会上的讲话，其中最突出的一个提法就是中国的哲学社会科学工作者要创建中国自己特色的，“有中国特色、中国风格、中国气派”的学科，同时要有中国的学科体系、学术体系、话语体系。这为我们今天重建儒学学科，重新编纂儒学教材提供了非常好的一个时机，这是一个大背景。

颜炳罡（山东大学教授、儒学高等研究院副院长）：今天，我们的学科设计完全是按照西方学科分类标准而设定的，西方有的学科我们才敢有，西方没有的学科我们不敢有，这就导致了对西方文化的迷信，完全没有了对自己文化的自信。这种自信心的失落导致我刚才所说的结果：只要西方一有我们就奉若神明，我们中国自己发展了几千年的学科，只是因为西方没有，我们就绝对不敢有。

有一次我到韩国去，韩国有一个圣山孝道大学，他们的校长告诉说，全世界只有他们那个地方有孝学科，在那里孝学科可以设置，可以培养硕士、博士。孝学科的源头在哪里？当然是在中国。孝学科创设于我们的《孝经》啊！《孝经》不就是我们的孝学科吗？我们中国人不敢有，韩国人却敢有，这难道不是我们的文化悲哀吗？！如果我们中国有人敢提孝学科，那不是举国共讨之，全民共伐之？韩国可以为孝立法，若问中国，谁敢有此想法？这难道不正是我们的文化之痛吗？

基督教的神学院培养了基督教的神学家和传教士，中国的佛学院培养了中国的佛学理论研究者和佛学的信众、信徒，中国的道学院也在培养道士，我们为什么不能设"儒学"为一级学科去培养中国文化的薪火相传者、中国文化的守护者呢？

中华文化，既要"薪火相传、世代相守"，又要"与时俱进、推陈出新"。既然要"薪火相传，世代相守"，那么谁来传？谁来守？儒家文化是中国文化的主体，这种观点很少有人否定，或者说这种观点应该是学术界的共识，这就需要我们培养"薪火相传、世代相守"，同时能够"推陈出新、与时俱进"的学人。所以我认为，儒学学科的设定在今天是恰逢其时。时代使命落在我们这代学人的身上，我们最起码应该提出这样的观念、愿景与设想。我们一代人实现不了，下一代接着努力。

儒学自有一套体系：西方叫"哲学"，儒家叫"义理"

舒大刚（四川大学教授、国际儒学研究院院长）：以前经学这个学科是很大的，但到了民国初年就把它废弃了，经学和儒学就不是作为一个学科来存在，只是在文史哲或者其他学科下面有一些附带性的研究。由于学科不存在了，那么教材也就没有系统性，儒学有哪些知识点，有哪些技能都没有得到规范性的设计。同时，尽管现在我们培养了很多儒学人才，由于大家的知识水平不一样，在儒学知识的掌握、基本技能的应用上，都是五花八门的。

那么，儒学学科体系到底是怎样的？这需要继续探讨。当然，现在像"儒学概论""儒学通论"这样的书很多，但大多数都写成了思想史。所以我们现在在考虑,从学科建设的角度,儒学应该包括哪些内涵,这是第一个任务。第二个任务就是研究儒学的学术体系,包括很多的学术构成。第三,重构儒学话语体系,现在很多人讲儒学还是用西方的话语体系来解构儒学,这样是不是符合儒学本来的面目,需要继续探讨。

朱汉民(湖南大学教授、岳麓书院国学研究院院长):近代以来的晚清新政,对教育的最大的影响就是大学的改革以及整个知识体系的变革。我一直认为,这一变革有其历史的合理性,但是也有一些不合理的地方。

其中,中国传统许多重要的知识形态被西学分解,是非常不合理的,这样使中国传统学科失去了其整体性、系统性,其作为生命有机体就不复存在。所以,我也十分赞同将儒学学科纳入现代学科体系和教育体系中,正像我呼吁现代大学体系中复兴一些传统书院,其实这两者是相关的。作为一个传统学科,儒学要进入现代的学科体系中,一方面要恢复传统儒学的知识体系,复兴其活的文化功能;另一方面也要具有当下时代的特点,与现代学科体系对接。

当我们讲到现代大学学科的时候,心中就是哲学、文学、政治学、法学等这些西学学科,其实我们中国传统有一套自身的知识体系,倡导恢复儒学学科,并不是与现代学科体系对立,而只是补充其不足。所以我们应处理好这二者之间的关系。我们希望能够保持传统儒学的知识体系的系统性和完整性,同时也能够吸收现代学科的优长。

如果儒学学科建设成熟了,能够进入国家正式的国民教育体制中,当然很好;即使暂时进不去,但是当代中国对这一知识体系的社会需求很大,既可以在大学里进行通识教育,也可以在社会上进行各种成人文化教育。所以不管最后结果怎样,我们应该把握这个“理”和“势”——我相信今天倡导恢复重建儒学学科,既合学术之理又得天下之势。

王钧林(山东师范大学教授、《孔子研究》主编):我们对于儒学学科的定位不应该是二级学科或者三级学科,而应该是一级学科。有了一级学科的定位,我们就应该考虑根据儒学学科体系,它的二级学科、三级学科都应该有哪些。比如说,儒学如果成为一个一级学科,那么经学就应该是它下面的一个二级学科,经学之下像“诗(经)学”“尚书学”“易学”等就应该成为经学这个二级学科之下的三级学科。如果是这样的话,那么一级学科、二级学科、三级学科的学科体系就是很完备的,那我们的这套教材就应该相应的与这些学科相契合——一级学科、二级学科、三级学科都应该有自己的相关教材,这样学科和教材就是相对应的。另外,这套教材会比较准确地反映儒学的话语体系,我们也可以根据现代的学科分类体系来对儒学进行分科研究,比如说儒家哲学、儒家伦理学,等等。我认为我们的儒学学科应该从中国传统的话语体系，按照我们传统的学科分类来进行研究，最大限度地凸显我们传统的话语体系。

现在的学科体系基本上是从西方引进的，自然也有它的合理性，但从民国时期废除学校读经开始，我们传统的经学、儒学在教育体系中已经基本没有位置了，这是不合理的。经学和儒学是中国传统文化、传统精神最主要最核心的载体，但现在在我们的教育中已经不存在了。

颜炳罡（山东大学教授、儒学高等研究院副院长）：对于儒学一级学科建设，我们既要借鉴西方的学科分类方法，尤其西方思考问题的模式，更要注重发掘我们传统的学科、传统的观念、传统的范畴分类方式的延续与传承。大家都知道孔门有“四科”：德行、言语、政事、文学。这“四科”相应的是什么呢？后来很多人都提出，“德行”相当于义理之学，今天人们把它叫作中国哲学，或者叫它中国儒家思想，如果我们叫他“中国儒家义理学”不是很好吗？“言语”就是辞章。那“政事”就相当于我们今天的政治学、经济学、管理学。“文学”就是历史文献学，包含着今天的儒家文献学，也包含着今天的考据学，也包含着“小学”。我们今天设定儒学学科体系，完全可以从儒家学科的分类中找到根据，这样的学科设定才更符合中国的传统。

儒学教材要作为一个完整的体系来思考

刘学智（陕西师范大学教授、陕西省中国哲学史学会会长）：现在儒学好像到了一个必须解决的节点上，要进一步深入发展，确实需要解决学科体系的问题、学术体系的问题和儒学话语体系的问题，这也必然需要一些儒学系列的教材，要培养相应的人才。

关于定位问题，所编教材是高端学术性的，还是通俗性的？高端学术性的现在出的也非常多，但确实没有把它作为一个完整的体系来思考，所以做进一步的工作有必要性；通俗性的也很多，包括适用干部读的、适用民间读的，还有适用儿童读的。我们教材的定位，高端学术性与通俗普及性之间如何处理，我还没有想清楚。如果是一个高端学术性的东西，普及性就会差一些；如果普及性太强，作为学科体系建设就比较难，这个关系怎么处理？

还有思想内容交叉的问题，比如儒家经典通论和儒家文献概论，文献当然包括经典，经典也涉及文献问题，这两个如何处理？还有儒学文化和儒家思想也有交叉，有交叉就会导致一些重复。

关于规模问题，这和定位有关系，如果是通俗性的，规模就不能太大，给一般民众和干部一部太厚的东西，读起来就比较困难；但如果写得太薄，学术性就不行，很多内容展不开，这也是一个问题。教材字数现在定的大概是四十到五十万字，有些是二十到四十万字，等定位问题解决了，这个问题应该就迎刃而解了。

舒大刚（四川大学教授、国际儒学研究院院长）：关于儒学教材的编纂，整个教材可以分为：基础通论、专经研读、专题研究、特色创新。尤其是基础通论，从事儒学人才培养，基础知识是必须要具备的。专经研读就是每一部经或者每一类经要有导读。专题研究，要求儒学和其他文化专题要有一些研究。特色创新，就是结合各个地方、时段的，有特色的系列专题课和专门教材。不过，作为整体推动，首先应该集中精力启动“八通”，即八个基础性通论教材的撰稿，通过编写“八通”，确立儒学教育的基础教育和通识教育的体系，以后再陆续推动其他各个部分教材的编写。

“八通”就是八个通论性质的教材，包括儒学通论、儒学通史、儒经通论、儒学思想、儒学文献、儒家文化、海外儒学、儒学与当代社会，是不是还有没考虑到的，大家可以提出来。经典导读是考虑到儒家是以经典阐释、经典推广和经典研究作为基本内涵，所以我们提出要编二十一本书的研读，包括《孝经》研读、《大学》研读、《中庸》研读、《论语》研读、《孟子》研读、《荀子》研读、《易经》研读、《书经》研读、《诗经》研读、《周礼》研读、《仪礼》研读、《礼记》研读、《大戴礼》研读、《春秋左传》研读、《春秋公羊传》研读、《春秋穀梁传》研读、《国语》研读、《古乐经传》研读、《尔雅》与《说文》研读、儒学文选、出土儒学文献研读，也许还有更重要的文献没有列进来，大家可以提，这是第一期想启动的。

第二期是专题研究，包括儒学与史学、儒学与子学、儒学与文学、儒学与科学、儒学与军事、儒学与经济、儒学与宗教，这个经济是经邦济国的意思，也包括今天说的经济，这是专题。

另外，就是儒学的特色和创新的研究，关系到一些地域文化，像齐学与鲁学、关学、蜀学、洛学、闽学、浙学、徽学，还有湘学，还有常州学派、扬州学派等等，还有没列进来的，可以继续补充。

如果设立一级学科，如何摆平“国学”与“儒学”的关系？

颜炳罡（山东大学教授、儒学高等研究院副院长）：儒学成为一个一级学科完全有条件,也完全有资格,完全合乎当下的时宜。我认为国学乃一国固有之学也。它是中国所有学问的一个综合体,或者说是与西方学术相对应的学科群,它下面包含着若干个一级学科,像中国戏剧、中国医学、中国建筑、中国绘画、中国书法、中国功夫、中国茶道,等等,何者不是国学的范围?所以国学的范围非常庞杂,将国学设立成一级学科不是看重国学,是低估了国学的意义与价值,不切合实际。但是把中国儒学设立成一级学科却非常恰当,中国儒学作为一级学科,那它下面自然带出二级学科、三级学科,所以我们教材的设计和编写要和学科体系的设置相一致、相统一、相协调。在这个学科设置里,必修课是什么?选修课是什么?要围绕着这样的一种学科设定来设计我们的教材。

朱汉民(湖南大学教授、岳麓书院国学研究院院长):当我们今天倡导儒学学科时,并不希望将这一种传统学科与现代学科体制对立,而只是弥补其不足。我亦希望并倡导国学学科能够成为一个独立的学科门类,而儒、道、佛或经、史、子、集则为其中的一级学科。如果经过大家努力,国学能够进入学科门类,我想儒学就应该成为国学的第一个一级学科,儒学应该是国学中最重要、最核心的一门学科。

(凤凰国学,2016年6月21日)

儒家学者倡议设儒学为一级学科，向西化的学科体制要户口

据凤凰国学报道,6 月 11 日四川大学国际儒学研究院召开了“中国儒学学科建设暨儒学教材编纂”座谈会,会上刘学智、朱汉民、王钧林、舒大刚、颜炳罡等学者联合倡议在中国高等院校设立儒学一级学科。

什么是一级学科？根据教育部《学位授予和人才培养学科目录》,中国的高等学校研究生教育专业设置按“学科门类”“学科大类(一级学科)”“专业(二级学科)”三个层次来设置。一级学科是学科大类,二级学科是其下的学科小类。根据该目录 2011 年修订版,共设 13 个学科门类(哲学、经济学、法学、教育学、文学、历史学、理学、工学、农学、医学、管理学、军事学、艺术学),110 个一级学科(例如,法学门类下设法学、政治学、社会学、民族学、马克思主义理论、公安学等一级学科)。

在中国高校设立儒学为一级学科,势必影响一系列人才培养体系的调整和高等教育相关改革,甚至将延伸到基础教育、就业、学术研究等方方面面。学者们提出这一倡议的初衷是什么？

众所周知,近年来从民间、学界到官方都在大力复兴中国传统文化,弘扬国学尤其是儒学的各类活动和举措可谓发展得如火如荼。在此背景下,为何还需强调设儒学为一级学科呢？设与不设的差别何在？

此前也有传闻,高校专业设置中将增设“国学教育本科专业”,而本次倡议则专门强调了“儒学”,这种细分是出于怎样的考虑呢？

澎湃新闻采访了参与联合倡议的学者,他们详细阐述了对上述热点问题的思考与响应。

现有学科体系来自西方，不利于培养中国传统文化人才？

山东大学儒学高等研究院副院长颜炳罡指出，关于儒学建一级学科的考虑，并非几个学者的突发奇想或一时冲动，而是由来已久。五年前，山大儒学高等研究院就申报了“中国儒学学科建设”项目，作为国家哲学社会科学重点项目取得了立项。

若设立儒学为一级学科，就要按照儒家的理论系统来重新调整课程设置。孔子的教学，本来就分为四门科目：德行、言语、政事、文学。用现代话语体系表述：儒学为一级学科，“四科”就是二级学科——“德行”就是儒学中的义理之学，“言语”就是儒学中的辞章之学，“政事”就是经世济民之学，“文学”就相当于经学。二级学科下面，还可以设三级学科。如经学是二级学科，那么下面可以设春秋学、易学、四书学甚至《论语》学、《孟子》学等三级学科。

他说：“我们近百年来的学术发展有个最大的问题，就是受西方的强势影响，中国自身的学术体系包括国学在内被西方冲击得七零八落。如经学本来是中国独有学科，但在民国初期那场中国学科西化过程中，将《诗经》归到文学，将《尚书》《春秋》归到历史学，将《易经》归到哲学，等等。近代以降，在对西方文化的迷信中，西方有的学科我们必须有，西方没有的学科我们不敢有，完全是邯郸学步、忘却自我，甚至是东施效颦。”

四川大学国际儒学研究院院长舒大刚，也是本次座谈会的议题召集人。他倡议中国高校设立儒学一级学科的初衷有四点。

首先，是出于中国历史的客观实际情况。历史上，儒学尤其是孔子创立的儒家学派，既是中国文化前面 2 500 年的传递者，又是后面 2 500 年的启迪者。他认为：“没有儒学，就没有我们现在看到的中国文化的模样。不研究儒家，就不能真正地了解和认识中国。这是客观的现实。”

其次，儒学对中国文化、中国人产生了深刻影响。中国人的信仰、价值观、道德和行为守则、知识结构等都是受儒家影响的。“正由于儒家的这些努力，才保证了中国文化的经久不息、长盛不衰；正因为儒家这套完整的体系，保证了我们这一古老文化没有中断。”现今中国文化焕发新活力，也需要深入理解儒学。

再次，舒大刚指出，党中央对这方面也看得很清楚。尤其是习总书记十八大以来特别强调文化自觉和文化自信，屡次在重要场合提倡传统文化。

最后，中国历史上就有儒教传统，安顿全民信仰。而今信仰空间真空，西方某些信仰乘虚而入，把中国人变成了外国人，中国文化变成了西方文化。出于重建民族精神家园的需要，也应提倡儒学。

岳麓书院国学研究院院长朱汉民之所以倡议设儒学为一级学科，主要基于“理”与“势”两方面的考虑。

理，指学术之理。他认为我国目前的学科体制，是自近代以来按西学的学科模式设立的，无法很好地把握中国传统学术。中国两千多年前原本有一套自己的知识体系，但在近代引进的西学体系中，儒学和中国传统学术却没有了一席之地，都被分割到西式学科体系中，中国传统的知识体系都割裂开来了。“这一点，对我们从事儒学和中国传统学术的人才培养、学术研究、传播普及均不利。”现在中国高校亟须传统文化的教学与研究人才，但因为原来综合性的知识体系被打破，教育出来的人才总有缺陷，缺乏一种完整的知识框架。

势，则指天下之势。朱汉民指出，近代中国经历了百年艰难转型，终于能够重新崛起，但不应该仅仅停留于“富国强兵”（即经济上、军事上的强大），更应该是一种文明的崛起。这就势必需要对自身的文明有一种重新的认识。他认为，中国被迫进入这样一个全球化的资本主义体系以后，对自己先祖创造的文明失去了自信，随着中国的崛起，中国人正在逐步恢复对中华文明的自信。而中华文明是以儒教为核心的文明，中华文明的复兴前提是儒学的复兴。特别是当代世界已经进入一个多元文明时代，不同文明均可能对人类文明做出贡献。

儒学若在学科体系里没有户口，就没有资源，缺少计划和系统

当然，发展儒学有很多路径，这次之所以强调设立儒学为“一级学科”，舒大刚表示更多还是出于学术发展和人才培养的考虑。

因为儒学的系统性很强，涉及经典、文献、历史、思想等方方面面的知识。但目前培养的儒学人才，往往只具有单一的哲学、文学或历史背景，关注点各自不同，不可能有总体性的全面了解，培养的学生不全不博，五花八门。

另外，现有的儒学人才获得的学位也不伦不类，有拿哲学的，有拿历史的，还有文学的，等等。但事实上，儒学涵盖文史哲甚至更多。他认为，现有的任何单一学位都无法涵盖儒学的全部内容，向儒学专业的学生授予任何

一个单一学科的学位，都只能是迫使儒学削足适履。

他还提到，没有儒学一级学科的话，高校也就不会有儒学专业的本科生、硕士生、研究生，这对师资配备、课程设置都会有影响。“儒学在学科体系里没有户口的话，就没有资源，也没有计划和系统。”他以马克思主义学科为例，本来那是在政治学、哲学门类下的，后来单独成为一级学科，系统性就更强了，现在已经有一百多种教材了，发展非常迅速。

颜炳罡则把儒学和其他宗教作了这样的比较：在中国，有基督教神学院在培养着牧师、传教士，有佛学院在培养中国佛教的传人以及佛教研究者，道教学院还在培养道士和道家传人……他由此发问：培养儒学薪火相传、世代相守人才的道场在哪里呢？在这种情况下，儒学不应该设为一级学科吗？用以培养研究、传播、传承、发展儒学的人才。

中国文化要走向世界，这不能是一句空话，必须要有理论、学科和人才的支撑。

他强调儒学设为一级学科与否，其间差距很大。“我本人多年参与民间儒学、乡村儒学的推广、普及工作，但在实践中，我深深地感受到儒学发展最大的问题是人才问题。有亲身的实践，才意识到儒学人才之匮乏、儒学传播管道之单一，与儒学在中国的地位是极端不相配的。现在儒学推广完全是靠个别学者的发愿，而这显然不够。我们目前只能把一些退休机关干部，或者有一点国学基础的中小学老师经过短期培训推到儒学的宣讲台，去给老百姓讲儒学。在理性知识分子到达不了的地方，就是一些民间人士活跃的区域，他们不具备儒学的常识，也去推广儒学，这些人往往将怪力乱神和国学搅和在一起，误导老百姓。这场中国文化复兴浪潮中，也可以说是泥沙俱下鱼龙混杂，甚至沉渣泛起。高校设立一级学科，正可以弥补儒学人才不足，建立起中国文化的传播体系。”

他进一步强调，儒家是和教育紧密相连的 。孔子堪称人类历史上最伟大的教育家。儒家的传承体系以前是在书院，书院本来就提供中国的高等教育，晚清的改革把大量的书院变为学堂，传统的体系没有了。后来民国政府又“废止读经”，儒学就彻底从高校消失了。“我们今天呼吁在高校设儒学为一级学科，在某种意义上讲，就是回归，让中国的教育回归其本身。”

儒学比国学设立为学科的条件更充分

至于这次联合倡议提“儒学”而不提“国学”，则是基于两者特性不同的细致考虑。舒大刚认为,国学是中国传统文化的总类,就像法学、文学一样(甚至包罗更宽),是一个大的学术门类。下面可以再设若干细分的一级、二级、三级学科,如法学下设行政法、民法、法理学等,文学下设文艺学、美学等——“国学”作为一个大的门类,下面也可以设儒学、诸子学、道家、中国佛教等众多学科。

他强调,现在提倡设儒学为一级学科,与国学作为大的学术门类并不矛盾也不排斥。只是与国学的漫无边际相比,儒学的体系更强、设立为学科的条件更充分、更具可行性。而儒学作为国学的主干,如果能够率先建设好,那么对于国学这棵大树上其他的枝丫、花果都会产生良好的影响,带动国学的整体发展。换而言之,这是一种渐进的推进方式。

关于此次倡议最理想的效果,他表示当然是国务院学位规划办最终能够批准设立儒学为一级学科。并且,他们还有通盘的考虑,即从中小学乃至幼儿园就开始让学生接触儒学知识,然后在大学里可以选择儒学专业,研究生阶段则能够选择儒学专题进行深入研究。

颜炳罡则结合自己的亲身经历,讲述去韩国圣山孝道大学访问时,该校校长对他说:全世界只有他们学校有“孝学科”,语气无比自豪。那么孝学是谁发明的呢?全人类第一部也是唯一一部《孝经》是中国儒家学者撰写的。颜炳罡心生感慨:相比之下,韩国人的文化自信比我们泱泱大国还要强些。与韩国相比,我们为什么不能增加点文化自信呢?建立儒学为一级学科,恢复中国人的学科设置权,正是我们今天重拾文化自信的重要表现。

并且,儒学作为中国文化的主体,若能作为一级学科先行,可以带动整个国学的发展。在颜炳罡看来,国学,一国固有之学也。“我们倡议设儒学为一级学科,并不否认现在很多高等院校尤其是人文学者对国学院设立国学专业所做努力与探索。可以说,正是这些国学院师生们的努力,才引发了我们对设立儒学一级学科的思考。事情总得一步一步往前推。现在很多大学设立了国学院,这可以看作第一步探索。今天设儒学为一级学科,是进一步的探索。经过一层层这样的探索,中国文化的传承体系就能建起框架。”

朱汉民则强调,倡导儒学设为一级学科,并不是与现代学科体系对立,而只是补充其不足。他表示:“我们应处理好这二者之间的关系。我们希望能够保持传统儒学知识体系的系统性和完整性,同时也能够吸收现代学科的优长。”

最后,舒大刚提及今年5月17日,习近平主席出席了哲学社会科学工作座谈会,并在会上讲话中提到“要重视发展具有重要文化价值和传承意义的‘绝学’”,“要加快构建中国特色哲学社会科学……着力构建中国特色哲学社会科学,在指导思想、学科体系、学术体系、话语体系等方面充分体现中国特色、中国风格、中国气派”。

舒大刚认为提倡设立儒学为一级学科,事实上正是响应习总书记这一号召的创新之举,“我们希望通过儒学一级学科的设置和建设,系统进行儒学教材的编撰和出版,推动儒学在现代的创造性转化和创新性发展,最终形成系统的儒学学科体系、儒学学术体系和儒学话语体系。并以此为推手,最终实现中国特色、中国风格和中国气派的哲学社会科学的转型和发展”。

（澎湃新闻,2016 年 6 月 23 日）

制度保障缺失是制约当代儒学复兴的重要瓶颈

由凤凰网、凤凰卫视联合岳麓书院主办的“致敬国学：2016 第二届全球华人国学大典”颁奖盛典系列活动于 2016 年 10 月 27 日至 29 日在长沙岳麓书院举行。活动现场，凤凰网独家对话了现场嘉宾，四川大学历史文化学院副院长、四川大学教授、中国孔子基金会、国际儒学联合会理事及学术委员会副主任委员舒大刚。对于目前儒学的发展，舒大刚表示儒学发展需要制度保障，而如今制度保障的缺失是制约儒学发展的一个重大瓶颈。要真正发扬国学、重建斯文需要将国学引入教育、生活甚至治国理政的领域，把儒家的“仁政”“德治”思想贯穿进来，才能算是对国学精神的一种继承，对国学真正的振兴和弘扬。

一、儒学的教化要从孝悌开始

凤凰网： 如何看待儒学在整个国学当中的地位?

舒大刚： 国学就是一国固有之学。一方面，它把孔子前 2 500 年的历史传下来，让中华民族的故事讲起来有根有据、羽翼丰满、内容丰富。另一方面，由于孔子用经典来教学，又开启了后来 2 500 年的历史，所以后来 2 500 年的历史也受儒学的影响。儒学实际就成了中华文化的传播者、继承者、开启者、指引者这样的角色。从这个角度来讲，国学当中的核心骨干、灵魂是儒学，这种说法一点问题都没有。儒学以外的其他学说，包括战国时期出现的诸子百家，后来形成的道家、中国佛教，甚至还有其他的学说都受到了儒学思想的影响。虽然原始佛教诞生于今天的南亚，但是佛教进入中国之后要立住脚跟，影响中国社会，就一定要跟中国文化结合，从而形成中国佛教，也就是让佛教中国化,这实际上就是吸收了中国的儒家思想。比如说在印度的佛教里面不存在什么孝悌、忠信,等等,但是到了中国,孝、忠就得到了特别的强调。甚至中国古代的科技方面、医药方面,里面都运用的是儒家的智慧。

所以说国学以儒家为核心、为主干,不是一种判断,而是一种历史事实。那些诗词歌赋也受到了儒家的美学思想、创作理论,和儒家一些基本内容的影响,因此我们古代有句话叫"文以载道"。所以我们说国学的主干是儒学,儒学当然最终要归结到经典哲学上面来,这个一点都不错。

凤凰网:儒学如何要人亲近,走进普通人的生活当中?让现代人能够更好地接受它?

舒大刚:我们每个人只需要反省或回顾一下自己的成长历程,就自然知道我们应该从哪里入手。我们的生命之源、智慧之源都来自父母,我们要做一个好人,要做一个有道德的、有责任的人应该从哪里开始?就是孝悌。儒家最早教人读《孝经》,这个"孝"就是唤醒每一个人对生命来源、对生命价值、对生命意义的认识。或者是人们对帮助自己、养育自己,最根本最早的那个人权的一种回馈,就是父母。儒家就是非常平实地从这里开始。所以孔子的弟子就说"孝悌也者,其为仁之本欤","君子务本,本立而道生"。孔子自己也说:"夫孝,德之本也,教之所由生。"我们讲任何教化都要从孝开始,后来有一句话叫"百善孝为先"。所以我主张读经,读了《三字经》《弟子规》之后,就应该读《孝经》,体会父母养育之恩,然后它会指导你怎样从尊重父母,到养活父母,到为父母争光,然后去做好人,做君子,做贤人,做忠臣,然后"始于事亲,终于事君",最后"立身行道,扬名后世,以显父母"。它是这样一个理念。《孝经》实际讲了很多,怎样对待父母,怎样对待朋友,怎样对待君上,怎样对待人民,甚至还有怎样对待天地……从非常平实的情感入手,让你慢慢做一个好人,慢慢成为一个成功的人。儒学的教化,就是教你从孝悌开始,最后变化成一个圣贤。

二、只有中国自己建设好了,儒学才能更好地走向世界

凤凰网:当代社会,儒学要怎么样做到中西结合?当下我们又应该赋予它什么样的时代内涵?

舒大刚:中西问题上,文化有区别也有相通,例如走现代的路径,西方的切入点是这样的,假设有一个上帝,上帝是代表真理、代表正确、代表最高

的力量,甚至代表最后的裁判。这个上帝需要我们大家去做好人、做好事、干好事,而且也是上帝给我们这种精神的力量,还有智慧的源泉,所以他们的终极关怀是上帝。

在中国,我们的力量首先就从父母,从祖先,再扩而大之从天地中来,因为人是生活在天地间的,从天道转化成天命,再转化成我们的使命。首先要对得起父母,做好孝悌;然后要对得起同类,做到仁义;再就是要对得起天地,做到有道,替天行道,顺天承命。这两个力量的源泉是不一样的,但都有其共同的地方,就是大家都推动向善。这个实际是可以结合的,孝在东西方都可以立足。从古今的角度来说也是如此,古人是父母所养,今人还是父母所养。古人从孝而成为君子,成为圣贤,今人仍然可以从孝入手,成为公民,成为君子,成为圣贤,所以孝是贯通古今、融会中西的一个最根本的切入点。

凤凰网:当前儒学要如何走向世界?

舒大刚:儒学走向世界有多种途径。像办孔子学院这种,我们要出去讲,让人们了解什么是儒学,什么是孔子,有什么精华,有什么现代意义、当代价值,这个是一种方式。但是目前这种方式力量不够。我们现在虽然经济上面足以支撑孔子学院和孔子学堂,但是现在的师资不够,我们的文化转化不够,好多外面开的孔子学院没有真正起到传播儒学、宣传孔子、宣传中国文化的作用。所以现在也出现了一些孔子学院和当地的社会、当地的教育融合得不好的现象,这是需要我们注意的。另一方面我们要真正把儒学在当代的价值研究好,要把适合当代传播的一些形式打造好。还要研究所在国的文化,让儒学行之世界而不避,就是要把宣传的内容做好。

其次,我认为最好的还是中国从教育、文化的环境上面来搞好,让人家真正到这里来学习。孔子有句话:“礼闻来学,未闻往教。”“远人不服,则修文德以来之。”自己的国家到处看起来都有礼貌、恭顺之民,都有自信、自爱、自尊之人,都有可亲可敬的社会环境,人家一来自然就能受感化。所以光出去传播没用,西方传教也是伴随自身的强大才成功的。现在就是首先要迈出第一步,要真正把儒学的价值、宣讲形式打造好,然后了解西方,了解国外,跟西方的实际结合好。尤其是要把我们自己的内政和文化建设搞好,吸引世界各地、各个民族的人来参观、学习,接受感化,这个才是根本的。

三、制度保障是儒学发挥作用的根本性推手

凤凰网:儒学在传播上还存在哪些问题?

舒大刚： 儒学传播这一点上，确实有很多热心人士做了很多工作。现在有一个问题需要提醒大家注意，就读经而言，需要选择到底读什么？有一个顺序，循序渐进，这是一个问题。第二个问题就是，怎样讲读这些经典？经典是历史，说白了就是历史文献，不一定对现实有现成的答案，从历史文献到现成答案这中间有一个转化过程，那么怎么转化？用什么来转化？这也是一个问题，所以我们现在需要的是一个对儒家经典的重新认识。

像“父母在，不远游”，是由于古代交通不便，安全没保障，信息不通，沟通不方便，所以父母就不希望儿子和父母离得太远。所以下面就有一个“游必有方”，而且要经常报告你的行踪，报告你的平安。这在今天对我们而言也有现实意义，大家不应该着眼于“不远游”，远游是可以的，但是怎样让父母放心，让父母开心？这个是需要考虑的。

所以同样读经，对经的解释也非常重要。当人们对经典还没有很好的理解的时候，就去生吞活剥，甚至歪曲性地读经，也不一定能够取得好效果。我现在呼吁，要建立一种新的经学，包括对儒家经典的重新整理、重新阐释、重新定位。同时研究现代人们喜闻乐见的那种宣讲形式，用好的经典、好的解读、好的表达方式来影响咱们青年、少年或者我们的大众。这样的读经活动，有百利而无一害。

凤凰网： 儒学作为中国传统文化当中一个重要的部分，您曾说过儒学的发展需要制度保障，为什么？

舒大刚： 制度保障是推动文化事业，尤其是跟大众有关的文化事业的根本推手。儒学是一个世俗化的学问，对世道人心、政治、经济还有思想文化都有重要的指导意义。儒学不仅是一种信仰，又是一门学术。但是儒家的信仰有别于宗教，不能纯粹从宗教活动中得到普及。儒学既是学术，但不是封闭的，并非象牙塔里的学问，儒学要关心人生。儒家宣扬助人君，顺阴阳，明教化，首先儒学是关心现实的，所以它是助人君，就是助国家治国理政；顺阴阳，它又关心天道，又关心科学；明教化，就是关心民生，关心现实，淑世济人。儒学的功能和特性都决定了它的研究既是学术的又是现实的，既是思想的也是文化的，既是民间的也是政治的。所以儒学的推动，不是那种自然而然，或者顺应宗教性的推动，而是需要进入政治生活，还有教育、文化，甚至包括民间的、家庭的、社区的各种活动来让它家喻户晓。这些东西需要平台，需要组织形式，也需要一些资源。从汉武帝以后，儒学从上到下得到了全面的推广，这种推广就需要政府的力量。包括办学，让儒家的东西进入教学领域，包括政治的改良，要把儒家的一些爱民、仁政的理念推广到我们的政治生活当中。这个制度保障是儒学发挥它本来的、完整的、深远的作用的根本性推手。

凤凰网：现在的制度保障有没有达到预期的效果？

舒大刚：从民国初年废除经学学科之后，儒学的制度保障就不存在了。经学曾经指导人们生活，启蒙思想和学术构建的作用不存在之后，人们对它的研究热忱也就大大地降下来了。不仅如此，儒学还被误解，被认为是落后和腐朽的代表，甚至被仇视、抛弃和侮辱，儒学的正面意义和正面价值几乎被扫地出门。最糟糕的就是“文化大革命”，“文化大革命”当中，儒学被当作罪恶的渊薮，人们把所有的账都算到儒学的头上，这样一来儒学的正面价值几乎都没有了。改革开放之后人们自发地，或者在一定程度上有组织地从事儒学的研究，甚至在教育领域也允许带儒学的研究生、博士生、博士后。但这种纯粹自发的、没有制度的保障，会使我们指导研究生的空间、资源越来越少。培养出来的质量也无法得到保障，此外人才培养出来的出路也受影响。因为整个社会没有把儒学作为一种考量的标准，比如说一些文化产业、文化产品对这一块也没有明确的要求，当然更没有重视。像我们从事儒学研究，好多资源都得靠自己去化缘。

所以现在我们从事儒学研究的大环境只是说比“文化大革命”时好多了，这是现在的一个进步，但由于缺乏资源，缺乏制度保障，现在从事儒学研究的空间和前景受限制，它的质量、深度、广度，尤其人才的出路和对社会的影响力也受限制，所以目前制度性的保障是制约现在儒学真正复兴的一个重要的瓶颈。

凤凰网：在您看来，当下我们要怎么去理解所谓的斯文？又要怎么去重建呢？

舒大刚：斯文主要是当初孔子感慨“文不在斯乎”，这个“文”主要是指礼乐。周代传出来的礼乐文化，包括尧、舜、禹、汤、文、武那一些优秀的、向上的、正面的文化积淀。那些东西代表我们的历史传统和价值观，是我们的精神世界，所以“斯文”就是优秀传统文化。应该说在历史上每一段都是在继承和弘扬斯文，来创造自己新的文化。这个斯文在19世纪末20世纪初，一直到“文化大革命”，被中断了，被歪曲了，被抛弃了，所以现在人们不知道斯文在哪里。

今天我们改革开放了，经济发展了，军力、财力、国力都有大幅度的提高，但是我们的脑袋是空的。现在要唤醒我们的信仰，重建道德，重构精神家园。像今天的国学大典，致敬国学，首先要对国学、对传统文化抱着一种同情的理解，抱着一种恭敬的态度去了解它，研究它。

第二，要把那些适合现代的东西一点一点地恢复，把国学系统化，建立一个人们可亲可敬、可遵可行、可学可用的体系。

第三，国学的这些知识，要进入教育领域，要进入生活领域，甚至要进入治国理政的领域。从教育领域来说，不仅仅是背几篇古诗、古词、古文就可以了，而是要了解里面的思想。而且，也不仅仅是了解一点历史、文化、现象就结束了，而是要得到它的浸润和美化，让这些文化教化年轻人，教化大众。进入生活，就表现为儒家的一些礼仪，例如孝悌忠信、礼义廉耻，这些都需要进入我们的生活。人们一定要有规矩，做一个有禁忌、有底线、有追求、有风范的人，也就是君子。至于政治的领域，就是要把儒家的仁政、德治思想贯穿进去，这样一来，才能算是对国学精神的一种继承，才能实现对国学真正的振兴和弘扬。

（凤凰国学，2016 年 11 月 1 日）

五、名贤榷论

劝学篇·守约

张之洞

儒术危矣！以言乎迩，我不可不鉴于日本；以言乎远，我不可不鉴于战国。昔战国之际，儒术几为异学诸家所轧，吾读司马谈之《论六家要指》而得其故焉。其说曰："儒家者流，博而寡要，劳而少功。"何以寡要少功？由于有博无约。如此之儒，止可列为九流之一耳，焉得为圣，焉得为贤？老诟儒曰"绝学无忧"，又以孔子说十二经为大谩；墨诟儒曰"累寿不能尽其学"，墨子又教其门人公尚过不读书；法诟儒曰"藏书策，修文学，用之则国乱"《韩非子》语。大率诸子所操之术，皆以便捷放纵，投世人之所好，而以繁难无用诬儒家，故学者乐闻而多归之。

夫先博后约，孔、孟之教所同，而处今日之世变，则当以孟子守约施博之说通之。且孔门所谓博，非今日所谓博也。孔、孟之时，经籍无多，人执一业可以成名，官习一事可以致用，故其博易言也。今日四部之书汗牛充栋，老死不能遍观而尽识。即以经而论，古言古义隐奥难明，讹舛莫定，后师群儒之说解纷纭百出，大率有确解定论者不过什五而已。沧海横流，外侮洊至，不讲新学则势不行，兼讲旧学则力不给。再历数年，苦其难而不知其益，则儒益为人所贱，圣教儒书浸微浸灭，虽无嬴秦坑焚之祸，亦必有梁元文武道尽之忧，此可为大惧者矣。尤可患者，今日无志之士本不悦学，离经畔道者尤不悦中学，因倡为中学繁难无用之说，设淫辞而助之攻，于是乐其便而和之者益众，殆欲立废中学而后快。是惟设一易简之策以救之，庶可以间执雠中学者之口，而解畏难不学者之惑。

今欲存中学，必自守约始，守约必自破除门面始。爰举中学各门求约之法，条列于后，损之又损，义主救世以致用当务为贵，不以殚见洽闻为贤。十五岁以前，诵《孝经》、四书、五经正文，随文解义，并读史略、天文、地理、歌括、图式诸书，及汉、唐、宋人明白晓畅文字有益于今日行文者。自十五岁始，以左方之法求之，统经、史、诸子、理学、政治、地理、小学各门，美质五年可通，中材十年可了，若有学堂专师或依此纂成学堂专书，中材亦五年可了。而以其间兼习西文，过此以往，专力讲求时政，广究西法，其有好古研精、不骛功名之士愿为专门之学者。此五年以后，博观深造，任自为之。然百人入学，必有三五人愿为专门者，是为以约存博，与子夏所谓博学近思、荀子所谓以浅持博亦有合焉。大抵有专门著述之学，有学堂教人之学。专门之书，求博求精，无有底止，能者为之，不必人人为之也。学堂之书，但贵举要切用，有限有程，人人能解，且限定人人必解者也。西人天文格致一切学术皆分专门学堂与普通学堂为两事。将来入官用世之人，皆通晓中学大略之人，书种既存，终有萌蘖滋长之日，吾学、吾书庶几其不亡乎。

一、经学通大义，切于治身心、治天下者，谓之大义。凡大义必明白平易，若荒唐险怪者乃异端，非大义也。《易》之大义，阴阳消长；《书》之大义，知人安民；《诗》之大义，将顺其美，匡救其恶。《诗谱序》：论功颂德，所以将顺其美；刺过讥失，所以匡救其恶。《春秋》大义，明王道，诛乱贼；《礼》之大义，亲亲，尊尊，贤贤；《周礼》大义，治国，治官，治民，三事相维。太宰建邦之六典、治典经邦国、治官府、纪万民，其余教典、礼典、政典、刑典、事典皆国、官、民三义并举。盖官为国与民之枢纽，官不治则国民交受其害。此为《周礼》一经专有之义，故汉名《周官经》，唐名《周官礼》。此总括全经之大义也。如十翼之说《易》，《论》《孟》《左传》之说《书》，大小序之说《诗》，《孟子》之说《春秋》，《戴记》之说《仪礼》，皆所谓大义也。

欲有要而无劳，约有七端：一、明例，谓全书之义例。《毛诗》以训诂音韵为一要事，熟于《诗》之音训，则诸经之音训皆可隅反。一、要指，谓今日尤切用者，每一经少则数十事，多则百余事。一、图表。诸经图表皆以国朝人为善，谱与表同。一、会通，谓本经与群经贯通之义。一、解纷，谓先儒异义各有依据者，择其较长一说主之，不必再考，免耗日力。大率国朝人说而后出者较长。一、阙疑，谓隐奥难明碎义不急者，置之不考。一、流别，谓本经授受之源流，古今经师之家法。考其最著而今日有书者。以上七事，分类求之，批郤导窾，事半功倍。

大率群经以国朝经师之说为主，《易》则程传与古说兼取。并不相妨。《论》《孟》《学》《庸》以朱注为主，参以国朝经师之说。《易》止读程传及孙星衍《周易集解》。孙书兼采汉人说及王弼注。《书》止读孙星衍《尚书今古文注疏》。《诗》止读陈奂《毛诗传疏》。《春秋左传》止读顾栋高《春秋大事表》。《春秋公羊传》止读孔广森《公羊通义》。国朝人讲《公羊》者惟此书立言矜慎，尚无流弊。《春秋穀梁传》止读钟文烝《穀梁补注》。《仪礼》止读胡培翚

《仪礼正义》。《周礼》止读孙诒让《周礼正义》。已刊未毕。《礼记》止读朱彬《礼记训纂》。钦定七经“传说”“义疏”皆学者所当读,故不备举。《论》《孟》除朱注外,《论语》有刘宝楠《论语正义》,《孟子》有焦循《孟子正义》,可资考证古说,惟义理仍以朱注为主。《孝经》即读通行注本,不必考辨。《尔雅》止读郝懿行《尔雅义疏》。五经总义止读陈澧《东塾读书记》、王文简引之《经义述闻》。《说文》止读王筠《说文句读》。兼采段、严、桂、钮诸家,明白详慎。段注《说文》太繁而奥,俟专门者治之。

以上所举诸书,卷帙已不为少,全读全解亦须五年,宜就此数书中择其要义先讲明之,用韩昌黎提要钩玄之法,就元本加以钩乙标识。但看其定论,其引征辨驳之说不必措意。若照前说七端,节录纂集,以成一书,皆采旧说,不参臆说一语,小经不过一卷,大经不过二卷,尤便学者。此为学堂说经义之书,不必章释句解,亦不必录本经全文。盖十五岁以前诸经全文已读,文义大端已解矣。师以是讲,徒以是习,期以一年或一年半毕之。如此治经,浅而不谬,简而不陋,即或废于半途,亦不至全无一得。有经义千余条以开其性识,养其本根,则终身可无离经畔道之患。总之,必先尽破经生著述之门面,方肯为之,然已非村塾学究科举时流之所能矣。

一、史学考治乱典制。史学切用之大端有二:一事实,一典制。事实择其治乱大端,有关今日鉴戒者考之,无关者置之;典制择其考见世变,可资今日取法者考之,无所取者略之。事实求之《通鉴》,《通鉴》之学,《资治通鉴》《续通鉴》《明通鉴》。约之以读《纪事本末》。典制求之正史、二《通》。正史之学,约之以读志及列传中奏议。如汉《郊祀》,后汉《舆服》,宋《符瑞》《礼乐》,历代《天文》《五行》,元以前之《律历》,唐以后之《艺文》,可缓也。地理止考有关大事者,水道止考今日有用者,官制止考有关治理者。如古举今废,名存实亡,暂置屡改,寄禄虚封,闲曹杂流,不考可也。二通之学,《通典》《通考》约之以节本,不急者乙之,《通考》取十之三、《通典》取十之一,足矣。国朝人有《文献通考详节》,但一事中最要之原委,条目有应详而不详者,内又有数门可不考者。《通志》二十略,知其义例可也。考史之书约之以读赵翼《廿二史札记》。王氏《商榷》可节取;钱氏《考异》精于考古,略于致用,可缓。史评约之以读《御批通鉴辑览》。若司马公《通鉴》,论义最纯正而专重守经,王夫之《通鉴论》《宋论》识多独到,而偏好翻案,惟《御批》最为得中而切于经世之用。此说非因尊王而然,好学而更事者读之自见。凡此皆为通今致用之史学,若考古之史学不在此例。

一、诸子知取舍。可以证发经义者及别出新理而不悖经义者取之,显悖孔、孟者弃之,说详《宗经》篇。

一、理学看学案。五子以后,宋、明儒者递相沿袭,探索幽渺,辨析朱、陆，掊击互起，出入佛、老，界在微茫，文体多仿宗门语录，质而近俚，高明者厌倦而不观，谨愿者惝恍而无得，理学不绝如线焉耳。惟读学案，可以兼考学行，甄综流派。黄梨洲《明儒学案》成于一手，宗旨明显而稍有门户习气；全谢山《宋元学案》成于补辑，选录较宽而议论持平，学术得失，了然易见。两书甚繁，当以提要钩玄之法读之，取其什之二即可。通此两书，其余理学家专书可缓矣。惟《朱子语类》原书甚多，学案所甄录者未能尽见朱子之全体真面，宜更采录之。陈兰甫《东塾读书记》朱子一卷最善。

一、词章读有实事者。一为文人便无足观，况在今日，不惟不屑亦不暇矣。然词章有奏议、书牍、记事之用，不能废也。当于史传及专集、总集中择其叙事述理之文读之，其他姑置不读。若学者自作，勿为钩章棘句之文，勿为浮诞嵬琐之诗，则不至劳积损志矣。朱子曰："欧、苏文好处只是平易说道理，初不曾使差异底字换却寻常底字。"又曰："作文字须是靠实说，不可架空细巧，大率七八分实，二三分文。欧文好者只是靠实而有条理。"均《语类》一百三十九。

一、政治书读近今者。政治以本朝为要，百年以内政事、五十年以内奏议，尤为切用。

一、地理考今日有用者。地理专在知今，一形势，一今日水道先考大川，一物产，一都会，一运道水道不尽能行舟，一道路，一险要，一海陆边防，一通商口岸。若《汉志》之证古，《水经注》之博文，姑俟暇日考之可也。考地理必有图，以今图为主，古图备考，此为中学地理言。若地球全形、外洋诸国亦须知其方域广陕，程途远近，都会海口，寒暖险易，贫富强弱，按图索之，十日可毕，暂可不必求详，重在俄、法、德、英、日本、美六国，其余可缓。

一、算学各随所习之事学之。西人精算，而算不足以尽西艺，其于西政更无与矣。天文、地图、化、力、光、电，一切格物制造莫不有算，各视所业何学，即习可学之算，取足应用而止，如是则得实用而有涯涘。今世学人治算学者，如李尚之、项梅侣、李壬叔诸君，专讲算理，穷幽极微，欲卒其业，皓首难期，此专家之学，非经世之具也。算学西多中少，因恐求备求精有妨中学，故附于此。

一、小学但通大旨大例。中学之训诂犹西学之翻译也，欲知其人之意，必先晓其人之语。去古久远，经文简奥，无论汉学、宋学，断无读书而不先通训诂之理。近人厌中学者动诋训诂，此大谬可骇者也。伊川程子曰："凡看文字，先须晓其文义，然后可求其意，未有文义不晓而见意者也。"《二程遗书》，《近思录》引。朱子曰："训诂则当依古注。"《语类》卷七。又曰："后生且教他依本子认得训诂文义分明为急，今人多是躐等妄作，诳误后生，其实都晓不得也。"《答黄直卿书》。又曰："汉儒可谓善说经者，不过只说训诂，使人以此训诂玩索经文。"《答张敬夫书》。又曰："向议欲刊《说文》，不知韩丈有意否，因赞成之为佳。"《答吕伯恭书》。此外言训诂为要者尚多。朱子所注各经，训诂精审，考据《说文》者甚多。《潜夫论》圣为天口，贤为圣译，可谓善譬。若不通古音古义而欲解古书，何异不能译西文而欲通西书乎？惟百年以来，讲《说文》者终身钻研，汩没不反，亦是一病。要之，止须通其大旨大例，即可应用。大旨不例者，解六书之区分，通古今韵之隔阂，识古籀篆之源委，知以声类求义类之枢纽，晓部首五百四十字之义例。至名物无关大用，如水部自有专书，示部多列祭礼，舟车今制为详，草虫须凭目验，皆不必字字深求者也。说解间有难明，义例偶有抵忤，则阙之不论。许君书既有脱口逸，复多奥义，但为求通六书，不为究极许学，则功力有限断矣。得明师说之，十日粗通，一月大通，引申触类，存乎其人，何至有废时破道之患哉？若废小学不讲，或讲之故为繁难，致人厌弃，则经典之古义茫昧，仅存迂浅俗说，后起趣时之才士，必皆薄圣道为不足观，吾恐终有经籍道熄之一日也。

如资性平弱并此亦畏难者，则先读《近思录》《东塾读书记》《御批通鉴辑览》《文献通考详节》，果能熟此四书，于中学亦有主宰矣。

（选自张之洞《劝学篇》，上海书店出版社 2002 年，第 24—30 页）

中小学不读经私议

廖　平

《书大传》曰："古之帝王必立大学、小学，十三年始入小学，见小节焉，践小义焉；年二十入大学，见大节焉，践大义焉。"劈分大小，以为二派，此经例也。前清变法，创立大学、小学各种学堂，其名目仍用经说，乃不求大小二学之所以分，茫茫然唯异邦之是崇。国无人焉，其谁与立？亡也宜矣！尝读《庄子》，孔子对老子曰"吾繙十二经以教世"，旧以六经六纬说之，非也。考六经汉以前亦称六艺，而《周礼》别有礼、乐、射、御、书、数之六艺；窃以六经六艺合为十二，此即大节大义、小节小义之所以分也。六经以《春秋》为始基，皆治人之事，所谓"修齐治平"者是也。其高远之《诗》《易》《尚书》更无待言。朱子《章句》云："大学，大人之学。"天子之元士、诸侯之适子、与凡民之俊秀入焉。其学制远如汉之博士，近之法政，所谓学焉然后入官者也。其未入大学之前，必先入小学以治六艺；此如海外普通科学，凡士农工商，必小学通而后人格足。毕业已后，各就家学以分职业，所谓士恒为士，农恒为农，工商从同。其大较也；其有出类拔萃者，妙选资格，然后入之大学，以备仕宦之选。《论语》云："《诗》《书》、執读作艺。礼，皆雅言也。"《诗》《书》为六经，执礼为六艺，礼为六艺之首，故云艺礼。雅言者，即翻为十二经之翻。小学主六艺，大学主六经。凡入大学者，必先入小学，不入仕宦者不入小学治经。此其科级之分严肃判决，不可蒙混者也。海外无六经，所教不出六艺范围。礼、乐二门，经与艺名目相同而以大小分之，凡洒扫应对视听言动小礼，与《礼经》之大礼异。琴瑟磬镈小乐，与《周礼》之大乐异。语言翻译、算法测量，各种实业专门，则以射御工伎为标目。前清大学科目几几乎全为六艺。既未先立小学，何立大学？为小学治科学，确为古法，而于古小学专书，则以其属四库经部，而一切废之。夫经恉宏深，义取治人，不适用于幼童普通知识，因科举而必责之课读，此其失也。然传记之中，如《礼》之九容、足容重，手容恭，目容端，口容止，声容静，头容直，气容肃，立容德，色容庄。《论语》之九思，视思明，听思聪，色思温，貌思恭，言思忠，事思敬，疑思问，忿思难，见得思义。又《曲礼》《少仪》《内则》等篇及朱子所辑录之《小学》明白浅易，不伤脑力也；又如《容经》为古修身之课本，纬以六仪，最利施行。循名核实，原为小学专门，宜别立科目，标举旧书，课督髫龄，乃不分别，概曰不许读经；童子无知，不自以为程度不足，反倡言经不足学，堤防一溃，洪水滔天矣。夫经犹饮食衣服也；膏粱可以适口，脱粟未尝不可救饥；锦绣可以章身，缊袍未尝不可御寒。童蒙不敢望高卓，是也，乃并其平易者而亦夺之，几何不冻馁而死也！部章之未实行者多，何必独以此事见长？总之，废经之名不可立，尊经之旨不可移。试观两汉，崇奖儒术，置五经博士，其时户诵孔子，人知大义，名臣循吏，多出其中。记曰："少成若天性，习惯如自然。"博士弟子非可骤跻，若凡民之俊秀，虽在童年，一日千里，自不可与中才一视。必拘年龄、循资格，使英才短气，志士伤时。且博采舆论，其所以令小学读经者，幼小悟性绌而记性优，长则悟性优而记性绌，故成诵贵在初年。分经诵读，一人初读一经，不过数千字。耗时不多，至于传记，不在禁例，且趋向不歧，则成就自易。经既为孔教，纵使先后龃龉，尽可存而不论。今之说者皆以始皇为专横，当其焚书焚字母书。坑儒，策士，托名儒生。诸策士犯法相引，太子扶苏谏曰："诸生皆诵法孔子，陛下以法绳之，太过。"案诸生犯罪有据，扶苏犹以诵法孔子之故，欲要宽典；今之教经读经，虽近于欲速，不能不谓之非诵法孔子也，乃即以读经见斥，此如律令，凡有明法律为人解说者，虽有罪免一次，而后来酷吏乃专以明律为其罪，不谓之赏罚颠倒乎？质而论之，以年龄分大小者其常也；因材施教，资格贵于早分等级，难以年定。如前清部章，骏驽同栈，钝利取齐，两败俱伤，同归废坠。故自学部有定章，而师保无教术。以今之学生较前之成材，优劣固可指数，况以读经言之，不成不失为良民；不读经言之，新法实多流弊。故整齐画一之法，朝廷且有时而穷，何能以绳束庠序，画图以索骥，刻舟以求剑？前清以兴学而宗社亡，当今学术关系，其问题不区区在中小学读经不读经一节也已。牛羊成群，一牧人收放之而有余；尧牵一羊，舜鞭而驱之，复使皋陶、大禹执其角，握其尾，徒见其惫耳。或曰：教育无法，可乎？曰：法不徒法，须得法意。《孟子》曰："此其大略，若夫润泽之，则在君与子。"总其成者，但持大纲，慎选师傅，疏节阔目，齐削鲁斤，因地为良，男粟女布，交相为用。使教者得尽所专长，学者各成其性近，铸镕材器，方足以济时用。若以一二人私见定一理想范围，牛毛茧丝，纸上经济，而欲使全国学堂之书籍教授必出一途，人材必成一律，黄茅白苇，终亦何益？大抵译书已误，读者又误，人盲马瞎,半夜深池,前清之成效已昭揭如日月。前车之覆,后车之鉴;主其事者如能改弦更张,是为祝祷。

（选自廖平《四益馆杂著》,《廖平全集》第 11 册,上海古籍出版社 2015 年,第 584—586 页）

读经当积极提倡

严　复

民人熙熙扰扰，生于大地之上，结合团体，以其言语风俗之同，于是据一领土，内足自治，外可御侮，而国成焉。国成而治化日蒸，国力日展。于是吸收邻种，规取外域，而渐渍之以本国之文明，施彼之以同等之法律，始为要荒，继为藩属，再进而同于内国，其疆索甚广，其户口日滋，纲举目张，处中央而驭四极，如是者，吾国谓之天下，西人谓之帝国。天下犹帝国也，若以名词而论，彼称帝国，实不及吾言天下之优。盖帝国初不必皆有帝，希腊、罗马当为民主时，其所成之天下，固自若也。

考泰东西之历史，邃古以来，民种以其国力之扩张，由一国而为天下者众矣。欧洲最著于古者，有希腊，有罗马，中叶有拂林，有斯巴尼亚。今则有日耳曼，有俄罗斯，有不列颠。古有已亡，今之所有，皆新造也。亚洲有巴比伦，有波斯，有印度，有蒙兀，此四者，皆散矣亡矣。日本新造骅骝，骎骎然居帝国，而根基尚浅。然则横览五洲，纵观历史，五帝尚矣，自唐虞三代以至于今，虽官家之事世殊，而民族所居，长为天下如故，深根宁极，不可动摇，夫非吾等所有所居之中国耶！地大物博，山川灵秀，而风气适中；至于人民，虽吾人日恨其程度之低，顾笃而言之，要为五洲开明种族，此吾人所不自言，而西人觇国所代言者。诸公生为此国之人，独无可以喜幸者耶！食旧德而服先畴，不可不知所以然之故也。

大凡一国存立，必以其国性为之基。国性国各不同，而皆成于特别之教化，往往经数千年之渐摩浸渍，而后大著。但使国性长存，则虽被他种之制服，其国其天下尚非真亡。此在前史，如魏晋以降，五胡之乱华，宋之入元，明之为清，此虽易代，顾其彝伦法制，大抵犹前，而入主之族，无异归化，故曰非真亡也。独若美之墨西、秘鲁，欧之希腊、罗马，亚之印度，非之埃及，时移世异，旧之声明文物，斩然无余。夷考其国，虽未易主，盖已真亡。今之所谓墨西、秘鲁、希腊、罗马、印度、埃及，虽名存大壤之间，问其国性，无有存者，此犹练形家所谓夺舍躯壳，形体依然，而灵魂大异。庄生有言："哀莫大于心死。"庄生之所谓心，即吾所谓灵魂也。人有如此，国尤甚焉。

嗟呼诸公！中国之特别国性，所赖以结合二十二行省、五大民族于以成今日庄严之民国，以特立于五洲之中，不若罗马、希腊、波斯各天下之云散烟消，泯然俱亡者，岂非恃孔子之教化为之耶！孔子生世去今二千四百余年，而其教化尚有行于今者，岂非其所删修之群经，所谓垂空文以诏来世者尚存故耶！

然则我辈生为中国人民，不可荒经蔑古，固不待深言而可知。盖不独教化道德，中国之所以为中国者，以经为之本原。乃至世变大异，革故鼎新之秋，似可以尽反古昔矣；然其宗旨大义，亦必求之于经而有所合，而后反之人心而安，始有以号召天下。即如辛壬以来之事，岂非《易传》汤武顺天应人与《礼运》大同、《孟子》民重君轻诸大义为之据依，而后有民国之发现者耶！顾此犹自大者言之，至于民生风俗日用常行事，其中彝训格言，尤关至要。举凡五洲宗教，所称天而行之教诫哲学，征诸历史，深权利害之所折中，吾人求诸《六经》，则大抵皆圣人所早发者。显而征之，则有如君子喻义，小人喻利，欲立立人，欲达达人，见义不为无勇，终身可为惟恕。又如孟子之称性善，严义利，与所以为大丈夫之必要，凡皆服膺一言，即为人最贵。今之科学，自是以诚成物之事，吾国欲求进步，固属不可抛荒。至于人之所以成人，国之所以为国，天下之所以为天下，则舍求群经之中，莫有合者。彼西人之成俗为国，固不必则吾之古，称吾之先，然其意事必与吾之经法暗合，而后可以利行，可以久大。盖经之道大而精有如此者。

夫经之关系固如此矣。而今人耸于富强之效，乃谓教育国民，经宜在后。此其理由，大率可言者三：一曰苦其艰深；二曰畏其浩博；三曰宗旨与时不合。由此三疑，而益之以轻薄国文之观念，于是蔑经之谈，阅然而起，而是非乃无所标准，道德无所发源，而吾国乃几于不可救矣。

夫群经乃吾国古文，为最正当之文字。自时俗观之，殊不得云非艰深；顾圣言明晦，亦有差等，不得一概如是云也。且吾人欲令小儿读经，固非句句字字责其都能解说，但以其为中国性命根本之书，欲其早岁讽诵，印入脑筋，他日长成，自渐领会。且教育固有缮绠记性之事，小儿读经，记性为用，则虽如《学》《庸》之奥衍，《书》《易》之浑噩，又何病焉？况其中自有可讲解者，善教者自有权衡，不至遂害小儿之脑力也。果使必害脑力，中国小子读经，业已二千余年，不闻谁氏子弟，坐读四子五经，而致神经瞀乱，则其说之不足存，亦已明矣。彼西洋之新旧二约，辣丁文不必论矣，即各国译本，亦非甚浅之文,而彼何曾废。且此犹是宗教家言,他若英国之曹沙尔、斯宾塞、莎士比儿、弥勒登诸家文字,皆非浅近,如今日吾国之教科书者,而彼皆令小儿诵而习之,又何说耶?

若谓经书浩博,非小、中、大学年之所能尽,此其说固亦有见。然不得以其浩博之故,遂悉废之,抑或妄加删节,杂以私见,致古圣精旨坐此而亡。夫经学莫盛于汉唐,而其时儒林所治,人各一经而已。然则经不悉读,固未必亡,惟卤莽灭裂,妄加删节,乃遂亡耳。夫读经固非为人之事,其于孔子,更无加损,乃因吾人教育国民不如是,将无人格,转而他求,则亡国性。无人格谓之非人,无国性谓之非中国人,故曰经书不可不读也。若夫形、数、质、力诸科学,与夫今日世界之常识,以其待用之殷,不可不治,吾辈岂不知之?但四子五经,字数有限,假其立之课程,支配小、中、大三学年之中,未见中材子弟,坐此而遂困也。

至谓经之宗旨与时不合,以此之故,因而废经,或竟武断,因而删经,此其理由,尤不充足。何以言之?开国世殊,质文递变,天演之事,进化日新,然其中亦自有其不变者。姑无论今日世局与东鲁之大义微言,固有暗合,即或未然,吾不闻征诛时代,遂禁揖让之书,尚质之朝,必废监文之典也。考之历史,行此者,独始皇、李斯已耳。其效已明,夫何必学!总之,治制虽变,纲纪则同,今之中国,已成所谓共和,然而隆古教化,所谓君仁臣忠,父慈子孝,兄友弟敬,夫义妇贞,国人以信诸成训,岂遂可以违反,而有他道之从?假其反之,则试问今之司徒,更将何以教我?此康南海于《不忍》杂志中所以反复具详,而不假鄙人之更赘者矣。是故今日之事,自我观之,所谓人伦,固无所异,必言其异,不过所谓君者,以抽象之全国易具体之一家,此则孔孟当日微言,已视为全国之代表,至其严乱贼、凛天泽诸法言,盖深知天下大器,而乱之为祸至烈,不如是将无以置大器于常安也。苟通此义,则《六经》正所以扶立纪纲,协和亿兆,尚何不合之与有乎!

吾闻顾宁人之言曰:有亡国,有亡天下。使公等身为中国人,自侮中国之经,而于蒙养之地,别施手眼,则亡天下之实,公等当之。“天下兴亡,匹夫有责”,正如是云。公等勿日日稗贩其言,而不知古人用意之所在也。

(选自王栻主编《严复集》第2册《诗文(下)》,中华书局1986年,第329—333页)

读经条议

唐文治

窃维读经当提倡久矣！往者英人朱尔典与吾华博士严幼陵相友善，严尝以中国危亡为虑，朱曰：中国决不至亡。严询其故，朱曰：中国经书，皆宝典也，发而读之，深入人心。基隆扃固，岂有灭亡之理？余谓朱说良然。吾国经书，不独可以固结民心，且可以涵养民性，和平民气，启发民智。故居今之世而欲救国，非读经不可。顾读经所以无统系者，一程度浅深，极难支配；二难得通达之教师；三难得显明易解之善本。以上三端，以得善本为尤要。盖既得善本，教师即可循是以讲授，主持教育者，即可循是以核定功课。譬诸行路然，可按图而计程矣！今拟自初级小学始，以至大学文科研究院，按照各经浅深缓急，分年支配，规定课本，附以说明，若能切实讲贯，尚不甚难。惟更有进者，读经贵乎致用，而致用之方，必归于躬行实践。故凡讲经者必须令学生一一反诸于身，验诸于心，养成高尚人格，庶可造就其德性才能，俾脑经清晰，气质温良，学道爱人，方有实用。若徒矜考据，骛训诂，自命奥博，浮泛不切，或好立新义，乱名改作，非徒无益，而又害之矣。至于实事求是之法，尤贵有恒。若试行一二年后，动辄更张，学生耳目淆杂，无所适从，亦决无成效也。爰述管见，先定统系，再于说明中列方法如左：

（一）初级小学三年级应读《孝经》

（说明）孙中山先生民族主义，谓《孝经》所讲孝字，几乎无所不包，无所不至云云。诚以《孝经》教爱敬之原，立养正之本也。今考其书，共一千九百零二字，当于初级小学三年级起读之，分两学期，务期熟诵。（经文及注语精要者概须熟读，以下各经皆然。）是书唐明皇注本，无甚精义；明黄石斋先生《孝经集传》，又嫌太深；鄙人所编《孝经大义》，亦嫌略深。惟须善讲者譬况使浅，引证故事，开导学生良知良能，是为立德立品第一步根柢。

（二）高级小学三学年应读《大学》及上半部《论语》

（说明）孙中山先生民族主义，谓中国最有系统政治哲学，如《大学》所说格致修齐治平，自内达外，推及于平天下，此等理论，外国哲学家所不能道云云。盖《大学》广大精微，脍炙人口久矣！至于《论语》一书，言学言仁言政，言孝弟忠信，言礼义廉耻，莫非修己治人之要。今考《大学》共一千七百四十九字，《论语》自《学而篇》至《乡党篇》共六千八百九十三字，于高级小学三年中支配之，可以一律熟诵。《大学》以朱子《章句》为主；明王阳明先生复古本，实与《礼记注疏》本同；鄙人所编《大学大义》，兼采郑朱二家注，亦可作课本。《论语》以朱子《集注》为主；鄙人所编《论语大义》，贯串义理，亦可作课本。或疑《大学》《论语》皆政教合一之书，初学读之，似嫌躐等。此说诚然，但须知童年知识初开，正当以此等格言，俾之印入脑经，养成德性。若教师虑其沉闷，可略举史事以证之，自能引起趣味矣。

（三）初级中学三学年应读下半部《论语》及《诗经》选本

（说明）自《先进篇》起至《尧曰篇》止，计共八千九百八十六字，定二学年必可毕业。或疑下半部《论语》有后人伪托之处，非也，鄙人尝编《论语外篇》已详论之矣！《诗经》温柔敦厚，足以涵养性情，考见政治风俗，且有韵之文，易于诵读，当以朱子《诗集传》为主，但恐一年尚不能卒读。鄙人尝编《诗经大义》，共分八类：曰论理学、性情学、政治学、社会学、农事学、军事学、义理学、修辞学，共选诗九十余篇，每篇均有注释并诗序诗旨，可作课本。

（四）高级中学三学年应读《孟子》及《左传》选本

（说明）《孟子》一书尊重民权，民贵君轻，用人取舍，壹顺民之好恶，惟其严公私义利之辨，故其政见精核若此。他如孝弟人伦之本，出处取与之经，察识扩充之几，辟邪崇正之道，与夫不嗜杀诸学说，皆足为今世良药。其书共三万六千五百八十九字，当以朱子《集注》为主，附以鄙人所编《孟子大义》，于两年中支配之。至《左传》为礼教大宗，旁逮外交等学，无所不备，惟卷帙繁多，短期中难以卒读。鄙人有《左传》选本共分八类：曰礼教类、政治类、国际类、兵事类、讽谏类、文辞类、纪事类、小品类，可作课本，于一年内支配之，注解以杜、林合注为善。

（五）专科以上各大学及研究院应治专经之学

（说明）凡通经宜就性之所近，专治一经，精通之后，再治他经，循序渐进，不能拘定年限，务宜研究微言大义，与涉猎章句者不同。其尤要者，实施之于政治，推广文化，改良人心风俗，如《礼记·经解》篇所谓絜静精微为《易》教，疏通知远为《书》教，恭俭庄敬为《礼》教诸端，纂言钩玄，确得要领。他如《大戴礼记》《国语》二书，并宜精究。鄙人所编《十三经提纲》《周易消息大义》《尚书大义》《洪范大义》《礼记大义》《中庸大义》各书，均可借以入门，此外博考群籍，如《十三经注疏》《古经解》《小学汇函》《通志堂经解》《七经精义》《皇清经解正续编》及诸大儒经说，均宜分门参考。总之，不尚新奇，不务隐僻，庶学有实用，蔚成通才矣！

以上所述，是否有当，未敢自信。兹事体大，宜集思广益，请中央政府并教育部采择施行。鄙人默察近来世变，人心日尚欺诈，杀机循环不穷，倘不本孔孟正道以挽回之，窃恐世界劫运，靡所底止。深望海内贤豪，相与讲道论德，以期经明行修，正人心以拯民命，救中国以救世界。此鄙人馨香以祝之者也！

（选自唐文治《茹经堂文集》四编卷四，茹经堂丛书本）

论读经有利而无弊

章太炎

居今而言读经，鲜不遭浅人之侮，然余敢正告国人曰："于今读经，有千利无一弊也。"兹分三段论之：一、论经学之利；二、论读经无顽固之弊；三、论今日一切顽固之弊，反赖读经以救。

一、所谓经学之利者，何也？曰：儒家之学，不外修己、治人，而经籍所载，无一非修己、治人之事。《论语》："兴于《诗》，立于礼，成于乐。"又："不学《诗》，无以言；不学《礼》，无以立。"皆修己之道也。《周易》爻象，大半言修己之道，故孔子称："五十以学《易》，可以无大过。"夫修己之道，古今无二，经籍载之，儒家阐之，时有不同，理无二致。孔子以后，儒分为八，论其归趣，不相乖违。孟、荀二家，论性有别，而祁向攸同。厥后汉儒重行，宋人尚理，或实事求是，或旁参佛、老，要之，不能不以经为本。是故，无论政体如何改易，时代如何不同，而修己之道，则亘古如斯；治人则稍异，古今异宜，习俗不同，不得不斟酌损益，至于尽善。吾人读二十五史《史记》至《清史稿》，法其可法，戒其可戒，非语语尽可取也。《尚书》《周礼》《春秋》，性质与历史为近，读之亦当如是。夫读史之效，在发扬祖德，巩固国本，不读史则不知前人创业之艰难，后人守成之不易，爱国之心，何由而起？经籍之应入史类而尤重要者，厥维《春秋》。《春秋》三传虽异，而"内诸夏，外夷狄"则一。自有《春秋》，吾国民族之精神乃固，虽亡国者屡，而终能光复旧物，还我河山。此一点爱国心，蟠天际地，旁礴郁积，隐然为一国之主宰，汤火虽烈，赴蹈不辞。是以宋为元灭而朱明起，明为清灭而民国兴。余身预革命，深知民国肇造，革命党人之力，盖亦微矣。其最有力者，实历来潜藏人人胸中反清复明之思想也。盖自明社既屋，亭林、船山诸老倡导于前，晚邨、谢山诸公发愤于后，攘夷之说，绵绵不绝。或隐或显，或明或暗，或腾为口说，或著之简册，三百年来，深入人心，民族主义之牢固，几如泰山磐石之不可易。是以辛亥之役，振臂一呼，全国响应，此非收效于“内诸夏，外夷狄”之说而何？方今天方荐瘥，载胥及溺，满洲亡而复起，日人又出其雷霆万钧之力以济之，诸夏阽危，不知胡底。设或经学不废，国性不亡，万一不幸，蹈宋明之覆辙，而民心未死，终有祀夏配天之一日。且今日读经之要，又过往昔。在昔异族文化，低于吾华，故其入主中原，渐为吾化；今则封豕长蛇之逞其毒者，乃千百倍于往日。如我学人，废经不习，忘民族之大闲，则必沦胥以尽，终为奴虏而已矣。有志之士，安得不深长思哉！要之，读经之利有二：一修己，二治人。治人之道，虽有取舍，而保持国性为最要。

二、所谓读经无顽固之弊者，何也？曰：经学本无所谓顽固也。谥经学以顽固，盖出诸空疏不学辈之口。彼略识点画，苦于九经、三传之不尽解，而又忝拥皋比，深恐为学子问难所穷，故尽力抹杀，谥以顽固。少年浮躁，利其便己，从而附和，遂至一世波靡，良可愤叹。夫经史本以记朝廷之兴废，政治之得失，善者示以为法，不善者录以为戒，非事事尽可法也。《春秋》褒贬，是非易分，而《尚书》则待人自判，古所谓《书》以道政事者，直举其事，虽元恶大憝所作，不能没也。例如《夏书·五子之歌》，序谓：“太康失邦，昆弟五人，须于洛汭，作《五子之歌》。”此文已佚，而伪古文有之，载五子作歌之意，甚见忠正。段玉裁《古文尚书撰异》谓：“《尚书》不当以歌名篇，盖五子者，当时之亡国大夫也。”屈原《离骚》：“启九辨与九歌兮，夏康娱以自纵；不顾难以图后兮，五子用失乎家巷。”《楚语》：“士亹曰：尧有丹朱，舜有商均，启有五观，汤有太甲，文王有管、蔡，是五王者，皆元德也，而有奸子。”韦昭注：“五观，启子，太原昆弟也。”“观，洛汭之地。”据此，则《五子之歌》者，五子往观耳。“之”训“往”，“歌”“观”声通，故讹也。太康为失国之君，五子为致乱之臣，道太康以畋游者，即此五人，史臣书之，一如《晋书》之纪惠帝与八王耳。又《胤征》，序谓：“羲和缅淫，废时乱日，胤往征之，作《胤征》。”《史记·夏本纪》谓：“《胤征》，仲康时作。”伪《孔传》言：“羿废太康而立其弟仲康。”孔颖达《正义》谓：“仲康不能杀羿，必是羿握其权。”然则《胤征》者，羿令之正也。羲和为掌日之官，故后世有后羿射日之说，此事与曹操之灭袁绍、吕布，司马昭之灭诸葛诞无异。《尚书》录之，一如《后汉书》《三国志》之记曹氏、司马氏之事矣。兴废大端，不得不载，岂尽可为法哉？孟子曰：“吾于《武成》，取二三策而已矣，以至仁伐至不仁，何其血之流杵也。”《武成》今佚，据《汉书·律历志》所引，文与今《逸周书·世俘解》略同。观其所言，知“武王伐纣，杀人盈亿”。语虽过甚，要之，总不能尽诬，此与后之项羽伐秦何异？秦已无道，而羽之烧宫室、坑降卒，毒螫所及，更甚于秦，此岂可以为训？而史官书之。所以然者，兴废大端，不得不载也。苟有是非之心，不至如不辨菽麦之童昏，读之无有不知抉择者，孟子言之甚明，何谓读经必致顽固哉？

若夫经国利民，自有原则，经典所论政治，关于抽象者，往往千古不磨，一涉具体，则三代法制，不可行于今者自多。即如封建之制，秦、汉而还，久已废除，亦无人议兴复者，惟三国时曹元首作《六代论》，主众建诸侯，以毗辅王室；及清，王船山、王昆绳、李刚主等，亦颇以封建为是，此皆有激而然。曹愤魏世之薄于骨肉，致政归司马；王、李辈则因明社覆亡，无强藩以延一线，故激为是论，若平世则未有主封建者矣。余如陆机《五等论》，精采不属，盖苟炫辞辩，而志不在焉，则不足数已。其次世卿之制，自《公羊》讥议以后，后世无有以为是者。唯晋世贵族用事，盖以九品中正定人材，其弊至于"上品无寒门，下品无世族"。自然趋入世卿一途，然非有人蓄意主张之也。二千年来，从无以世卿为善而竭力主张之者，有之，惟唐之李德裕。德裕非进士出身，嫉进士入骨，以为进士起自草茅，行多浮薄，宜用仕宦子弟以代之。此则一人之私念，固未有和之者也。又如肉刑之法，自汉文帝后，亦无人昌言复古。王符、崔寔、仲长统之流，颇主严刑，诸葛武侯治蜀，亦主严峻，然均未及肉刑也。惟魏之锺繇、陈群，尝议复之，然群制定魏律，终亦不主肉刑，足知一时之论，亦自知其不可行矣。又如井田之制，秦、汉而后，惟王莽一人行之，诏以天下田为王田，禁民间不得卖买，然卒以致乱。若宋时张子厚行之于乡，要为私人之试验，非朝廷之定制。清初，颜、李派之王昆绳、李刚主辈，亦颇有其意。余意王、李辈本以反清为鹄，其所云云，或思借以致乱，造成驱满之机耳。以故满清一代，痛恶主张封建、井田之人。总计三千年来，主张封建、世卿、肉刑、井田者，曹元首、王船山、王昆绳、李刚主、李德裕、锺繇、陈群、王莽、张子厚九人而已。此九人者，除王莽外，或意有偏激，或别含作用，固不可尽斥为顽固。就云顽固，二千年来，亦不过九人而已。此外尚有一事足资讨论者，则什一之税是已。按什一而税，《春秋》三传及孟子之书，无不以为善制。《公羊》言什一行而颂声作，孟子谓"轻则大貉、小貉，重则大桀、小桀"，以为什一而税，乃税则之中。然汉初什五而税一，文、景减赋，乃三十而税一，自兹以还，依以为准。即今苏、松赋税，最为繁重，然与全国轻税之地平均计算，亦无过三十税一者。其预征田赋至民国五十年之类之非法行为，破坏国家定制，则未可以为例。故自汉后税法观之，则什一之税，已为大桀、小桀，前代尊信孟子，不敢昌言驳议，多泛泛释之。然亦从无主张是者，有之，惟王莽一人而已。莽亦卒以致乱，后人引以为戒久矣。举此五事，以见古今异宜，凡稍能观察时势者，盖无人不知，何得谓读经即入顽固哉？且自明至清末，五百四十年，应试之士，无不读经者。全国为县千四百有余，县有学府，州又有学，为数不下一千六百区。假定每学有生员二百名，以三十年新陈代谢，则此五百四十年中,当有五百四十万读经之人。试问其中主张封建、世卿、肉刑、井田、什一之税者有几人哉?上述九人,生明代以后者,仅三人耳。试问此三人之力,能变易天下之耳目耶?能左右政治之设施耶?况其云云,复各有作用在乎?夫无证验而必之者,非愚即诬。今谓读经为顽固,证于何有?验于何有?且读经而至于顽固,事亦非易,正如僧徒学佛,走入魔道者,固不数数见也,何为因噎废食而预为之防哉?

三、所谓今日一切顽固之弊,反赖读经以救者,何也?曰:有智识之顽固者,泥古不化之谓也;有情志之顽固者,则在别树阶级,不与齐民同群,声音颜色,拒人于千里之外也。夫智识之顽固易开,而情志之顽固难料,信如是,则今日学校毕业之士,其能免于顽固之诮者几希!吾观乡邑子弟,负笈城市,见其物质文明,远胜故乡,归则亲戚故旧,无一可以入目。又上之则入都出洋,视域既广,气矜愈隆,总觉以前所历,无足称道,以前所亲,无足爱慕,惟少数同学,可与往还。舍此,则举国皆如鸟兽,不可同群,此其别树阶级,拒人千里,非顽固而何?昔日士人,涵泳《诗》《书》,胸次宽博,从无此等现象,何者?"君子忧道不忧贫,士志于道,而耻恶衣恶食者,未足与议。""衣敝缊袍,与衣狐貉者立而不耻。"均见《论语》。此等言语,濡染既久,虽慕富贵、患贫贱之心不能遽绝,而自有以维系之也。若夫盐商子弟,无过人之才,恃钱刀之力,纳赀入官,小则州县,大则道员,顾盼骄人,俨然自命为官长,此最顽固之甚者,而人之嗤之者众矣。然如此者,为数亦不甚多,非若今之学校,每年必铸造数千百人也。非直如是,今者新奇之说,流为格言,日驱人于顽固而不返者,曰"发展个性也",曰"打倒偶像也"。发展个性,则所趣止于声色货利,而礼义廉耻一切可以不顾。打倒偶像者,凡一切有名无形者,皆以偶像观之,若国家,若政治,若法律,若道德,无往而非偶像者,亦无往而不可打倒者。洵若是,则于禽兽奚择焉?世以是乱,国以是危,而种族亦将以是而灭矣。今学校之弊,既至如此,而国家岁费巨亿,以育人材,卒造成特殊之盐商子弟,长此以往,宁堪设想?论者不自病其顽固,而反惧经学之致顽固乎?

余以为救之之道,舍读经末由。盖即前者所举《论语》三事,已可陶熔百千万人。夫如是,则可以处社会,可以理国家,民族于以立,风气于以正。一切顽固之弊,不革而自祛,此余所以谓有千利无一弊也。质之诸君,以为然耶?否耶?

(选自《章太炎全集·演讲集(下)》,上海人民出版社2015年,第566—572页)

学校读经问题

梁启超

学校读经问题，实十年来教育界一宿题也。因争持未决，而至今各校亦遂无经课。吾自昔固疑读经之难，故颇袒不读之说，谓将经语编入教科书已足。吾至今亦仍觉其难也，然从各方面研究，渐觉不读之不可。请略陈其说，与当代教育家商榷焉。

第一，经训为国性所寄，全国思想之源泉，自兹出焉。废而不读，则吾侪与吾侪祖宗之精神，将失其连属，或酿国性分裂消失之病。

第二，吾国言文分离，现在国语未能统一，所恃沟通全国人之情，使控抟为一体者，全恃文字。文字古今虽微差别，然相去实不远，故我国古书，不能与欧西之希腊、罗马古文相提并论，自幼即当读也。

第三，我国因言文分离之故，故文字无变化。欲用国文以表今日各种科学思想，已觉甚难。然古书训词深厚，含意丰宏，能理解古书者，则借此基础以阐发新思潮；或尚有着手处，若全国皆习于浅薄之文学，恐非惟旧学失坠，而新学亦无自昌明。

第四，学童幼时，当利用其记性，稍长，乃利用其悟性。盖悟性与年俱进，不患不浚发；若记性则一过其时，虽勤劳十倍，亦难收效。今若谓经终可不读，斯亦已矣。苟犹应读，则非自小学时即读之不可。长大以后，非特无此时日，即读亦不能受用。

第五，今之学童，亦曷尝不朗诵坊间所编教科书者，实则此本不必诵而皆诵之，亦可证其性宜诵也。与其费日力以诵此，费脑力以记此，何不反求诸圣经贤传乎？

吾所以主张读经之理由略如此，至其详则愿以异日。虽然，今之主张不读经者，岂其有恶于经，但不知何读而可耳。以群经之浩瀚，畴昔并无各种科学之可授，犹且穷年莫殚，况于今日！此反对读经最强之理由也。吾以为此不足以难吾说也。欲读经则非删经不可,非编经不可。一孔之儒,闻此或且大垢,不知今日经之废,实此种拘墟之见为之梗也。窃计群经之中,其言古代制度、器物、仪注者,径可不读,以俟大学考古之专科足矣;其政治谭及性命谭,可以缓读,可以摘读,且皆中学之事也。将此数部分删去,所余有几? 且又皆文从字顺,能使儿童理解者矣。再分别编为年课,以小学八年之力,应读之经略毕矣。吾不敏,窃愿奋笔从事于斯,惟希当代教育家先一是正斯说也。

(选自刘东等选编《梁启超文存》,江苏人民出版社 2012 年,第 710—711 页)

论六艺该摄一切学术

马一浮

编者按：马一浮《泰和宜山会语·楷定国学名义》云：今先楷定国学名义。举此一名，该摄诸学，唯六艺足以当之。六艺者，即是《诗》《书》《礼》《乐》《易》《春秋》也。此是孔子之教，吾国二千余年来普遍承认一切学术之原皆出于此，其余都是六艺之支流。故六艺可以该摄诸学，诸学不能该摄六艺。今楷定国学者，即是六艺之学，用此代表一切固有学术，广大精微，无所不备。

何以言六艺该摄一切学术？约为二门：一、六艺统诸子；二、六艺统四部。诸子依《汉志》，四部依《隋志》。

甲、六艺统诸子

欲知诸子出于六艺，须先明六艺流失。《经解》曰："《诗》之失愚，《书》之失诬，《乐》之失奢，《易》之失贼，《礼》之失烦，《春秋》之失乱。"学者须知，六艺本无流失，"学焉而得其性之所近"，俱可适道。其有流失者，习也。心习才有所偏重，便一向往习熟一边去，而于所不习者便有所遗，高者为贤、知之过，下者为愚、不肖之不及，遂成流失。佛氏谓之边见，庄子谓之往而不反，此流失所从来，便是"学焉而得其习之所近"，慎勿误为六艺本体之失，此须料简明白。

《汉志》："诸子十家，其可观者九家。"其实九家之中，举其要者，不过五家，儒、墨、名、法、道是已。出于王官之说，不可依据，今所不用。《学记》曰："师严然后道尊，道尊然后民知敬学。是故君之所不臣于其民者二：当其为尸，则弗臣也；当其为师，则弗臣也。大学之礼，虽诏于天子，无北面，所以尊师也。"此明官、师有别，师之所诏并非官之所守也。（《周礼》司徒之官有"师氏掌以媺诏王""保氏掌谏王恶"。凡"王举则从，听治亦如之"。师氏"使其属率四夷之隶，各以其兵服守王之门外，且跸”。保氏“使其属守王闱”。此如后世侍从之官。郑注《冢宰》“以九两系邦国之民”“师以贤得民”“儒以道得民”，乃以诸侯之师氏、保氏当之，变保为儒，此实于义乖舛，不可从。）《论语》：“温故而知新，可以为师矣。”又语子夏：“汝为君子儒，毋为小人儒。”此所言师、儒，岂可以官目之邪？《七略》旧文某家者流出于某官，亦以其言有关政治，换言之，犹曰某家者可使为某官。如“雍也，可使南面”云尔，岂谓如书吏之抱档案邪？如谓道家出于史官，今《老子》五千是否周之国史？墨家出于清庙之守，今墨书所言并非笾豆之事。此最易明。吾乡章实斋作《文史通义》，创为“六经皆史”之说，以六经皆先王政典，守在王官，古无私家著述之例，遂以孔子之业并属周公，不知孔子“祖述尧舜，宪章文武”，乃以其道言之。若政典，则三王不同礼，五帝不同乐，且孔子称《韶》《武》，则明有抑扬，论十世，则知其损益，并不专主于“从周”也。信如章氏之说，则孔子未尝为太卜，不得系《易》；未尝为鲁史，亦不得修《春秋》矣。《十翼》之文，广大悉备，太卜专掌卜筮，岂足以知之；笔削之旨，游、夏莫赞，亦断非鲁史所能与也。“以吏为师”，秦之弊法，章氏必为回护，以为三代之遗，是诚何心！今人言思想自由，犹为合理。秦法“以古非今者族”，乃是极端遏制自由思想，极为无道，亦是至愚。经济可以统制，思想云何由汝统制？曾谓三王之治世而有统制思想之事邪？惟《庄子·天下篇》则云：“古之道术有在于是者，（某某）[墨翟、禽滑釐]闻其风而说之。”乃是思想自由自然之果。所言“道德不一，天下多得一察焉以自好”“各为其所欲[焉]以自为方”“道术将为天下裂”，乃以“不该不遍”为病，故庄立道术、方术二名。（非如后世言方术当方伎也。）是以道术为该遍之称，而方术则为一家之学。谓方术出于道术，胜于九流出于王官之说多矣。与其信刘歆，不如信庄子。实斋之论甚卑而专，固亦与公羊家孔子改制之说同一谬误。且《汉志》出于王官之说，但指九家，其叙六艺，本无此言，实斋乃以六艺亦为王官所守，并非刘歆之意也。略为辨正于此，学者当知。不通六艺，不名为儒，此不待言。墨家统于《礼》，名、法亦统于《礼》，道家统于《易》。判其得失，分为四句：一、得多失多。二、得多失少。三、得少失多。四、得少失少。例如道家体大，观变最深，故老子得于《易》为多，而流为阴谋，其失亦多，“《易》之失贼”也。贼训害。庄子《齐物》，好为无端厓之辞，以天下不可与庄语，得于《乐》之意为多，而不免流荡，亦是得多失多，“《乐》之失奢”也。奢是侈大之意。墨子虽非乐，而《兼爱》《尚同》实出于《乐》，《节用》《尊天》《明鬼》出于《礼》，而《短丧》又与《礼》悖。墨经难读，又兼名家亦出于《礼》，如墨子之于《礼》《乐》，是得少失多也。法家往往兼道家言，如《管子》，《汉志》本在道家，韩非亦有《解老》《喻老》，自托于道。其于《礼》与《易》，亦是得少失多。余如惠施、公孙龙子之流，虽极其辩，无益于道，可谓得少失少。其得多失少者，独有荀卿。荀本儒家，身通六艺，而言“性恶”“法后王”，是其失也。若诬与乱之失，纵横家兼而有之，然其谈王伯皆游辞，实无所得，故不足判。杂家亦是得少失少。农家与阴阳家虽出于《礼》与《易》，末流益卑陋，无足判。观于五家之得失，可知其学皆统于六艺，而诸子学之名可不立也。

乙、六艺统四部

何以言六艺统四部？今经部立十三经、四书，而以小学附之，本为未允。六经唯《易》《诗》《春秋》是完书；《尚书》今文不完，古文是依托；《仪礼》仅存士礼；《周礼》亦缺冬官；《乐》经本无其书，《礼记》是传，不当遗大戴而独取小戴；《左氏》《公》《穀》三传亦不得名经；《尔雅》是释群经名物；唯《孝经》独专经名，其文与《礼记》诸篇相类；《论语》出孔门弟子所记；《孟子》本与《荀子》同列儒家，与二戴所采曾子、子思子、公孙尼子七十子后学之书同科，应在诸子之列，但以其言最醇，故以之配《论语》。然曾子、子思子、公孙尼子之言亦醇，何以不得与《孟子》并？二戴所记曾子语独多，后人曾辑为《曾子》十篇。《中庸》出子思子，《乐记》出公孙尼子，并见《礼记正义》，可信。然《礼记》所采七十子后学之书多醇。《大学》不必定为曾子之遗书，必七十子后学所记则无疑也。二戴兼采秦汉博士之说，则不尽醇。此须料简。今定经部之书为宗经论、释经论二部，皆统于经，则秩然矣。宗经、释经区分，本义学家判佛书名目，然此土与彼土著述大体实相通，此亦门庭施设，自然成此二例，非是强为差排，诸生勿疑为创见。孔子晚而系《易》，《十翼》之文，便开此二例，《彖》《象》《文言》《说卦》是释经，《系传》《序卦》《杂卦》是宗经。寻绎可见。六艺之旨，散在《论语》而总在《孝经》，是为宗经论。《孟子》及二戴所采曾子、子思子、公孙尼子诸篇，同为宗经论。《仪礼·丧服传》子夏所作，是为释经论。三传及《尔雅》亦同为释经论。《礼记》不尽是传，有宗有释。《说文》附于《尔雅》，本保氏教国子以六书之遗。如是则经学、小学之名可不立也。诸子统于六艺，已见前文。

其次言史。司马迁作《史记》，自附于《春秋》，《班志》因之。纪传虽由史公所创，实兼用编年之法；多录诏令奏议，则亦《尚书》之遗意。诸志特详典制，则出于《礼》，如《地理志》祖《禹贡》，《职官志》祖《周官》，准此可推。纪事本末则左氏之遗则也。史学巨制，莫如《通典》《通志》《通考》，世称“三通”，然当并《通鉴》计之为四通。编年记事出于《春秋》，多存论议出于《尚书》，记典制者出于《礼》。判其失亦有三：曰诬，曰烦，曰乱。知此，则知诸史悉统于《书》《礼》《春秋》，而史学之名可不立也。

其次言集部。文章体制流别虽繁，皆统于《诗》《书》。《汉志》犹知此意，故单出“诗赋略”，便已摄尽。六朝以有韵为文，无韵为笔，后世复分骈散，并弇陋之见。“《诗》以道志，《书》以道事”，文章虽极其变，不出此二门。志有浅深，故言有粗妙；事有得失，故言有纯驳。思知言不可不知人，知人又当论其世，故观文章之正变而治乱之情可见矣。今言文学，统于《诗》者为多。《诗·大序》曰：“治世之音安以乐，其政和；乱世之音怨以怒，其政乖；

亡国之音哀以思，其民困。”三句便将一切文学判尽。《论语》曰：“诵《诗》三百，授之以政，不达”，“虽多，亦奚以为?”可见《诗》教通于政事。“《书》以道事”，《书》教即政事也，故知《诗》教通于《书》教。《诗》教本仁，《书》教本知。古者教《诗》于南学，教《书》于北学，即表仁知也。《乡饮酒义》曰“向仁”“背藏”“左圣”“右义”。藏即是知。“知以藏往”，故知是藏义。教《乐》于东学，表圣；教《礼》于西学，表义。故知、仁、圣、义，即是《诗》《书》《礼》《乐》四教也。前以六艺流失判诸子，独遗《诗》教。“《诗》之失愚”，唯屈原、杜甫足以当之，所谓“古之愚也直”。六失之中，唯失于愚者不害为仁，故《诗》教之失最少。后世修辞不立其诚，浮伪夸饰，不本于中心之恻怛，是谓“今之愚也诈”。以此判古今文学，则取舍可知矣。两汉文章近质，辞赋虽沉博极丽，多以讽谕为主，其得于《诗》《书》者最多，故后世莫能及。唐以后，集部之书充栋，其可存者，一代不过数人。至其流变，不可胜言，今不具讲。但直抉根原，欲使诸生知其体要咸统于《诗》《书》，如是则知一切文学皆《诗》教、《书》教之遗，而集部之名可不立也。

上来所判，言虽简略，欲使诸生于国学得一明白概念，知六艺总摄一切学术，然后可以讲求。譬如行路，须先有定向，知所向后，循而行之，乃有归趣。不然则博而寡要，劳而少功，泛泛寻求，真是若涉大海，茫无津涯。吾见有人终身读书，博闻强记而不得要领，绝无受用，只成得一个书库，不能知类通达。如是又何益哉？复次当知讲明六艺不是空言，须求实践。今人日常生活，只是汩没在习气中，不知自己性分内本自具足一切义理。故六艺之教，不是圣人安排出来，实是性分中本具之理。《记》曰：“天尊地卑，万物散殊，而礼制行矣；流而不息，合同而化，而乐兴焉。”“礼者，天地之序。”“乐者，天地之和。”故曰：“礼乐不可斯须去身。”“仁者见之谓之仁，知者见之谓之知，百姓日用而不知。”自性本具仁智，由不见，故日用不知，溺于所习，流为不仁不知。《礼》《乐》本自粲然，不可须臾离，由于不肯率由，遂至无序不和。今人亦知人类须求合理的生活，亦曰正常生活，须知六艺之教即是人类合理的正常生活，不是偏重考古，徒资言说而于实际生活相远的事。今所举者，真是大辂椎轮，简略而又简略，然祭海先河，言语之序，亦不得不如此。

（选自吴光主编《马一浮全集》第一册《泰和宜山会语》，浙江古籍出版社 2013 年，第 10—15 页）

经为常道不可不读(节选)

熊十力

经学包含万象,学者传习,已渐分为四科。义理之科,自两宋以来,已吸收印度佛学。今日自当参究西洋哲学。经济之科,自宋陆子静兄弟,及邓牧并有民治思想。黄梨洲《原君》全本邓牧。子静兄弟之思想,《十力语要》已言及之。迄晚明王船山、顾亭林、黄梨洲、颜习斋诸儒,则其持论益恢宏。足以上追孔孟,而下与西洋相接纳矣。至于典章度制,民生利病之搜考,自杜佑辈而后,迄晚明诸子,所究亦精博。然则西洋政治思想、社会科学,皆非与吾人脑袋扞格不相入者,当采西人之长,以收明辨笃行之效,谁复于斯而怀犹豫?考据之科,其操术本尚客观。今所谓科学方法者近之。然仅限于文献或故事等等之探讨,则不足以成科学。今若更易其研究之对象与领域,即注意于大自然及社会,则西人以科学导于前,吾可接踵而起矣。文学所以表现人生,如读《二南》而深味其勤勉和乐之趣。贵能发扬时代精神,读《兔罝》之诗,野人足为干城之寄,可见西周之盛。三百篇之所长在是也。《楚骚》以降,此风日以渺然。今若参究西洋文学,当可为发明《诗经》之助,而救晚世衰颓也。综上所言,吸收西学,在今日固为理势之必然。而反之吾数千年来所奉为常道之六经。则西洋各种学术之端绪,吾未始不具,只未发展耳。夫西洋科学之成功,何以不见于吾国?

西学之端绪,吾虽有之,而前此竟不获发展。此其故何在?将为崇圣经,守常道,而即物穷理之智不启欤?经义本自宏通,岂任此咎?将为广漠之国土,自秦一统以后,除乱世可勿计外,每当平世,则人皆安于田野,而风物怡和之趣多,理智追求之用少。陶诗所谓:“山气日夕佳,飞鸟相与还;此中有真意,欲辨已忘言。”吾国学人,乐冥悟而忽思维,尚默契而轻实测,往往如此,科学所由不发达欤?后之一说,颇可研寻。环境影响,不容忽视。然而西学在吾,既非绝无端绪。则因人之成功而强起力追,固可事半功倍。南皮欲采西学，其意自是。惜其以中西学，判为一体一用，未免语病耳。中学既具其体，即有其用。而用有所未尽者，则取诸人以自广可也。若中学果为有体无用之学，则尚安用此死体为哉？南皮下语，既不能无病。而其深意，在当时又不为人所察。于是吾国人日趋入完全毁弃自己之路。

自庚子乱后，吾国见挫于西人，即在朝在野守旧之徒，畴昔自信自大之念，已一旦丧失无余。是时思想界，一方面倾向排满革命，欲移植西方之民主制度于吾国；一方面根本诋毁固有学术思想，不独六经束高阁，且有烧经之说。见皮锡瑞《经学历史》。而章炳麟作论文，甚至侮孔子以政客。诸名士所以导引青年学子者如是。天下纵有一二有识者为之寒心，顾莫可如何。辛亥之役，武昌一呼，而清廷崩溃。虽国体更新，而士习学风，一切如逊清之旧。且其坏习日益加甚。旧学既已弃置，新知无所追求。袁氏方以凶猾盗魁柄，以威劫利诱之术，弱天下之骨。而消生人之气，以逞旦夕之志。而不为子孙谋，不为种类存亡计。诸名士多依袁氏。走方镇，招朋党，当时所谓政党，实朋党耳。活动于市朝。学校徒有虚名，并无讲习之事。人亦无重视学校者。昔汉氏方兴，四皓抗高节于穷山。高帝礼聘不至，而不敢迫也。所以全士大夫之节，而培学脉，存国命也。其意念深远矣。继以文、武、明、章，表章经术，终两汉之世，经学昌明。诸大师讲舍遍郡国。一师之门，弟子著录，多至千万人。汉治之隆，至今为历史辉光。岂偶然哉！民国肇建，上无礼，下无学，识者已忧开基甚坏。时民党人颇有劝章太炎聚徒说经者。太炎喜通电谈政，卒不听。然太炎博雅，能文章，经学实非其所深究也。

民五，大盗既倾，绍兴蔡公始长北庠。蔡公以含宏之量，有伊尹之任，怀伯夷之清，孜孜以讲学育才为务。天下属望甚殷。惜乎新旧并容之说，虽持是以延揽师资。而当时旧学家，真有宏识孤怀、峻节伟度、博学不倦、温故知新，可负继往开来之任者，盖已绝不可得。则其所尽量罗致者，无非记诵与文辞，在俗中较胜而已。新人皆年少，于外学又不必深研；而勇于破坏，轻于宣唱。浮气乘之，浮名中之，末俗尘嚣，号召甚利，声价既高，亦不复能竭才而虚怀所学矣。世人论北庠功罪，或咎蔡公提倡之非。实则当时海内新旧人物，只有此数。蔡公虽欲舍是，顾亦不可得也。呜呼！学之绝，才之衰，俗之敝，何遽至是。吾幽居深念，未尝不太息隐憾于清儒之自负讲明经学者，实所以亡经学也。夫清儒治经，正音读，通训诂，考制度，辨名物，其功已博矣。若其辑佚书，征考古义，精校勘，订正伪误，深究语言文字之学，而使之成为独立之学科，其嘉惠后学固不浅。吾于清儒长处，何可否认？然而责以亡经学者，此必有故矣。清儒所从事者，多为治经之工具，而非即此可云经学也。音读正，训诂通，可以读书。

而书不尽言，言不尽意，夫子系《易》已自言之。或疑《易传》非夫子所授者，此大误，容当别论。学者求圣人之意，要当于文言之外，自下困功。所谓为仁由己，与仁者先难而后获是也。必真积力久，庶几于道有悟，而遥契圣心。否则只是读书，毕竟不闻圣学。颜习斋曰："以书为道，其距万里也。以读书为求道，其距千里也。"孰有智人，疑于斯言？而戴震曰："经之至者道也，所以明道者，其辞也。所以成辞者，字也。必由字以通其辞，由辞以通其道，乃可得之。"固哉斯言！恶有识字通辞，而即可得道乎！字与辞，佛氏所云敲门砖子也。恶有持砖子而不知敲门者，可以升堂入室乎？若乃考制度者，贵乎深察群变；而辨制度之得失，一以利于民群与否以为断。《易》云开物成务，云吉凶与民同患。大哉圣言！所以为万世开太平也。若只是钻故纸，集释故事而已。以如是之用心，而考制度，则何取于是耶？辨名物者，此心与万物相流通，物不离心而独在，心亦不离物而独在，参看吾著《新唯识论》。不可杜聪塞明，废此心之大用。《易》言智周万物，义深远矣。今若不务仰观俯察，近取诸身，远取诸物，以通其神明。第束缚于书册之中，搜考虽勤，亦不出纸上所已有者。且莫识自然之趣，而心思则已陷于小知间间，不得超脱。程子所讥玩物丧志，正谓此辈。岂云格物可废哉？经生之所为，诚无与于格物耳。

上稽宋明，濂溪、康节，言"桌依地上，地依空中"一段话，似已知引力之理。《伊川语录》中已发见下意识及变态心理，此在西洋心理学上为极重大之发明，而伊川言之特早。"互助论"亦首由伊川创发，见《易传》比卦。横渠知地动非静，朱子于地质有创见。明儒宋应星《天工开物》一书为今治科学者所盛称。略举数事，可见宋明儒治经，不陷琐碎。虽于经书名物，不无失考，而其自所创获，亦已多矣。夫所贵乎通经者，在能明其道，扩其所未及发也。若只限于经籍文字而为考核，岂得为通经耶？向者余杭章氏谓清儒当异族专横，莫可自发抒。宁锢智慧于无用，聊以卒岁。迹清儒所为，诚有类是者。夫志不弘毅，气则销尽。宛转偷生于故纸中，力不足尚，智不足称，其初但隐忍为此。及其徒相习成风，转以汉学高自诳耀。章实斋当其世，已甚不满，尝曰："尊汉学，尚郑许，今之风尚如此。此乃学古，非即古学也。居然唾弃一切，若隐有所恃。"又曰："王公之仆圉，未必贵于士大夫之亲介也。而是仆圉也，出入朱门甲第，诩然负异而骄士大夫曰：'吾门大。'不知士大夫者，固得叱而縶之以请治于王公。王公亦必挞而楚之，以谢闲家之不饬也。学问不求有得，而矜所托以为高。王公仆圉之类也。"观实斋所讽刺，则当日学风之敝，已可概见。迄至今日，学不务实，但矜所托以为高，此种气习，流衍弥甚。

昔托郑许，今更托西洋，而汉学之帜，则且托科学方法以益固，此固实斋所不见。而清儒为厉之阶,可谓深矣。夫标榜甚者,内力弱之征也。内力弱,则无以自树立。无以自树立,则益思有托于外。由清儒之风,而必至于今日浮偷无可自立,盖无可挽之势也。夫有清二百余年之学术,不过拘束于偏枯之考据,于六经之全体大用毫无所窥。其量既狭碍,其识不宏通,其气则浮虚,其力则退缩。及清之末世,外患交迫。国中学子,虽激而思变,然识者已忧其不为春笋生长,将为细麋潜滋。盖学绝道丧之余,欲得一二敦大宽博,朴实雄厚,真知实见之儒,以导引新兴之社会。而端其趣,定其向,使无盲人瞎马,夜半深池之患。是固不可得也。夫草木之生也,必水深土厚以养之,而后其生蕃焉。人而欲为成德之人也,岂可恃肤杂知识,以成其为人哉?非含茹于经义者至深至远,而可以开其神智,坚其德性,涵养其立我蒸民之愿力者,吾未之敢信也。清世经学已亡,士之慧敏者,或以考核名专家,或以文辞称巨子,而大儒竟不可得。国学建而无师,乃必然之势也。世或咎蔡公喜奖新进浮士,则岂平情之论哉!

经学既衰绝,古人成己成物之体要,不复可窥见。于是后生游海外者,以短少之日力,与不由深造自得之肤泛知见,又当本国政治与社会之衰敝,而情有所激,乃妄为一切破坏之谈。则首受攻击者,厥为经籍与孔子。北庠诸青年教授及学生,始掀动新潮,而以打倒孔家店,号召一世。六经本弃置已久,至此又剥死体。然是时胡适之等提倡科学方法,亦不无功。独惜胡氏不专注此,而随便之议论太多耳。自兹以后,学子视六经殆如古代之器物,而其考核及之者,亦如西洋考古家考察灭亡蕃族之遗物已耳。呜呼!自清儒讲经而经亡。清之末世,迄于民初,其始也,假经说以吸引西学,及西学之焰渐炽,而经学乃日见废弃,甚至剥死体。然则,经籍果为先王已陈刍狗,在吾侪今日与今后人类,将永远唾弃经籍,无有服膺其义者乎?抑剥极必复,待时而将昌明乎?此诚一大问题。吾前已云经者常道也。夫常道者,包天地,通古今,无时而不然也,无地而可易也。以其恒常,不可变改,故曰常道。夫此之所宗,而彼无是理,则非常道,经之道不如是也。古之传说,而今可遮拨,则非常道,经之道不如是也。戴东原曰:"经之至者道也。"此语却是。但东原实未见道,而妄相猜拟,以诬孟子,而薄程朱,则非是。此当别论。按道字,或云天道,或单名曰道,今略举《论语》《大易》《大戴礼》《中庸》互相证明,则道之为恒常义,自可见。

……(略)

夫经之所明者,常道也。常道如何可废?《中庸》曰:"道不远人,人之为道而远人,不可以为道。"大哉圣言!为万世准绳。夫"耽空者务超生,玄奘言:印度九十六道,并务超生。师承有滞,致沦诸有。见《慈恩传》。超生,谓超脱生死。诸有，谓三界，即众生生处，亦即生死海也。奘意惟佛法乃示超生之了义。外道犹不免沦溺三界，则师承有误耳。其失也鬼”。盖尝言之，佛家全副精神力量，只求拔出生死而已。此处不认真，而自命为佛氏信徒者，则自诳且诳佛者也。吾每谓：佛家毕竟是反人生的，故曰其失也鬼。鬼者，归也，陶诗所谓“毕竟归空无”也。此船山评佛之辞，未为诬也。或难余曰：“小乘有主灰身灭智者，诚如公言。大乘之为道也，不住生死，亦不住涅槃。以生死涅槃，两无住着，乃名无住涅槃。公固究心大乘者，奈何以耽空妄诋耶？”答曰：“厌生死，欣涅槃，小乘所以未宏也。不住生死，不住涅槃，大之异小固在是。然复须知，不住涅槃，正为不住生死者说。若未能不住生死，则不住涅槃之言，无可进矣。故佛家为生死发心。遍征大小一切经论，皆可见其精神所在。《论语》曰：‘人之生也直。’《大易》直从乾德刚健，显示万物各正性命。故子路问死，子曰：‘未知生，焉知死？’故佛氏所谓生死，六经所不言。孔子着眼不在是也。孔子所谓知生之生，谓人所以生之理，即性也。非佛氏生死之生。生死之生，是惑乱之生。非性也。参考吾著《佛家名相通释》部甲十二缘生义。知生者，盖言反识自性耳。孟子言性善，亦此旨。直从性上立定根基，则尽性而形色皆真。自不见有生死苦。无生死可厌故，自不至舍现前而更起追求，以谓别有寂静常乐之境，名涅槃也。夫以生死为此岸，涅槃为彼岸。欲舍此岸，到彼岸，而犹未免系于彼岸也。则又广之曰‘生死涅槃，两不住着’。此可以融两岸而荡然无碍乎？其发心之初，既分两岸，后虽欲融之，而何可得耶？孰若儒者，知性，尽性。正其本，万事理。不见有生死，不见有涅槃。两岸不分，欣厌俱泯。不言无住，而乃真无住乎？夫揭无住以为名。其言若圆融无碍。而骨子里，毕竟与圣人参赞位育，裁成辅相之道不类。盖佛氏从其所谓生死处着眼，则希求出世，欲勿耽空而不得也。此须旷怀体会佛家整个意思。《新论》中卷可参看。”

“执有者尚创新，其失也物。”夫肯定有外在世界，不于人生作厌患想，佛氏呵为执有；而西洋思想，则宁可执有者也。吾《易》言大有，有而大者，富有而日新。此与西洋似同，而实不同。夫人之所茂者神明也。神明独运，如日之升，光辉盛大，是谓生命创新。若夫资生之具，人生不可或无，则备物致用尚焉。求丰于神，而不惜绝物，少数人以是孤修则可；率群众为之，则贫于物者，将累其神。吾《易》已知此，而以制器尚象。则物用不匮，而群生亦得有开通神智之余裕。《易》之言大有者，崇神而备物。物备，则众人之神得伸。故备物所以全神也。惜后儒未能衍其绪耳。西洋人大抵向外发展之念重，努力于物质与社会等方面生活资具之创新，其神明全外驰。夫人之神明，炯然不昧，卓尔无倚，儒者所谓独体是也。今一意向外驰求，而不务凝然内敛，默然自识,以泯绝外驰之纷。而不至此为句。则神明恒与物对,而不获伸。即失其卓尔无倚之独体。是则驰外之所获者虽多,如自然界之所发见,及一切创造。而神明毕竟物化。神明亦成为一物也。人生不得离有对而入无待。故曰其失也物。此西洋人所不自知其失者也。“然则外驰之用可废乎?”曰:“否!否!”人生不能离万物而生活。申言之,人生有实际生活,即不能不设定有外界。而对于外界之了解,与改造之希求,自为所不容已者。云何可废外驰之用?夫外驰而不迷 于物则者,斯亦神明遍照之功也。又何可废?然必有象山所谓“先立乎其大”一段工夫。使独体呈露,自尔随机通感,智周万物,毕竟左右逢源。如此,乃为极则。

其失也鬼,是远人以为道也。其失也物,又得不谓之远人以为道乎?是故通六经之旨,体道以立人极,体道者,谓实现之也。人之生也,道生之。已生,则或拘于形,而丧其所以生。故必有自克之功,方能实现其所以生之道,而后人极立。失道,则不成乎人。官天地,府万物。人者,道生之。天地万物,亦皆道之所成。本非与吾人异体。但人如不能体道,则自私用智,而斥天地万物为外。人能体道,则彻悟天地为自性所现,是官天地也。万物皆备于我,是府万物也。成天下之大业,万化万事,皆道之流行散著。极富有以无穷,恒日新而不用其故。何假趣寂以近于鬼,自逆性真为哉?道得于己之谓德,则备万物,而非为物役。本无物化之患,斯无往而不逍遥矣。庄生之逍遥,即《论语》坦荡荡意思。是故究其玄,则极于无声无臭,未尝不空。然与耽空者毕竟殊趣。显诸用,则曲成万物而不遗,未尝不有。然非执有者所可托。至哉!六经之道,大中至正,遍诸天,历万劫,而斯道无可易也。

(选自胡晓明编《读经:启蒙还是蒙昧?——来自民间的声音》,华东师范大学出版社2006年,第448—455页)

后　记

四川大学国际儒学研究院系2009年10月由国际儒学联合会、中国孔子基金会与四川大学联合成立的学术研究和人才培养机构。研究院成立以来,在从事中国孔子基金会重大项目《儒藏》编纂的同时,也十分重视儒学学科建设问题,2010年,曾推动国家社科规划办公室,将"儒学学科建设研究"列为重大招标项目。嗣后,舒大刚、彭华、吴龙灿等学人曾就此撰文讨论,逐渐引起学人关注。

2016年,研究院接受国际儒学联合会委托,从事"中国儒学试用教材"的编撰研究。同年4月15日,由四川大学舒大刚主持,邀约多位专家学者在贵阳孔学堂举行学术座谈会,围绕"儒学学科建设与体系重构"话题展开讲会。贵州大学教授、中国文化书院荣誉院长张新民,北京大学教授、对外汉语教育学院原院长张英,贵州民族大学文学院教授汪文学,以及贵州省社会科学院(周之翔)、贵州大学(张明)、贵州民族大学(杨锋兵)、贵阳学院(陆永胜)、北京外国语大学(褚丽娟)等单位的学者出席讲会。大家认为,儒学没有体制性的资源保障,也缺乏平台发挥其教化功能;要实现中华传统文化伟大复兴,重建儒学学科至关重要。

本年6月13日,四川大学复性书院又举办了"中国儒学学科建设暨儒学教材编纂"座谈会,湖南大学岳麓书院教授、国学研究院院长朱汉民,陕西师范大学教授、陕西省中国哲学史学会会长刘学智,山东师范大学教授、《孔子研究》主编王钧林,山东大学教授、儒学高等研究院副院长颜炳罡,台湾元智大学教授、四川大学特聘教授詹海云,以及四川大学国际儒学研究院全体师生和来自成都、重庆等地高校、科研院所的学者共50余人参加了座谈会。座谈会审议了舒大刚教授提交的"中国儒学学科建设方案暨儒学教材编纂计划",达成重建儒学学科、编纂儒学教材的共识,并发布了《设置和建设儒学学科倡议书》。此后,我们还开过多次座谈会,并把儒学学科建设纳入国际儒学联合会在四川大学设立的纳通国际儒学奖的“儒学征文”活动，广泛征集意见建议和教材书稿。

2017 年 9 月 16 日，中国儒学教材编纂座谈会在北京中国国学中心举行。国际儒联副会长赵毅武，国际儒联副理事长、中国国学中心副主任李文亮，教材编纂发起人刘学智、朱汉民、舒大刚，以及教材编纂部分承担者吉林大学教授陈恩林，清华大学教授、国际易学研究会副会长廖名春，北京大学教授、中华孔子学会常务副会长干春松，西北大学教授张茂泽，山东师范大学教授程奇立，四川大学教授、国际儒学研究院副院长杨世文，特邀顾问浙江社科院研究员吴光，中国政法大学教授单纯，四川大学古籍所副所长尹波等参加座谈会。正式形成“中国儒学试用教材”儒学通论（“八通”）、经典研读、专题研究三类体系。确定儒学通论即儒学知识的八种通论，经典研读是儒家经典及“出土文献”读本，专题研究重在展现儒学专题（如政治、军事、经济、哲学等思想）、专人、专书、学术流派（或及地方学术）的发展概貌。

嗣后，分别邀请了干春松（承担《儒学概论》），廖名春（承担《荀子研读》《清华简选读》），李景林（北京师范大学教授、中华孔子学会副会长，承担《孟子研读》），陈恩林[承担《周易研究》（因陈讲授《周易研究》录音整理稿已入《周易文献学》，《周易研读》改由舒大纲完成）、《春秋三传研读》]，俞荣根（西南政法大学教授，承担《儒家法哲学》），程奇立（承担《礼记研读》），杨朝明（中国孔子研究院原院长、现山东大学教授，承担《孔子家语研读》），颜炳罡（山东大学教授、中华孔子学会副会长，承担《儒学与现代》），刘学智（承担《关学概论》），张茂泽（承担《儒学思想》），朱汉民（承担《湘学概论》），肖永明（湖南大学岳麓书院教授、院长，承担《论语研读》），蔡方鹿（四川师范大学首席教授、四川省中国哲学史研究会名誉会长，承担《宋明理学专题研究》），舒大刚（承担《周易研读》《孝经研读》《蜀学概论》），杨世文（承担《儒史文献》），郭沂（韩国首尔大学终身教授，承担《孔子集语研读》《子曰辑校研读》），彭华（四川大学教授，承担《出土儒学文献研读》）等先生承担编撰任务，由舒大刚、朱汉民总其成。

收到“儒学通论”“经典研读”和“专题研究”三个系列的书稿后，我们于 2019 年在全国总工会“中国职工之家”举行审稿会议，中国社会科学院研究员、国际儒学联合会副会长兼学术委员会主任李存山，中国人民大学教授、国际儒学联合会副会长张践，中国政法大学教授、国际儒学联合会副会长单纯，中国社会科学院研究员、中华孔子学会蜀学研究会副会长陈静，国家教育行政学院教授、国际儒学联合会副会长于建福等提供了修改意见。

现经几易其稿,差可满足人们对儒学基本知识、基本经典和基本问题的了解和探研。

2021年,教育部在尼山世界儒学中心成立“联合研究生院”,专门培养“中华优秀传统文化(包括儒学)”硕士、博士,迫切需要教材和读物。职是之故,谨以成书交稿先后,陆续出版,以飨读者。其有未备,识者教焉。

“中国儒学试用教材”编委会

2023年5月1日

图书在版编目(CIP)数据

儒学学科论集 / 舒大刚，杜春雷编. -- 上海 ：上海古籍出版社，2024. 8. --（儒学学科丛书）.
ISBN 978-7-5732-1272-6

Ⅰ. B222-53

中国国家版本馆 CIP 数据核字第 2024BR7752 号

儒学学科丛书

儒学学科论集

舒大刚　杜春雷　编

上海古籍出版社出版发行

（上海市闵行区号景路 159 弄 1-5 号 A 座 5F　邮政编码 201101）

（1）网址：www.guji.com.cn

（2）E-mail：guji1@guji.com.cn

（3）易文网网址：www.ewen.co

上海天地海设计印刷有限公司印刷

开本 700×1000　1/16　印张 14.25　插页 4　字数 249,000

2024 年 8 月第 1 版　2024 年 8 月第 1 次印刷

ISBN 978-7-5732-1272-6

B・1406　定价：78.00 元

如有质量问题，请与承印公司联系